浙江省社会科学界联合会社科普及课题成果

中外礼仪故事与案例赏析

赵春珍 编著

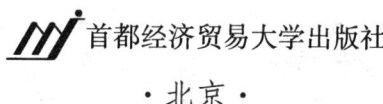首都经济贸易大学出版社

·北京·

图书在版编目(CIP)数据

中外礼仪故事与案例赏析/赵春珍编著. —北京：首都经济贸易大学出版社,2011.11
ISBN 978 - 7 - 5638 - 1542 - 5

Ⅰ.①中… Ⅱ.①赵… Ⅲ.①礼仪—世界—通俗读物 Ⅳ.①K891.26 - 49

中国版本图书馆 CIP 数据核字(2011)第 243189 号

中外礼仪故事与案例赏析
赵春珍　编著

出版发行	首都经济贸易大学出版社
地　　址	北京市朝阳区红庙（邮编 100026）
电　　话	(010)65976483　65065761　65071505(传真)
网　　址	http://www.sjmcb.com
E - mail	publish @ cueb.edu.cn
经　　销	全国新华书店
照　　排	首都经济贸易大学出版社激光照排服务部
印　　刷	北京泰锐印刷有限责任公司
开　　本	710 毫米×1000 毫米　1/16
字　　数	294 千字
印　　张	16.75
版　　次	2011 年 11 月第 1 版第 1 次印刷
书　　号	ISBN 978 - 7 - 5638 - 1542 - 5/K·11
定　　价	28.00 元

图书印装若有质量问题,本社负责调换
版权所有　侵权必究

前言

ZHONG WAI LI YI
GU SHI YU
AN LI SHANG XI

礼仪是人们进行社交活动的行为规范与准则，它关系到每个人的形象塑造和人格展示，体现着一个人对他人和社会的认知水平、尊重程度，是一个人的学识、修养和价值的外在表现。随着人与人、国与国之间交往的日益频繁，学礼、懂礼、守礼对于建立和谐社会、营造人文环境、和谐人际关系、提高人文素养来说显得尤为重要。

这本书的独特之处在于，结合中国民族特色和国际惯例，分门别类、有针对性地编著了多个通俗易懂、实用有趣的中外古今礼仪故事与案例，可以帮助人们趣味、快捷地学习礼仪知识。与同类图书相比，本书有三大特点：一是在展示古今中外正面、反面故事与案例的基础上，用形象生动的形式介绍基本社交礼仪知识，使各类读者能够在轻松愉快的事例赏析中受到启迪，获得收益。二是通过正反对比、古今对比、理论联系实际，有据有理、图文并茂的方法和形式实现雅俗共赏，老少受益。三是为有效指导读者自学，每章开始还有针对性地提出了学习要点与要求，章后亦附有相应的案例分析和思考练习，以帮助读者更有效地理解与巩固相关礼仪知识。

本书涉及仪表形象、言谈交际、问候寒暄、互通联络、餐饮应酬、求职面试、公务规范和涉外交往八个方面的内容，知识规范而实用，结合多个案例，形象生动、易懂易学，是助您社交成功的良师益友。

本书主要面向各类普通读者，包括大学生、公务人员和社会其他工作者，并可成为高校礼仪教学与培训的参考教材。

本书的编著参考了诸多专家、学者的著述，在此表示衷心感谢！对于本书的不足之处也恳请同行、专家和广大读者给予指正批评，以求改进。

作者
2011 年 10 月

目录 CONTENTS

第一章　仪表形象 / 1
第一节　仪容礼仪 / 3
第二节　仪态礼仪 / 11
第三节　服饰礼仪 / 31

第二章　问候寒暄 / 53
第一节　称呼礼仪 / 54
第二节　介绍礼仪 / 69
第三节　名片礼仪 / 75
第四节　致意行礼 / 79

第三章　言谈交际 / 101
第一节　交谈礼仪 / 102
第二节　交谈艺术 / 119

第四章　餐饮应酬 / 133
第一节　餐桌礼仪 / 134
第二节　中餐礼仪 / 137
第三节　西餐礼仪 / 144

第五章　互通联络 / 155
第一节　电话礼仪 / 156
第二节　书信礼仪 / 163
第三节　馈赠礼仪 / 165
第四节　送花礼仪 / 170

目录 CONTENTS

第六章　求职面试 / 177
　第一节　求职礼仪 / 178
　第二节　面试礼仪 / 188

第七章　公务规范 / 205
　第一节　迎送与接待 / 206
　第二节　会务规范 / 213

第八章　涉外交往 / 221
　第一节　涉外礼规 / 223
　第二节　外国礼俗 / 238

参考文献　/ 261

第一章

仪表形象

**ZHONG WAI LI YI
GU SHI YU
AN LI SHANG XI**

【学习要点与要求】

1. 从案例中学习并把握仪表修饰的意义和内容,把握仪容美的意义和价值,把握发型修饰的基本点和原则以及化妆的礼规。

2. 结合案例把握体态语在社会交往中的作用和意义,把握微笑、手姿、站姿、坐姿、行姿的基本礼仪规范。

3. 学习案例并了解服饰礼仪的作用和价值,把握着装的基本原则和穿着要点,学会根据个人自身条件来选择服装款式和色彩。学会选择和佩戴饰品。学会西装穿着和打领带。

如此仪表,业绩咋高

小李的口头表达能力不错,对公司产品的介绍也得体,人既朴实又勤快,在业务人员中学历又最高,老总对他抱有很大期望。可做销售代理半年多了,业绩总上不去,问题出在哪里呢?原来,他是个不修边幅的人:双手拇指和食指喜欢留着长指甲,里面经常藏着许多"东西"。脖子上的白衣领时常是酱黑色,有时候手上还记着电话号码,他喜欢吃大饼卷大葱,吃饭后又不知道去除异味。在大多数情况下,要么见不到客户,要么见到客户也是不欢而散。

【评析】

许多时候,一个人的礼貌素养往往在不经意间通过他的服饰和举手投足等仪表形象体现出来。俗话说:"小节之处显精神,举止言谈见修养。"良好的礼仪风范、出众的形象风采,是我们自尊、尊人之本,更是我们修身、立业之源。因此,一个人在参与社会交往前,必须精心塑造好自己的仪表形象。对于像小李这样的营销人员要想给客户留下良好的印象,更要注意自己的仪表修饰。

一个人的仪表形象包括仪容、服饰和仪态。美丽俊俏的容貌、协调和谐的服饰、自然得体的仪态、自然大方的举止就是仪表美的主要标志。仪表美属于个体美的外在因素,又是一个人内在美和外在美的和谐统一,反映着人的精神状态。美好纯正、端庄大方的仪表与人的精神境界融为一体,展现着一个人的气质、风度与魅力。我们都知道,"仪表堂堂,风度翩翩""谦谦君子,淑女规范"历来为人们所称道,而这些风度和气质就是通过人的音容笑貌、言谈举止和服饰打扮等外在形式表现出来的,它是人格魅力的辐射,是内在气质的焕发,是一种只可体会而不能言传

第一章 仪表形象

的综合品格的体现。有的人会说,不是经常教导我们"不可以貌取人""人不可貌相,海水不可斗量"的道理吗?但在具体的日常交往过程中,人的仪表却时刻影响着人的感觉、情绪、印象乃至交往的质量和结果。人际间的初次交往,仪表是最能引人注意的。有人说,交际中的"3秒钟第一印象"60%来自仪表,所以为了在交际中给人以良好的第一印象,达到理想的交际效果,我们必须通过注重自己的仪表来进行良好的个人形象设计。

第一节 仪容礼仪

一、仪容修饰的意义

出镜仪容,决定胜负

1960年9月,尼克松和肯尼迪在全美电视观众面前举行他们竞选总统的第一次辩论。当时,这两个人的名望和才能大体相当,棋逢对手。但大多数评论员预料,尼克松素以经验丰富的"电视演员"著称,可以击败比他缺乏电视演讲经验的肯尼迪。事实却并非如此,在辩论现场,肯尼迪身着黑色西服、满面红光、精神焕发,显得生机勃勃、落落大方。  而尼克松身穿灰白西装,不断冒汗,因脚疼而不时更换站姿,显得十分紧张、拘谨。由于住院体重减轻,本来很合体的衬衣领子也大了半个尺码,更显出一副无精打采的病态。结果就在这短短的几秒钟内,尼克松实际上已经输给了对手。因为肯尼迪事先进行了练习和彩排,还专门跑到海滩晒太阳、养精蓄锐,所以他在屏幕上出现时精神焕发,满面红光,挥洒自如。而尼克松没听从电视导演的规劝,加之那一阵十分劳累,更失策的是面部化妆用了深色的粉底,因而在屏幕上显得精神疲惫,表情痛苦,声嘶力竭。正如一位历史学家所形容:"他让全世界看来好像是一个不爱刮胡子和出汗过多的人,带着忧郁感等待着电视广告告诉他怎么不要失礼。"

【评析】

事实上,在尼克松和肯尼迪的电视辩论之前,民意测验表明尼克松稍稍领先于肯尼迪,但相差无几。此前,艾森豪威尔曾劝尼克松不要同肯尼迪辩论,但是尼克松颇为自信,决意放手一搏,于是这场有着7 000万观众的辩论就对选举结果起了决定性的作用。然而在辩论现场,两人在仪表形象上的差异和对比,使竞选的结果出人意料。得体出众的容貌帮助肯尼迪取胜,而不雅的容貌致使尼克松镜头前表现不如对手,最终导致竞选失败,可见仪容修饰在交际场合的作用是很大的,我们绝不可以忽视。

一纸镜铭,千古传颂

周恩来总理在南开中学读书时,在大立镜旁贴了面"纸镜",上书"面必净,发必理,衣必整,纽必结。头宜正,肩宜平,胸宜宽,背宜直。气象:勿傲,勿暴,勿怠。颜色:宜和,宜静,宜庄"。

【评析】

铭如其人!周恩来总理的一生就是这样严格要求自己的。他以此镜铭作为自己言谈举止、仪表形象的规范,他独特的仪容和仪态,被称为"周恩来风格的体态美",可谓"举手投足皆潇洒,一笑一颦尽感人"。因此他光辉的一生中永远都保持着举世公认的优美风度,给人留下了不可抗拒的巨大魅力。

 解读

在人际交往中,人们发自内心的好恶亲疏,往往是根据见面之初对仪容的基本印象"有感而发"的,这种对他人仪容的观感除了具有先入为主的特点之外,在一般情况下往往一成不变,其作用可谓大矣。日本松下电器产业株式会社创始人松下幸之助从前不修边幅,企业也不注重形象,因此企业发展缓慢。一天他到银座的一家理发厅去理发,理发师不客气地批评他不注重仪表,并对他说:"你毫不重视自己的容貌修饰,就好像把产品弄脏一样,你作为公司的代表都如此,产品还会有销路吗?"一席话说得他无言以对。此后他接受了理发师的建议,十分注意自己的仪表并不惜破费到东京理发。其实,成功的企业家无不和松下幸之助一样,把员工仪容仪表当成企业管理的重要内容。比如,移动公司、航空公司对员工着装、发型皆有严格规定。近些年,中石化不惜花费巨资,为加油员工制作统一的工作装,服务礼仪有严格的"八步法",并将工作礼仪写进《员工守则》,形成了一种独特的企业文化,就是因为加油员是中石化的"形象代言人",个人形象是否亮丽与企

第一章 仪表形象

业经营发展息息相关。我们每个人的仪表形象也与我们的人际欢迎度密切相关,所以我们一定要从尼克松竞选失败中吸取教训,坚持"内正其心,外正其容",适当修饰自己,注重着装,保持得体端庄的仪容仪表,给人留下"清爽靓丽"的视觉印象,于己于人都是美的享受。

　　职业男女仪容修饰的要点:女士要发型文雅庄重,梳理齐整,中短发为宜,长发可用发卡等束好;指甲不宜过长,并保持清洁,涂指甲油时须自然色;平时须化淡妆,要面带微笑;穿正规服装如套裙,要大方、得体,裙子长度适宜,以膝盖以上或以下一拳为宜;穿肤色长筒丝袜,确保无洞无皱;鞋子要光亮清洁。男士须留短发,保持头发的清洁整齐;经常整刮胡须,留短指甲且保持清洁;精神饱满,且面带微笑;穿合体西装,且平整、清洁,口袋不放物品,西裤平整、有裤线;领带紧贴领口,系得美观大方;穿黑色或深色袜子;穿深色皮鞋,且光亮、无灰尘。

二、头发修饰的礼仪

发型不整齐,丢掉大生意

　　爱漂亮的小米留着一头长长的秀发,尽管平时打理麻烦但也乐在其中。这天早上,小米醒来的时候已经是8点钟了。因为上午约了重要客户洽谈生意,就来不及洗头了,更来不及整理一个漂亮的发型,于是顶着一头散发急匆匆赶去约见客户。由于头发过长,不时地荡到胸前和脸颊旁,她不得不总是用手掌按着后脑勺,不让头发散到脸上,但还是令她好生烦恼,与客户谈话也不能专心。客户看到如此披头散发又时有小动作的小米,没说几句话就走了,生意自然是没谈成了。
【评析】
　　日本的推销女神柴田和子曾经说:头发如果不整理好,无论身上穿得多么高雅,也很难给对方留下好印象。小米没想到,因为头发这个小细节而丢掉了一笔大生意。所以任何时候,我们都要使头发保持干净整齐、清爽秀美的状态,给他人留下良好的印象。

发型得体,赏心悦目

　　某集团公司的董事长有一回要接受电视台采访。为郑重起见,董事长特意向公司特聘的形象顾问咨询有无特别需要注意的事项。形象顾问专程赶来后,仅向董事长提了一个建议:换一个较为儒雅而精神的发型,并且一定要剔去鬓角。理由是,发型对一个人的上镜效果至关重要。果不其然,改换了发型之后的董事长在电视上亮相时,形象确实焕然一新。新发型使他显得精明强干,再加上深沉稳重的谈吐,电视观众们纷纷为之倾倒。

【评析】

发型不仅反映了一个人的修养与品位,而且还是个人仪表形象的核心部分。在一般情况下,人们观察一个人往往就是从头开始的。所以,是该董事长得体的发型赢得了观众的认可。

 解读

头发位于人体的"制高点",在交际中更容易先入为主,所以我们塑造完美形象也要"从头开始"。头发的功能不仅仅表现出人的性别,更多的则反映着一个人的审美修养,以及生活状况、卫生习惯等等。有人说:女人的美有一半在头发。的确,女性有一头秀发,能增添无限的风韵和魅力。"头上青丝如墨染"早就是形容东方美女的千古佳话。对于男性而言,头发的魅力虽不如女性那么显眼,但还是在一定程度上展示着男性的特点。有人说,鲁迅那短而直立的头发就是他刚正不阿的人格写照。

对于头发的礼仪之道我们要注意以下几点:

一是勤于梳洗,干净整齐。从礼仪的角度来讲,勤于梳洗,保持头发的干净整齐是头发修饰也是仪容修饰中最基本的礼仪细节。很难想象,一个顶着一头油渍渍、白刷刷(头皮屑)的头发出头露面的人,怎会给人留下良好的印象,又怎会受人欢迎?当然欲要发美,并保持头发的健康,也要勤于梳洗。俗语云:一日百梳,发美无枯。勤梳是促进生发机能旺盛的有效方法之一,如果再辅以按摩头皮效果更好。头发的蓬勃生长是美发的基础,有些女性梳发常沿用从上向下的错误手法,正确的手法是将头顶和后脑处的头发向上梳理,两侧的头发由发根到发梢梳向两边。这样梳可使头发和头皮处于垂直状态,使发囊免受伤害。按摩的方法是伸开十指,沿着发鬓由前额向头顶作环状揉动,再由头顶揉向脑后,当头皮有发热和紧缩的感觉时为

第一章 仪表形象

适度。

二是长短适中,发型得体。欲保持头发的干净整齐,还要注重头发的长短以及发型的选择。虽说一个人头发的长短及发型应当悉听尊便,不便干预,不可强求一律。但从交际和审美的角度看,它仍受到性别、性格、职业、年龄、发质、体型、脸型等若干因素的制约。

三是美发有度,饰发有节。自古以来,女性不惜在美发、饰发上下工夫。人们很早就发现了它是增添自身妩媚的一种造型艺术,而且是一种可以灵活多变的美容手段。但美发也要讲究原则,要有度有节,符合礼仪要求。美发饰发不能过于离奇古怪,不能与自己的身份和职业大相径庭。如作为学生或公务人士,就不能随心赶时髦染一头灰白或色彩斑斓的头发在校园或办公室里荡来荡去。美发的原则,是要与体态美相称,讲究和谐且合乎比例。相称,主要指发型与职业、身份、气质等因素相适合;比例,是指一个人的发型不可忽视与身高和身材的协调;和谐,主要是指与脸型、年龄相匹配,即做到美发是美容的一个能动的组成部分,既不游离于整体美之外,也不凌驾于整体美之上。

三、化妆的意义

巧施化妆,点石成金

2001年4月,某民航学院航空运输专业的系领导亲自驱车来到北京,请国航乘务中心美容形体科科长陈黎萍前去授课。其实这一切的背后有着一个尴尬的数字:那一届100多名"准空姐"毕业生,只有10多人被各航空公司挑走,剩下的毕业生成了问题。陈黎萍去后的训练课是在阶梯教室进行的,年轻姑娘们质朴的装束告诉她,姑娘们不懂化妆,衣服颜色的搭配、发型都不甚理
想,神采气质也欠锤炼,是一块块还没有完全雕琢的"美玉",青春靓丽的风采并没有充分展现出来。陈黎萍围绕如何包装自己以及空中小姐应具有的气质进行了精心的传授。奇迹真的发生了,姑娘们在陈黎萍的指导下一下子变得更美了,大部分很快被航空公司选走。

【评析】

在现代社会里,光有自然美是不够的。俗话说:"三分长相,七分扮相",个人容貌虽然是父母给予的,相对定型无法改变,但却可以通过保养、修饰和装扮得以扬长避短、焕然一新,从而设计塑造出相对完美的个人形象。

解读

得体化妆的意义和作用可以概括为以下三个方面:

(1)美化容貌。人们化妆的直接目的是为了美化自己的容貌,通过化妆,可突出个性,表现活泼开朗、文静庄重等内在的性格特征。

(2)增强自信。化妆是对外交往和社会活动的需要。化妆在为人们增添美感的同时,也为人们带来了自信。

(3)弥补缺陷。完美无瑕的容貌不是每个女性都可以拥有的,通过后天的修饰来弥补先天的不足,使自己更漂亮,却是每个女性追求和渴望的,化妆便是实现这一愿望的重要手段之一。化妆可通过运用色彩的明暗和色调的对比关系造成人的视错觉,从而达到弥补不足的目的。总之,合适得体的化妆不仅能使你扬长避短、锦上添花,而且还能增强自信,赢得他人的好感,成功交际。

四、化妆的礼规

略施粉黛,增强自信

乔乔来自某山区农村,从小被晒得黑黝黝的,不过自己倒也没觉得有什么不好。可毕业进了公司工作后,她才发现自己的皮肤是多么与众不同。跟女同事们那些白嫩水灵的肌肤相比,乔乔感到很不舒服。更何况还有些女同事们拿肤色打趣她,有的人还整天把"呦,她可是咱们的黑珍珠啊"这句话挂在嘴上。尤其是在男同事面前,乔乔更加感到不自信。于是,闲暇的时候,乔乔便开始学起了化妆,不久便掌握了一定的美容化妆技巧,化起了整洁、漂亮、端庄的白领丽人装。再加上对服装搭配的更好把握,乔乔立刻改变了自己的形象,尽显自信、干练、成熟的气质。之后,乔乔以自己得体的外在形象、勤奋的工作态度和骄人的业绩,赢得了公司同仁的好评。

【评析】

有时懂得一些美容化妆常识,可以充分发挥自己的优势,以有效地弥补自己的缺陷和不足。因此,我们也不妨增强点化妆意识,改变自己素面朝天的形象,去追求清新、端正的仪容和恰当自然的修饰,以便在社交中增强自信,让人感到赏心悦目、愉快舒适。

浓妆艳抹,定被拒绝

某航空公司要面向社会招一批空姐,前来报名的人络绎不绝。其中有几个女孩,心想空姐是多么时髦的职业,招的都是那些漂亮的女孩,于是,几个姑娘就到美容院将自己浓墨重彩地打扮了一番,活像电视剧里的韩日明星。她们高高兴兴地来到报名地点,谁知工作人员连报名的机会都不给她们就让她们走!看着别的姑娘一个个报上了名,她们几个很纳闷:"这是为什么呢?"

【评析】

化妆的确可以扬长避短,体现女性的修饰之美,但化妆的浓淡要与时间、场合相协调。在求职面试这种庄重场合更应清淡自然,力戒浓妆艳抹,否则会使人觉得不伦不类,不够稳重。因此这几个女孩儿连名都报不上,更不要说成功了。

 解读

美容化妆贵在清淡与自然。正如台湾著名散文家林清玄所提到的:化妆的最高境界可以用两个字形容,就是"自然",最高明的化妆术,是经过非常考究的化妆,让人家看起来好像没有化过妆一样,并且这化出来的妆与主人的身份匹配,能自然表现那个人的个性与气质。次级的化妆是把人凸显出来,让她醒目,引起众人的注意。拙劣的化妆是一站出来别人就发现她化了很浓的妆,而这层妆是为了掩盖自己的缺点或年龄的。最坏的一种化妆,是化过妆以后扭曲了自己的个性,又失去了五官的协调,例如小眼睛的人竟化了浓眉,大脸蛋的人竟化了白脸,阔嘴的人竟化了红唇……因此任何高超的化妆都应在似有似无之间,让人不易察觉便恰到好处,否则会给人一个

"油漆粉刷"过的脸谱或面具的失真之感。"妆成有却无",即妆而不露、化而不觉,好似天然若此美丽,说明化妆技艺精湛,也正是美容的精髓。另外,化妆的浓淡要与时间、场合相协调。如白天要淡些,晚上可以稍浓些;随意休闲场合可以浓点,但正式场合更应淡些;与人远距离交往可以稍浓些,若是近距离接触就要清淡些;往往第一次见面要清淡些,熟悉的人之间可以稍浓些。

当众化妆,实属不宜

小张是某名牌大学的毕业生,面对就业的压力,她不轻易错过每一个应聘机会。这一天,她信心十足地去应聘某公司的秘书职位。因怕遇上早高峰,她一早就

来到了公司。一看时间尚早,于是就在办公室门口简单地化起了妆。不巧刚好被来公司上班的经理看到了。他觉得作为秘书,这点最基本的礼仪常识都不懂,又怎么能做好本职工作呢?因此小张与此次机会擦肩而过。

【评析】

公共场合是不能化妆或补妆的,职业女性切忌在上班时间等一些公共场所化妆或补妆。大庭广众之下照镜子、描眉扑粉、点唇等行为都不雅观,更是失礼的行为。如若化妆,上班前或参加公共活动前就要化好,其间需要补妆或者化妆,应到洗手间或专门的化妆间。小张此次的行为,可能纯属偶然或过失,但人们不容忍失礼的行为,实属一个深刻的教训。

 解读

女性化妆也要注重化妆礼规。在众目睽睽之下化妆是非常失礼的。交际场合需遵守"修饰避人"的原则,千万不要动不动就掏出化妆盒来对镜修饰一番。我们有时还见到,某些女性在餐桌上拿起化妆镜补妆。大概补妆

的女性没有注意到,在她实施不文明行为的同时,也破坏了别人的食欲,更破坏了自己的形象。在餐桌上、办公室、会议室、大街上、公交车上、电梯里等公共场合补妆都是很失礼的,不仅不雅观,还会让周围的人耻笑。在欧美这种举动被视为极不礼貌,因此要留意。特别是在男子面前化妆,会给人留下庸俗轻浮的印象。即使只有女性在场,也要避免在公共场合化妆或补妆。如果确需检查修饰一下面容,可到洗手间去收拾妥当再回来。

另外,作为化妆的礼规,还须注意不要借用他人的化妆品,也不要残妆示人或浓妆艳抹,更不要在交际场合议论他人的化妆。当众赞美其化妆有术,很难说是称赞还是揭短。也不宜在交际场合和别人切磋化妆要领或指指点点,不宜对他人的化妆评头论足。

第二节 仪态礼仪

一、体态语的意义

体态不雅,赖账挨打

一个人走进饭店要了酒菜,吃罢摸摸口袋发现忘了带钱,便对店老板说:"店家,今日忘了带钱,改日送来。"店老板连声说:"不碍事,不碍事,"并恭敬地把他送出了门。

这个事情被一个无赖给看到了。他也进饭店要了酒菜,吃完后摸了一下口袋,对店老板说:"店家,今日忘了带钱,改日送来。"谁知店老板脸色一变,揪住他,非剥他衣服不可。无赖不服,说:"为什么刚才那人可以赊账,我就不行?"店家说:"人家吃菜,筷子在桌子上找齐,喝酒一盅盅的筛,斯斯文文,吃罢掏出手绢揩嘴,是个有德行的人,岂能赖我几个钱。你呢?筷子往胸前找齐,狼吞虎咽,吃上瘾来,脚踏上条凳,端起酒壶直往嘴里灌,吃罢用袖子揩嘴,分明是个居无定室、食无定餐的无赖之徒,我岂能饶你!"一席话说得说无赖哑口无言,只得留下外衣,狼狈而去。

【评析】

我们从这个小故事中可以得到这样的启示:举止动作是一个人思想感情及文化

修养的外在体现。一个品行端正、富有涵养的人,体姿必然优雅,而一个趣味低级、缺乏修养的人,是做不出高雅的姿势来的。因此在人际交往中,我们可以通过别人的动作、姿势来衡量、了解和理解别人。同样道理,在人际交往中,我们必须留意自己的举止形象,讲究动作与姿势,因为我们的举止动作也是别人了解我们的一面镜子。

解读

  体态是人的心理状态的外在表现,比有声语言叙述简练、迅速且更形象、生动。例如,婴幼儿总是最先也最容易看懂母亲的体语、表情,对有声语言往往反应迟钝,即使是成人也有类似情况。当一个人心情好、很兴奋的时候,如果他只是用语言说:"我真是太兴奋了,简直兴奋极了!"往往就不如用笑得合不拢嘴、乐不可支的表情令人感到生动形象。悲痛的泪水像断线的珠子下落一定要比只是一个劲地说着:"我无限悲哀,痛苦极了"而毫无表情更让人感动。几千年的人类文明史证明,人们对于文雅的仪风和悦人的仪态一直孜孜以求。泰戈尔说:"一旦学会了眼睛的语言,表情的变化将是无穷无尽的。"所谓"少女的媚眼会说话""女儿脸说变就变",都描述这种情形。前苏联作家费定在《初欢》中就绝妙地写出了这种视感特色:"人的眼睛,会表示很多的意义:在蛇一般有伸缩性的表情上,它胜过了舌头。眼睛会发光、会发火光、会变得像雾一样暗淡,会变成模糊的乳状,会展开无底的深渊,会像火花跟枪弹一样向人投射,会把冰水向人浇灌。"郭沫若在《喀尔美萝姑娘》中写一位少女会"说话"的眼睛时写道:"呵,你看,你看,她的眼睛!那是不能用言语来形容得出来的,那是不能用文字来形容得出来!她是那么莹黑,那么灵敏,那么柔媚呀!"这里写的是眼睛,可使人看到的却是少女整体的神态,心灵的纯美,温顺的柔情!这双眼睛无异于少女年轻的魂,是对这美魂的"凝神观照"!

  人类是生物界的宠儿,人类的表情变化多端、不可胜数,面部则是魂与情思的聚散地,是美的聚焦点,是内心感受的外化器,是放映情感之波的银幕。它的形态,它的势能,它的无与伦比的心理接触力和非同寻常的表达力,足以携带和传递女性意识美的几乎全部信息。正如法国生理学家科瑞尔所说:"脸反映出了人们的心理状态","脸就像一台展示我们情感、欲望、

第一章 仪表形象

希冀等一切内心活动的显示器。"美国前总统罗斯福能在短短 20 分钟内,作出稀奇、好奇、吃惊、关切、担心、同情、坚定、嬉笑、庄严、超绝的魅力等表情和体态变化,当时的美国记者根宝在《回忆罗斯福》一书中曾对他那高超的体态语水平大加赞赏。所以,你只要站在一个善于运用体态的人面前,你将少费许多口舌,就会了解到她的个性特点。同样,善于创造体态语之美的女性,不会使面部的表情失控,诸如发生眉飞色舞、秋波乱射之弊,她们总是恰如其分地运用一颦一笑或一瞥一视,表达好恶爱憎,收到含蓄有效之功。

　　培根援引英国女王伊丽莎白的话说:一个人一旦拥有美的行为方式,无异于拥有"一封四方通用的自荐书"。举止优美大方,通常是讨人喜爱的前提。有些女性在家里或在熟悉的亲友面前,可谓"仪态万方",然而一到公开场合或社交环境,立刻产生羞怯、畏惧、不安、恐慌的心理状态,结果,每逢遇到社交场合往往使"仪态万方"一变而为"木偶美人",神韵皆失。这说明,保持和发展自己的风度之美,不打算做一个凝固的偶像,达到"仪态万方"的美的境界,你就得设法优化你的举止,不光从自身的体态、仪态、神态上下工夫,还要在社交活动中有意识地进行锻炼。

　　体态语的纯熟运用,更是女性生理成熟的一种自然表现,是人际共处中的自然产物,是无意间的情态流露,是未经设计而出现的态势,即"语随心运"。当然,有时某种体姿的含义不一定是唯一的,可能还有与之相近或差别较大的含义,不能简单、机械地理解。有时也会出现有意识的体态语,如为达到某种目的而有意识地作出的某种手势、眼神或全身性的特殊举动。不过,这是不难分辨出的。如手臂是体态语的强调手段,它有表示信息重要程度和强烈程度的作用。手舞足蹈、欢蹦乱跳,常用来表述人们的欢快和兴奋,而捶胸顿足、指天戳地,常用以表示人们的悲哀和愤怒。从一双手臂的动作,往往可以判断她是贪婪的还是忠厚的,温柔的还是暴戾的,胆怯的还是果敢的,无情的还是多情的。弗洛伊德认为,要了解说话人的深刻心理,即无意识领域,单凭语言是不可靠的,因为人类语言所传达的意识大多属于理性层面,经理性加工后表达出来的语言往往不能直率地表露出一个人的真正意向,而人的行为举止比语言更能表现出人的情感和欲望。弗洛伊德说:"凡人皆无法隐瞒私情,尽管他的嘴可以保持缄默,但他的手脚却会多嘴多舌。"的确如此,有的人嘴上对客人说"没关系,再多坐一会吧。"可是双手早已支在双膝上或按在椅子扶手上,内心是在说"你早就该离开了"。一双手臂就可以是一个讲坛,一个由几个动作组合的姿态,就可以是一篇"宣言"。它是无须学习的"通用哑语",它是无须解译的情绪阐述。手臂的动作默契地配合面部的表情,可以组成一幅无声的女性情态图,特别是在羞怯的少女那里,它们的作用可以胜过几箩世上最动人的语言。事实上,一个美丽端庄的女性,是不会忘记自己随时随地采取得体的姿态,是不会无视控制自己的失态的。有了这样的修养,就有望保持女性的体态之美了。

二、仪态的交往魅力

体态优雅,赢得赞赏

万芳晚上要和老总一起去参加一个商业酒会,她一直是老总最得力的助手,无论什么场合她都能应付自如,社交礼仪把握得很有分寸,对人亲切有礼而不失庄重,遇事冷静沉着,处理事情恰到好处,每每能让宾主皆大欢喜。这次酒会到场的大多是商界名流,也有一些刚刚崭露头角的商界新贵。很多人纷纷上来打招呼,一晚上把万芳忙得不可开交。老总的冷硬作风在商界是有名的,让很多商家望而生畏,恰恰是万芳的温婉柔和,化解了很多陌生生意伙伴的戒心。当有客户提议干杯时,万芳起身站立,用右手拿起酒杯后,再以左手托扶杯底,面带微笑,目视祝酒对象,嘴里同时说着祝福的话。很多商界老板称赞万芳端庄有礼,举止大方。

【评析】

万芳之所以能够征服过于挑剔的诸多商界名流和客户,关键在于她端庄得体的举止。她举手投足温文尔雅,一笑一颦礼貌大方,尽显女性的交往魅力。

体态高傲,事业受损[①]

深圳的一家证券公司曾一度如日中天。一次,另外一家证券公司的董事长带着下属去拜访这家公司老总,向他取经。客人到了老总办公室,他没有礼貌地让座,更没有站起来,而是非常高傲地坐在那里,双臂交叉于胸前,跷着二郎腿,轻松地抖动着,一副心不在焉、目中无人的样子。并且还用居高临下的语气问道:"某某啊,你那里的情况怎么样啊?"那时,股票市场牛气冲天,他更是自恃狂妄,傲慢自大,但是他待人接物的

---

① 资料来源:华阳. 世界名人给你上的80礼仪课. 金城出版社,2009年,第71页。

第一章　仪表形象

作风传出去后,一位资深证券商评价了四个字:败象已露。事实上,他不仅待人傲慢,而且做事也无谦卑之心,后因在证券市场上经常恃强求胜、呼风唤雨而树敌过多,终致公司亏损破产。

【评析】

体态是人心理状态的外在表现,是无声的交际语言,比有声语言更形象、生动。这位老总不礼貌、不规范的仪态举止尽显了他的傲慢和自大,这种不能平等待人、唯我独尊的交际心理和态度最终使他一败涂地。

如果说仪容和服饰是个人形象的静态方面,那么仪态则是个人形象的动态方面,更是展现一个人精神面貌和文化教养等个体信息的无声语言。周恩来总理曾提到:真诚的笑容、刚毅的眼神、适宜的肢体语言,不仅能征服一个又一个困难,更能传递出一种坚定的信念、民族的声音。人们在相互交往中,不仅要听其言,更要观其行,观察一举一动、一颦一笑。因此,一个身姿、一个手势,甚至细微的一瞥,都会作为一种信息传递,造成"此时无声胜有声"的情境。社交礼仪因此将这种借助体态表达的"无声语言"叫做体态语。正如达·芬奇所言:"从仪态了解人的内心世界,把握人的本来面目,往往具有相当的准确性和可靠性。"所以在交际场合,往往会有一些人,在服饰和仪容方面非常吸引人,长相漂亮、身材出众,却会因为他们的举手投足、言谈举止不好而露出许多失礼、欠美的地方,从而破坏了他们的整体形象美。而有些人长相虽一般,却会因为具有良好的仪态,而给人一种风度翩翩的涵养和气质之感。美好的体态举止会使你看起来年轻得多,也会使你身上的衣服显得更漂亮。善于用形体语言与别人交流,你定会受益匪浅。站有站相、坐有坐相的人,比那些自以为很有教养,可是体态上不成体统的人更能引起人们的敬重。因此,我们在日常交往和工作场合中,除了要留意自己的静态形象之外,还要自觉注重塑造自己的动态形象,尽量展现优美,避免不良的仪态。学习仪态礼仪可以使我们了解体态语言、把握体态语言,学会辨别什么是粗俗的、什么是得体的形体语言,使我们在遇到无声的交流时,更加善于观察,更加容易避免误解,在社交场合努力使自己表达出礼貌友好、轻松自然的形体语言。

三、表情礼仪

重要的是表情

人际关系学大师卡耐基曾讲过这样一个故事:"有一次,我去纽约参加一个宴会,遇到一位女宾,她在不久前,曾经得到一笔巨额的遗产。因此,她特地花了不少的金钱,把自己从头到脚装饰得十分华丽。她这样做,无非是想给别人一个好印象。可是很不幸,她那张面孔却有着一副冷漠得像铁板一样的表情,并且显得傲气凌人,令人见了一点也不觉得愉快。她只知道装饰自己身上的衣饰,却忘了女人最重要的是面部表情。"

【评析】

表情是人的心理状态的外在表现。面部五官每一个细微的变化都可能形成一种表情,向外界传递出某种信息。现代传播学认为,在人们所接受的来自他人的信息中,只有45%来自有声的语言,而55%以上来自无声的语言。无声语言之中又有70%以上来自表情。人们常说,情动于心而形之于外、传之于声,就是这个意思。因此,面部表情是仅次于语言的一种交际手段,在社交活动中备受人们的注意。

这个女人虽然有钱,可以买华丽的衣服,却不明白,这些华丽的衣服穿在一个面无表情的人身上,和穿在一个木头的标本上并没有什么区别。人是有感情的动物,只有当你把愉快的感情表现出来,以谦和、热情的态度与人相处,别人才可能会对你产生好感。法国的电影明星苏菲莉便给了我们一个正面的例子。她平日是个态度严肃、不苟言笑的人。可是,一旦和宾客交谈的时候,她会立刻笑逐颜开,一派喜气洋溢,令周围的人都感到十分愉快,和她聊天成为一种享受。她能够从一个贫穷木匠的女儿成为全国瞩目的明星,与她迷人的笑容是分不开的。

魅力微笑,好处多多

一次,推销员吉拉德拜访一位有购买意向的客户,最后却灰头土脸地回来了。让人更加沮丧的是,一位客户打回访电话,本来是要订购产品的,却被吉拉德没好气地回话给弄砸了。经理了解到这些情

况后,微笑着对吉拉德说:为什么不再去拜访一次?记住微笑能带来传奇,即使是在接听电话的时候,对方也能感受到你的微笑……结果,他脸上快乐、谦逊、真诚的微笑感染了他的大客户,爽快地签订了协议——"微笑能带来传奇"。吉拉德决定看看微笑会给他沉闷的婚姻带来什么,回到家他主动和做家务的妻子打招呼,微笑着注视妻子,说:我回来了!你今天还好吧!妻子惊愕地抬头看着丈夫:你是在问我吗?她连忙给丈夫端来煮好的咖啡,开始讲可爱、乖巧的孩子们的趣事。原来我的家可以这样幸福,吉拉德想。从此,他开始保持自己的微笑,他发现微笑不仅改变了自己的心情,还得到了许多帮助和方便,带来了许多快乐和幸福。

【评析】

　　纽约一个百货公司的经理曾说过,他宁愿雇用一名有可爱笑容而没有念完中学的女孩,也不雇一个摆着扑克面孔的哲学博士。美国有一首歌《好买卖》,歌中唱道:人们为什么走过一道门,而去光顾另一家?不是那里有更好的绸缎、手套或丝带,或者更便宜的商品,而是因为那里有愉悦的话语和微笑的眼神。可以看出,微笑在人际交往尤其是市场营销中的作用。

　　据说希尔顿在踏上成功之路初期,他的母亲让他找一种既简单易行、不花本钱又行之长久的经营秘诀。希尔顿冥思苦想,终于茅塞顿开,他发现只有礼貌的微笑才同时符合以上四条标准。从此,他为员工定下一个信条:无论酒店本身遭遇的困难如何,希尔顿酒店服务员脸上的微笑永远是属于旅客的阳光。50多年来,希尔顿酒店正是凭着"微笑"的魅力,客不分大小,宾不分贵贱,都以礼相待,树立和维护了企业的形象,赢得事业的巨大成功。

　　因此请记住:微笑是人际交往的一种轻松剂和润滑剂。有人把微笑这一表情比喻为交际中的"货币",人人都能付出,人人乐于接受。微笑可以缩短人与人之间的心理距离,打破交际障碍,为深入的沟通与交往创造和谐、温馨的良好氛围。达·芬奇的名画《蒙娜丽莎》几百年来备受世人的喜爱,是因为人们从她脸上谜一般的微笑中,体味到了生活的美好,体味到了对真善美的向往。正如世界名模辛迪·克劳馥所言,女人出门时若忘了化妆,最好的补救方法便是亮出你的微笑。微笑代表着至纯、至爱,给人以美的享受。

面无微笑,遭受指责[①]

　　2002年,英联邦运动会在英国曼彻斯特城召开。在开幕式上,走遍了所有英联邦国家土地的火炬最后传到英国足球明星大卫·贝克汉姆的手中。他举着火

[①] 资料来源:罗杰·E. 艾克斯泰尔. 国际商务交往礼仪与禁忌. 肖风译,海天出版社,1990年,第204页。

炬，微笑着跑到了最后一站——一个身患绝症，还挂着氧气瓶的6岁小女孩面前。他低下头，微笑着亲吻了小女孩的脸。此刻全场轰动，球迷们兴奋高呼。随后贝克汉姆拉着小女孩的手走到英国女王面前，由小女孩把火炬交给了她盼望已久的女王。可是一贯以严肃著称的女王陛下却面无表情地接过火炬，她似乎没有看到小女孩渴望的眼神，她甚至都没有看小女孩一眼，就径直走向了点火台。小女孩失望地站在原地，在场的观众和电视机前的人们都很气愤，纷纷指责女王的冷漠。在这个举国欢庆的时刻，竟然还是没有笑容，而且竟然不愿意亲吻那个生着重病的可爱女孩。第二天，媒体的焦点没有放在开幕式点燃的熊熊大火上，几乎所有报纸杂志的上面都刊登了民众对冷漠女王的指责。

【评析】

德国著名生物学家隆涅有句名言：一天中最大的损失，是没有笑过一声。微笑是参与社交的通行证，是获取人心最有效的方式，它能消除人与人的界限。中国有许多阐述微笑能够为人们带来好人脉的谚语，如"眼前一笑皆知己，举座全无碍目人""一笑泯恩仇"等等，不胜枚举。法国作家阿诺葛拉索也讲过：笑是没有副作用的镇静剂。有人说，如果长得不好，就让自己有才华，如果才华也没有，那就总是微笑！任何人都不会轻易拒绝别人的一个笑脸。人几乎每天都会笑上几次，整天不苟言笑才是件令人受罪的事情。美国微笑之都——爱达荷州波卡特洛市有一个奇特的法令：凡在公共场所愁眉苦脸的人，一律要被送到"微笑站"进行再教育，直到学会微笑才让他离开。微笑是人们的本能，是两个人之间最短距离的表示，它具有神奇的魔力。真诚的微笑是交友的无价之宝，是社交的最高艺术，是人们交际的一盏永不熄灭的绿灯。

 解读

在人千变万化的表情中，目光和微笑最具有礼仪功能。不同的笑容来自不同的方法。笑的共性在于，面露喜悦之色，表情轻松愉快。笑的个性则在于具体的眉部、唇部，以及神色、声音等彼此之间的运作、配合。常见的

第一章 仪表形象

有：面含笑意的微笑、欣喜愉快的轻笑、抿嘴而笑的浅笑、尽情欢乐的大笑等。在所有种类的笑容里，微笑是交际活动中最富有吸引力、最有价值的面部表情，它是人类最好看的表情，是控制自己面部表情的法宝。每个人若能够天天多一分微笑，就会变得更加帅气或漂亮。微笑也是人际交往中最受人欢迎、最为积极、最为直接的表情，是一句不学就会的世界通用语。如果我们每个人都能够擅长以真诚的微笑相待，相信世间就会少了许多矛盾和摩擦，世界将变得更加和谐而美好。

在人类的各种文化中，微笑的含义是基本相同的，都表示友善、亲切和谦恭的美好情感，是向他人发出的理解、宽容和信任的示意，因而微笑被称做一种有效的"世界性交际语"，能超越文化而传播。正如艾克斯泰尔所指出的："有一个世界通用的动作、一种表示、一种交流形式，它存在于所有的文化与国家中，人们不分国别、不分种族地使用它，并理解它的含义。它可以帮助你与各种关系的人交往，不论是业务伙伴还是朋友，它是人们交流中唯一最有用的形式，那就是微笑。"

四、微笑方法

如此微笑，魅力倍增

在美洲某国，一位农民出身的竞选者竞选总统时，专门重金聘请公关顾问，为自己进行形象设计。本来这位竞选者素来以"露齿微笑做商标"，但他的顾问认为，露齿而笑容易产生轻浮、骄傲、虚伪之嫌。于是，他为这位竞选者设计这样的形象：微笑时，双唇收紧，微露上齿、塑造谦逊、真诚的形象。这位竞选者闭门苦练，后来参加竞选获得了成功。

【评析】

看来微笑也得讲究方法，不同方式的微笑效果也有差异，难怪常见一些专就微笑而进行的礼仪训练。美国一位牙医曾经公布了展示完美微笑的要素：完美微笑既与每颗牙齿的大小、宽度和牙齿的弯曲程度有关，也与牙齿的颜色、形状，以及笑的程度有关。牙医建议，追求完美的人最好不要露出牙龈，不要漂白牙齿，不要露出下牙，嘴唇开张要适度。加州洛马琳达大学牙科学院的尼古拉斯·戴维斯博士说："提到微笑人们首先关注的一个因素就是颜色。牙齿应该和你的眼白一个颜色。如果牙齿太白的话,就有超过眼睛喧宾夺主的效果。"戴维斯博士表示,完美微笑受严格的数学比率制约:咧开的嘴的长度不应小于脸的宽度的一半,而且最好的效果是,上下嘴唇都需要与面部中线的一边对称。所有看得见的牙齿应该是整齐的,没有明显的修复痕迹。上牙要露出大半,下牙尽量不要露出。后面的牙齿应该从前到后依次变小。牙龈最好不要露出来,颜色应该是健康的浅粉红色。据此,被媒体称为"新一代美国甜心"的女演员杰西卡·辛普森的微笑曾被视为"最完美的微笑"。

 解读

  有人概括了微笑的基本形态:不发声、不露齿,肌肉放松,嘴角两端略微向上提起,面含笑意,亲切自然,使人如沐春风。微笑一定要自然坦诚、发自内心。只有发自内心的微笑才是美的,也只有把内心的友善和欢喜通过眼神和嘴角表达出来,才是自然而令人愉悦的。故作笑颜,满脸堆笑,假意奉承,定会令人敬而远之,甚至产生躲避不及之感。据说,日本航空公司在培养空中小姐时,就要进行长达几个月的礼仪训练,其中主要的一项内容就是微笑训练。微笑时,首先嘴角两端向上翘,做出微笑的嘴形。练习时,为使双颊肌肉向上抬,口里可念着"耶"字音。然而,笑的关键在于善用眼睛来笑,才能避免僵硬、虚假的职业性感觉,笑出神情、神色、神态,笑得亲切、自然、甜美。训练方法是,用一张白纸遮住眼睛以下面部,对着镜子,心里想象那些最使你愉快的事情,再使嘴角作出微笑的口形,这时双眼就会十分自然地呈现出微笑的表情了。随后放松面部肌肉,但此刻的目光中仍然会反射出含笑脉脉的神采来[1]。因此,口到、眼到、神色到、笑眼传情,微笑才能扣人心弦。应该注意的是,在正式场合应力戒下述几种笑法:皮笑肉不笑的假笑,它有悖于笑的真实性原则,毫无价值可言;冷嘲热讽的冷笑,这种笑非常容易产生敌意;令人心怵的怪笑,它多含有恐吓、讥讽之意,使人十分反感;讨好奉承的媚笑,并非发自内心,而出自一定的功利性目的。此外,幸灾乐祸的窃笑,面容凶恶的狞笑,等等,皆无丝毫的美感可言,甚而表现出粗俗、放肆,实乃自毁个人形象。

---

[1] 参见:徐纪敏等. 魅力论. 三环出版社,1991年,第245、246页。

五、目光与眼语

眉目可以传情

巴西电视连续剧《女奴》中有这样一个镜头:伊左拉在离开农庄回城之前,去向她的情人多比亚斯道别,并询问情人对于她的爱。伊左拉得到的答复是:"你看看我的眼睛。"于是两人对视了一会儿,且仅仅只是一小会儿,伊左拉便高兴地跳了起来。因为她从多比亚斯的眼睛中看到了爱自己的真诚和坚定。

【评析】

眼神是心灵的窗户,当丰富的内心世界无法用语言表达时,当心情激动而起伏变化时,一个眼神就能把无以言表的东西淋漓尽致地表露出来。正如黑格尔所言:不但是身体的形状、面容、姿势,就是行动和事迹、语言和声音,以及它们在不同生活情况中的千变万化,全部可以艺术化成眼睛,人们从这眼睛里就可以认识到内在的无限自由的心灵。所以眼睛是可以说话的,眉目可以传情。

死盯着人看,让人烦

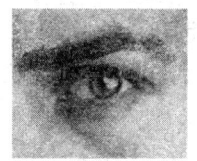

赵刚第一次到女朋友家拜见未来的老丈人。虽说他心里有些紧张,但还是有备而去,满怀信心。进屋时,老丈人正在看报纸,赵刚礼貌地问好道安。这时只见老丈人摘下他的老花镜,走到赵刚跟前,左三圈右三圈地开始打量起来,先是从头到脚,后又从脚到头,后又盯着脸看个半天。赵刚被看得心里发毛,但又不好意思说什么,好不容易老丈人开口了,又审犯人似地寻根问底起来。半天下来,赵刚异常疲惫,并且从此害怕见老丈人。

【评析】

心理学家福斯特说:"我们不会死盯着看,只有对艺术品才能凝视。"长时间地死盯着不放的目光是不礼貌的,它会让人产生被威胁的感觉,令人感到窘迫;对陌生人死盯着看会引起很大的反感;用直勾勾的眼光直视对方,使人感到透不过气来,有话也说不出来。因此,除了情人之外,在交往时,切记不要用眼睛死盯着对方,除非你想对他不友好。《法制日报》曾报道过这样一则消息:美国加利福尼亚州的一位警察吃了官司,原因是有七名女同事向法庭投诉,说他经常目不转睛地盯住她们,使她们感到不舒服。

 解读

"眼语"在仪态中占有举足轻重的地位,目光是面部表情的第一要素。与人交往,作为基本常识,交谈时目光要恰到好处,知道该看哪里。一般人都认为应该看着对方的眼睛,所以有一句话叫做"问起对,视勿移",意思是跟人讲话的时候,你不能害羞,头低低的,应该眼睛目视对方,不能看别的地方。若眼睛看地,或左顾右盼,或死盯住对方某一部位,显然极不礼貌,还可能弄得对方惶恐不安,还有什么兴致交谈!尤其是你有职业、有经商经验的时候,与人对话的时候往往都是看你的眸子,看你的眼神。眼神正,就表示你这个人为人正直。眼神不对、飘浮,可以看得出来你内心轻浮,是不正之人。运用好眼语还应注意,在交往中应根据谈话性质的不同变化注视的区间。如商务谈判、领导与下属谈话等等,采用的注视区间称公务注视区间,一般是以两眼为底线,以前额上部为顶点所构成的三角区域。由于注视这一部位能造成一种严肃认真、居高临下压住对方的效果,因而常为商人、外交人员、领导干部所采用,以便有助于他们掌握谈话时的主动权和控制权。在普通的社交场合中采用的注视区间,称为社交注视区间,范围是以两眼为上线,以下颚为顶点的所连接成的倒三角区域。由于注视这一区域最容易形成平等感,因此能让双方感到轻松自然。最具亲密关系的人在交谈时采用的注视区间,称为亲密区间,可以是对方的双眼、嘴巴和胸部。至爱亲朋之间,注视这些区域能激发感情,表达爱意。

从人的眼神中,几乎可以折射出一个人的喜怒哀乐等各种性情,从注视的方式、角度、部位、时间的长短等,能反映出交往者的内心情感和思想倾向。仰视,有尊敬、期待之意;俯视,有爱护、宽容之感;正视,则体现平等、坦率的语义;斜视,就可能表示怀疑或轻视。一般情况下,瞳孔的扩大总与积极喜好的情绪和态度相关联,瞳孔的缩小总与消极厌恶的情绪和态度相关联。另据心理学家的实验表明,人们视线接触的时间如超过交往时间的60%,表明彼此对对方的兴趣可能大于交谈的内容;若低于30%,则表明对对方或对所交谈的话题没有什么兴趣。在社交场合,特别是来宾众多的聚会上,既要顾此又要顾彼,用眼神向那些没来得及打招呼的客人示意,消除他们的被冷落感,营造一种亲切的氛围是可取的方式。需要注意的是,眯眼

第一章 仪表形象

是最意味深长的眼神,它既可表示鄙视、轻蔑和愤怒,也可表示调情、轻佻和勾引,因此,眯眼在社交场合中要慎用。

微妙的眼神,有时只能意会而不能言传,这就需要我们在社会实践中用心体察,注意积累经验,从而使我们既灵活得体地在社交中运用眼语,也可以使我们通过交往对象的眼神捕捉对方心灵深处的情感和思想倾向。

六、举止礼仪

不雅小动作,合同定泡汤[①]

午餐后的商务会议顺利开始了……西装革履的美国公司人员坐在谈判桌的一边,有可能成为他们合作对象的日本公司人员则坐在另一边。会议中,在翻译员进行冗长的翻译时,美方代表却开了小差。他先是打了个哈欠,伸了个懒腰,之后拨弄下头发、整理下衣服,跷起的二郎腿悠闲地抖动着,看了一下手表后又玩弄起了钢笔。过了一会儿又抠了几下鼻子,挖了几下耳朵,接着又把手放进嘴里使劲剔着牙,因为午饭后他的牙缝中间塞进了饭渣……这一切都被日方合作伙伴尽收眼底。会谈的结果可想而知,合同泡汤了。

【评析】

打哈欠、伸懒腰虽然有益健康,但在商务会议场合实属用心不专,而当众抠鼻子、挖耳朵、剔牙不仅不雅观,更不利于健康。这些不雅的小动作对个人形象和商务形象都是一种莫大的损坏。

 解读

体态举止存在于我们的举手投足之间,优雅的体态举止是有教养、充满

---

① 资料来源:华阳. 世界名人给你上的80礼仪课. 金城出版社,2009年,第242页。

自信的完美表达。除了做到"坐有坐相,站有站相",举止优雅外,我们还要注意举止的文明与敬人。下述不良举止和行为习性会让人生厌,我们切记要弃而远之:

一是随便吐痰。吐痰是最容易直接传播细菌的途径,随地吐痰是非常没有礼貌而且绝对影响环境、影响我们身体健康的。如果你要吐痰,把痰抹在纸巾里,丢进垃圾箱,或去洗手间吐痰,但不要忘了清理痰迹和洗手。

二是随手扔垃圾。随手扔垃圾是应当受到谴责的最不文明的举止之一。

三是当众嚼口香糖。有些人必须嚼口香糖以保持口腔卫生,那么,我们应当注意在别人面前的形象。咀嚼的时候闭上嘴,不能发出声音,并把嚼过的口香糖用纸包起来,扔进垃圾箱。

四是当众挖鼻孔或掏耳朵。有些人,习惯用小指、钥匙、牙签、发夹等当众挖鼻孔或者掏耳朵,这是一个很不好的习惯。尤其是在餐厅或茶坊,别人正在进餐或茶,这种不雅的小动作往往令旁观者感到非常恶心,是很不雅的举动。

五是当众挠头皮。有些头皮屑多的人,往往在公众场合忍不住头皮发痒而挠起头皮来,顿时皮屑飞扬四散,令旁人大感不快。特别是在那种庄重的场合,这很难得到别人的谅解。

六是在公共场合抖腿。有些人坐着时会有意无意地双腿颤动不停,或者让跷起的腿像钟摆似地来回晃动,而且自我感觉良好,以为无伤大雅,其实这会令人觉得很不舒服。这是不文明的表现,也不是优雅的行为。

七是当众打哈欠。在交际场合,打哈欠给对方的感觉是:你对他不感兴趣,表现出很不耐烦了。因此,如果你控制不住要打哈欠,一定要马上用手盖住你的嘴,跟着说:"对不起"。

八是不当使用手机。手机是现代人们生活中不可缺少的通讯工具,如何通过使用这些现代化的通讯工具来展示现代文明,是生活中不可忽视的问题。如果事务繁忙,不得不将手机带到社交场合,那么你至少要做到以下几点:将铃声降低,以免惊动他人。铃响时,找安静、人少的地方接听,并控制自己说话的音量。如果在车里、餐桌上、会议室、电梯等地方通话,尽量使你的谈话简短,以免干扰别人。如果下次你的手机在响起的时候有人在你旁边,你必须道歉说:"对不起,请原谅",然后走到一个不会影响他人的地方,把话讲完再入座。如果有些场合不方便通话,就告诉来电者说你会打回电话的,不要勉强接听而影响别人。

七、手姿礼仪

手姿不当，惹麻烦

方雪待人热情，工作出色，颇受公司重用。一次，公司派她和几名同事一同前往缅甸洽谈业务，可处事稳重、举止大方的方雪，竟然由于行为不慎招惹了一场不大不小的麻烦。当时她和同事一抵达缅甸就受到了东道主的热情欢迎，在为他们特意举行的欢迎宴会上，主人亲自为每位嘉宾一一递上一杯当地特产的饮料，以示敬意。当主人向方小姐递送饮料时，向来左撇子的方小姐不假思索、自然而然地伸出自己的左手去接饮料。见此情景，主人神色骤变。而那杯饮料也没放到方小姐的左手里，而是被重重地放到了桌子上，主人一声未吭便扬长而去。

【评析】

印度、缅甸和冈比亚等国，人们的两只手在日常生活中有明显分工，且有尊卑之别。人们把左手称为"不洁之手"，用来完成干脏活、上厕所等事宜，而右手称为"尊贵之手"，平时端菜、接物、送客等都要使用右手，绝不允许用左手，否则被视为蓄意侮辱对方的行为。不过对不受欢迎的客人，主人送客用左手打发，方雪不了解当地的习俗，错用了左手而招致主人的不悦。

 解读

事实上，在大多数文化背景下，待人接物时都要尽量使用右手或双手。如用右手行握手礼或吻礼、使用右手递接物品、使用双手或右手交换名片、使用右手做手势语等。在这些情况下，使用左手总是不妥的。

八、手势语言

习俗差异，引发误会[①]

一位美国工程师被公司派往德国分公司工作。其间，他和一位德国工程师在一部机器上并肩作战，当这个美国工程师提出建议改善新机器时，那位德国工程师表示同意并向美国工程师询问自己这样做是否正确。这个美国工程师习惯性地用美国的"OK"手势给以回答。那位德国工程师放下工具就走开了，并拒绝和这位美国工程师进一步交流。美国工程师后来才从他的一个主管那里了解到，原来"OK"这个手势在德国意味着"你是个屁眼儿"。

【评析】

很显然，不同的民族有不同的文化差异，这种差异也体现在手势语方面。对于伸出一只手，将食指和拇指合成一个圈，其余三指自然伸开，英、美国家的人用这个手势表示"OK"、"好"或"行"；中国则常被理解为"零"；在日本可以表示他要找零钱、给硬币；在泰国表示没问题，请便；在法国这一手势通常表示"没有"、"微不足道"或"一钱不值"；斯里兰卡的佛教徒用右手做这个手势放在胸前，同时微微欠身颔首，以此表示希望对方"多多保重"；在突尼斯则表示"傻瓜"；在巴西、希腊和意大利等一些国家千万不要做这种手势，一不留神就可能惹下大祸，当地人用这一手势暗示同性恋者，或是污辱男人，引诱女人；这一手势在巴西和德国具有淫亵之意，尤其在德国意即"你是个屁眼儿"，被视为对对方行为粗鲁。所以，德国工程师被美国工程师的这一手势惹恼了。

 解读

由于手是人体最灵活自如的一个部位，所以手势是体语中最丰富、最具表现力的，可谓是人际交往中的"第二张面孔"。许多科学家认为，人类最初的语言不是有声语言而是手势语，有声语言是在手势语的基础上形成的。

---

① [英]亚伦·皮斯，芭芭拉·皮斯. 身体语言密码. 中国城市出版社，2007年。

第一章 仪表形象

不同部族的印第安人彼此不懂对方的有声语言,但他们却可以用手势语来相互交谈,甚至还能讲各种故事。古罗马政治家西塞马曾说:一切心理活动都伴有指手画脚等动作。奥地利作家茨威格说:在泄露感情的隐秘上,手的表现是最无顾忌的。手姿运用得体适度,可以增强感情的表达,在交际活动中起到锦上添花的作用。规范独特的手势语还可以传达不同的人格特性,正如老乔治·布什所言,手势具有独特的表现风格,自信者往往使用它来传达自己的心理状态,使人感到坦然自若,还会赋予使用者胆量和权威。总之我们可以通过不同的手势来传情达意,但手势语同样是体态语言的重要组成部分,在人际交往中也要正确恰当地使用,以便符合礼仪规范。

由于每个民族都有其独特的文化传统,语言习俗又是民族文化的体现物,因而不同民族的手势语言也具有很大的差异性。比如同是表示友好的祝愿、问候,汉族人用点头、握手等方式;欧美人用拥抱的方式;土耳其人两手交叉于胸前,施90度鞠躬礼;拉丁美洲有些地方的人则以拍背为礼;因纽特人用一个拳头连打对方的脑袋;巴基斯坦的普什图人与客人见面时,既不拥抱,也不接吻,而是一边握手,一边用另一只手抚摸对方的前胸。正如人们常说的:"看看一个人的动作,就能知道他来自何方。"中国人用一只手的五个手指可以表示1~10的数字,而欧美人要用两只手来表示。中国人伸出食指表示"1",欧美人则伸出拇指表示"1",在澳大利亚举一食指是"请再来一杯啤酒";中国人伸出食指和中指表示"2",欧美人伸出拇指和食指表示"2",并依次伸出中指、无名指和小拇指表示"3"、"4"、"5";在中国伸出食指指节前屈表示"9",日本人却用这个手势表示"偷窃";中国人表示"10"的手势,在英、美国家则表示"祝好运",或示意与某人的关系密切。在中国表示称赞之意、了不起,常是跷起大拇指,只伸出小拇指则表示蔑视或看不起;但日本人常用大拇指表示"老爷子",用小拇指表示"情人";澳大利亚、新西兰、英美等一些国家的人,跷起大拇指是拦车要求搭便车的意思。拇指和食指捏在一起轻轻捻动,通常示意与钱有关,不过,在某些地中海国家,如果你想请服务员为你办点事,用这一手势告诉他你会给他报酬的,结果其意思却成了你愿意提供性服务,这恐怕会很尴尬。第二次世界大战时,英国首相丘吉尔在一次演说中伸出食指和中指,构成"V"字形手势来表示胜利。此后,这一手势广为流传,人们凡庆祝胜利或预祝成功时,都喜欢打这个手势。然而,这一手势若手背朝外,在英国以及澳大利亚、新西兰是万万使不得的,因为它所表示的意思不是胜利,而是伤风败俗,意为"up yours"。此外,招手的手心朝上还是朝下所包含的歧义很大。在我国手心朝下向人招手,是"让你过来",但英国人、德国人见到这种手势转身就走,因为按照他们的习惯这是表示与你"再见",如要招呼他人过来,那么应手心朝上招手,而这个动作在日本、印度尼西亚、澳大利亚等国是用来召唤狗的。现在最简单的处理方法就是不招手,手掌一伸,来表示打招呼或再见。

由此不难看出,手势因为文化背景不同,被赋予了不同的含义。这种千姿百态的手势语,蕴含着人类无比丰富的情感,在人类交际中能起到有声语言无法起到的作用,并且伴随着各民族语言与文化的发展、融汇而日趋丰富,具有较旺盛的生命力。

九、坐姿礼仪

坐姿不正,丢性命①

1988年在洛杉矶,一个来自泰国的演员杀害了一名29岁的老挝人,被判处二级谋杀罪。原来,这位演员在一家通宵营业的泰国卡巴莱演唱。那夜一个老主顾(即那位老挝人)把脚搁在一把椅子上,鞋底对着那个演员。当卡巴莱打烊的时候,这位演员跟踪那个老挝人并把他杀害了。

【评析】

这个老挝人的杀身之祸源于其不端正的坐姿。在泰国,给人看鞋底或把鞋底对着别人是对人的极大侮辱。即便不是在泰国,这样的坐姿总是不雅观的,应当予以纠正。

解读

坐有坐相,文雅端庄。古人讲"坐如钟",就是要求坐姿如同钟那样沉稳、端正。在社交应酬之中,坐姿往往是人们使用最多的姿势,良好的坐姿一般要兼顾三方面的问题:

---

① 资料来源:[美]罗杰·E.阿克斯特尔.身势语.万明玉译,上海译文出版社,1998年。

一是角度。坐定后上身与大腿,大腿与小腿所形成的角度有大小之分,坐姿因此大有不同。在极正规的场合,上身与大腿,大腿与小腿,应均为直角,上身端正,腰部挺直,此姿势即所谓"正襟危坐"。一般情况下,男士略张开双腿而坐,但不应宽于其肩宽,双手放在大腿上或交握于两腿中前部,体现出男子的自信与豁达;女士就座则务必双腿并拢,两脚平列或稍稍前后错开。双手自然搭放在大腿上或座椅扶手上。

二是深浅。就座时根据臀部与座位所接触面积的多少,有深坐与浅坐之别。在较为正式的场合,通常入座之后不应坐满座位、身靠椅背,至少前10分钟左右的时间,大体只坐椅面的2/3即可。

三是舒展。优美的坐姿让人觉得安详舒适,这是体态美的重要内容。在一般场合,坐定后双腿可以叠放或斜放。双腿交叉叠放时,应力求做到膝部以上的并拢,而不要将一条小腿叠放于另一大腿上,同时切勿将脚翘得过高,以脚尖指向他人;双腿斜放时,以与地面构成45度夹角为最佳,双手以叠放或相握的姿势放置于身体侧向的大腿上最为适宜,可以显出女性的曲线之美。但双腿不要直伸开去,或双腿交叉,或摆成外八字,更不要摇晃抖动不止。无论何种坐姿,上身都要保持端正。

坐姿的重点自然是坐定后的体态,但就座时的各个环节也应注意其礼仪规范:一要注意顺序。若与他人一起入座,应礼让尊长。平辈人与亲友同事之间可同时就座。无论如何,抢先就座是失态的表现。二要讲究方位。不论是从正面、侧面还是背面走向座位,通常都讲究从左侧一方走向自己的座位,从左侧一方离开自己的座位,简称"左进左出",这是正式场合需遵守的。三要落座无声。在就座的整个过程中,不管是移动座位还是放下身体,都不应发出嘈杂的声音。不慌不忙,悄无声息,本身就体现着一种教养。四要入座得法。就座时,应转身背对座位。如距离较远,可以一脚后移半步,待腿部接触座位边缘后再轻轻坐下。着裙装的女士入座,通常应先用双手拢平裙摆,随后再坐下。五要离座谨慎。离座同样应注意礼仪序列,不要突然跳起,弄出很大声响,或把身边的东西碰到地上,显得唐突欠稳重。

十、站姿礼仪

体态不端,让人嫌

甲公司要与乙公司谈合作之事,派年轻能干的小张先行商谈。小张去了不久,

乙公司就打电话过来要求换人,否则将不再合作。甲公司恳请对方解释原因,对方说,过来的小张站着和他们谈话时,双手要么抱肩,要么就是插在裤兜里,而且握手时一只手还舍不得拿出来;坐下交谈时翘着腿、仰靠在沙发上;当听对方的想法时,小张不是玩弄自己的笔就是东张西望。对方表示:虽然事情不大,但是我们不愿和这种不礼貌的人合作。

【评析】

体态是无声的交际语言,可以显现一个人的礼貌修养和处世态度。小张站无站相,坐无坐姿,再加上不雅的小动作,对人的失礼和不敬展现得淋漓尽致,商务形象破坏无遗,对方不愿意与其合作就不足为怪了。

 解读

站姿是人最基本的姿势,同时也是培养优美仪态的起点。站有站功,挺直如松,是说人的站立姿势要像青松一般端直挺拔,呈现一种静态美。其基本要领是:头正、肩平、挺胸、收腹、腿直、手垂,目光平视,下巴略收。由于性别方面的差异,男女的基本立姿又有一些不尽相同的要求。对男子的要求是稳健,对女子的要求是优美。男子站立时,一般应双脚平行,大致与肩同宽。全身正直,双肩稍向后展,双臂自然下垂,双手贴放于大腿两侧。如果站立时间过久,可采用稍息的姿势,将左脚或右脚适当叉开一步,其身体的重心分别落在另一只脚上,但上身仍需直挺,伸出的脚不可伸得太远,双腿切勿叉开过大。在正式场合,不宜将双手插在裤袋里或双臂交叉抱于胸前,这样会给人产生傲慢、敷衍、轻蔑等感觉和印象。女子在站立时,应挺胸、收颌、提气、直腰、绷腿,双手自然下垂,叠放于腹前,双腿基本并拢或稍微分开,但不宜叉开太大。站时可采用"V"字型或"T"字步型。站时脸上要带有自信,从总体上给人一种精神饱满和挺拔的感觉。力戒头歪、肩斜、臂曲、背弓、臀撅、膝屈,无精打采、身体抖动或晃动不但显得拘谨、漫不经心,而且也有失仪表的庄重。

第一章 仪表形象

第三节 服饰礼仪

一、服饰的意义

衣冠不整，葬送前程

明代文学家、戏曲家冯梦龙所编的《广笑府》里有一则《歪戴帽子》的笑话：元时，胡石塘应聘入京，元世祖忽必烈召见。胡石塘头戴棕皮编织的帽子，稍有歪斜，忽必烈问他所学的是什么，胡石塘答道："治国平天下之学。"忽必烈笑道："自家的一顶帽子尚不端正，又怎能平天下呢？"于是就没有任用他。

【评析】

英国作家莎士比亚曾经说，一个人的穿着打扮就是他教养、品位、地位的最真实写照，所以有"一屋不扫，何以扫天下"之说。而一个连自己的帽子都戴不端正的人，又何谈"治国平天下"呢！因此一个不经意的服饰细节出卖了胡石塘，让他错失了建功立业、扬名立万的机会，他衣锦还乡的愿望也因为一顶歪戴的帽子而瞬间变成了黄粱美梦。

出访服饰惹争议

1983 年 6 月，美国前总统里根出访欧洲四国时，曾穿了一套格子西装出席晚宴而招致在场的部分人向他身上扔鸡蛋。因为在这种庄重严肃的正式场合，本应穿黑色或白色礼服，他却穿了一套花格西装，并且此事也引起了西方舆论一片哗然。有的新闻媒体批评里根生性不严肃、缺乏责任感，与其演艺生涯有关；有的则认为里根是大国首脑、狂妄傲慢，没有给予欧洲伙伴应有的尊重和重视。

【评析】

意大利影星索菲亚·罗兰认为："你的衣服往往表明你是哪一类人物，它们代表着你的个性。一个和你会面的人往往自觉不自觉地根据你的衣着来判断你的为人。"因此人们从里根的服饰上评论出了他的政治态度和为人。另外着装必须符合不同场合的要求，在这种外交场合着装本应严肃正统，随意休闲的花格子西装当然是不得体了，所以里根的出访服饰会遭到如此多的批评和指责。外交出访本应是国家之间建立和发展友好关系的重要手段，遗憾的是里根此次出访却受到了其花格西装的严重影响,如何解释都无济于事了。

 解读

　　服饰是一种无声的"交际语言",它能透射出一个人文化修养的高低、审美情趣的雅俗,折射出一个人对生活的态度。正如世界知名服装心理学家高莱所言:"着装是自我的镜子"。美国心理学家彼得·罗福也认为:"一个人的服装不仅表露了他的情感,而且还显示着他的智慧。一个人的衣着习惯,往往透露出它的人生哲学和人生观。"伟大的莎士比亚则进一步强调:"服装可以表现人格"。可见,从某种意义上说,服饰是一门艺术,服饰所能传达的情感与意蕴甚至不是用语言所能替代的。人际交往中,服饰好似每个人手中的一封无言的介绍信,时时刻刻向每一个交往对象传递着各种信息。在交际场合,穿着得体会给人留下良好的印象,而穿着不当只会降低自己的身份,损害自身形象。

　　得体的服饰更是一种礼貌,直接影响着人际关系的和谐。与人交往时,不论是心仪已久的情人还是仰慕多时的招聘老总,如果你想让对方接受你,你就得首先选择合适的服饰。这一点美国行为学家迈克尔·阿盖尔早就用实验证实,合适的服饰可以缩短彼此间的距离,协调彼此间的关系:他以不同的衣着打扮出现在某城市的同一地方,当他西装革履、风度翩翩地出现时,向他问路、问时间的人大都属于彬彬有礼的绅士阶层;当他破衣烂衫、蓬头垢面地出现时,接近他的多半是流浪汉、无业游民。这个实验表明了人们总是习惯于通过服饰判别自己可交往的对象。如果你的穿着与你交往的对象格格不入或让人家看起来别扭、不舒服的话,就会很容易扩大彼此间的距离,影响甚至阻碍相互之间的沟通。所以如果你想让他人接受你,你就必须首先让他人接受你的服饰,如果你的穿着不能为他人所接受,你的言行举止乃至你的一切也都可能很难为他人所接受了。

　　总之,在人际交往中"人不可不饰,不饰无貌,无貌不敬,不敬无礼,无礼不立"。在社交场合只讲"穿衣戴帽,各凭所好"显然已经远远不够了,我们必须注重自己着装打扮的形象效果。

着装得体,提高业绩

一位女推销人员在美国北部工作,一直都穿着深色套装,提着一个男性化的公文包。后来她调到阳光普照的南加州,她仍然以同样的装束去推销商品,结果成绩不够理想。后来她改穿色彩稍淡的套装,换了个女性化些的皮包,使自己增添了许多亲切感。着装的这一变化,使她的业绩提高了25%。

【评析】

俗话说:"佛要金装,人要衣装",成功与衣装的影响有很大关系。新时代的成功哲学是:70%的才干加上30%的包装。尤其是一些不断与人打交道的行业,衣着就是你的通行证。很自然人们对于着装整齐的人和不讲究仪表的人两者间的感觉是不会相同的,人们对于穿得整齐的人总是较有信赖感的。良好的仪表犹如一支美丽的乐曲,它不仅能够给自身带来自信,也能给别人带来审美的愉悦,既符合自己的心意,又能左右他人的感觉,使你办起事来信心十足,一路绿灯。

良好着装,有助成功

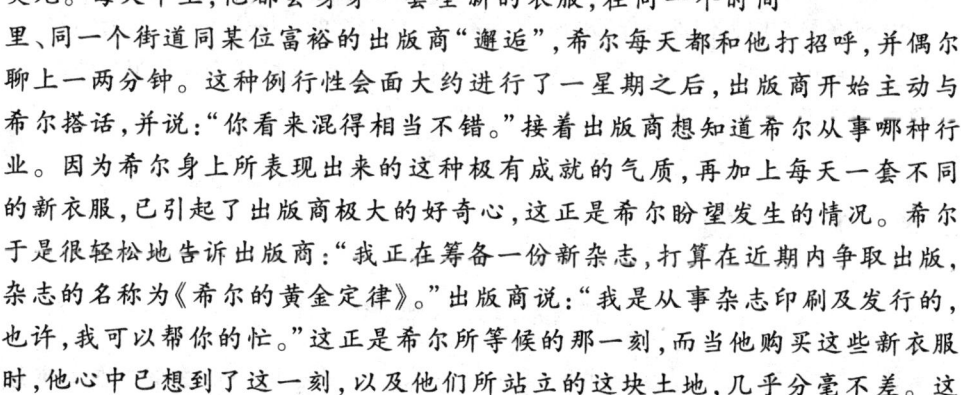

美国商人拿破仑·希尔在创业之始,就意识到服饰对人际交往与成功办事的作用。他清楚地认识到,商业社会中,一般人是根据一个人的衣着来判断对方的实力的,因此,他首先去拜访裁缝。靠着往日的信用,希尔定做了三套昂贵的西服,共花了275美元,而当时他的口袋里仅有不到1美元的零钱。然后他又买了一整套最好的衬衫、衣领、领带等,而这时他的债务已经达到了675美元。每天早上,他都会身穿一套全新的衣服,在同一个时间里、同一个街道同某位富裕的出版商"邂逅",希尔每天都和他打招呼,并偶尔聊上一两分钟。这种例行性会面大约进行了一星期之后,出版商开始主动与希尔搭话,并说:"你看来混得相当不错。"接着出版商想知道希尔从事哪种行业。因为希尔身上所表现出来的这种极有成就的气质,再加上每天一套不同的新衣服,已引起了出版商极大的好奇心,这正是希尔盼望发生的情况。希尔于是很轻松地告诉出版商:"我正在筹备一份新杂志,打算在近期内争取出版,杂志的名称为《希尔的黄金定律》。"出版商说:"我是从事杂志印刷及发行的,也许,我可以帮你的忙。"这正是希尔所等候的那一刻,而当他购买这些新衣服时,他心中已想到了这一刻,以及他们所站立的这块土地,几乎分毫不差。这

位出版商邀请希尔到他的俱乐部和他共进午餐,在咖啡和香烟尚未送上桌前,已"说服"了希尔答应和他签约,由他负责印刷及发行希尔的杂志,希尔甚至"答应"允许他提供资金且不收取任何利息。发行《希尔的黄金定律》这本杂志所需要的资金至少在3万美元以上,其中的每一分钱都是从漂亮衣服所创造的"幌子"上筹集来的。

【评析】

希尔的例子再次告诉我们:成功的外表总能吸引人们的注意力,尤其是成功的神情更能吸引人们"赞许性的注意力"。当然,这些衣服里也包含着一种能力,是自信心和创造力的完美体现。

在日常生活中,我们常常听到这样的劝告:不要以貌取人。但是经验告诉我们,人很难做到不以貌取人。从人的审美眼光出发,爱美之心人皆有之,人们对美的认识,很多时候是从第一印象中产生的,而人的仪表恰好承载了这一"特殊"的任务。日本推销界流行的一句话就是:"若要成为第一流的推销人员,就应先从仪表修饰做起,先以整洁得体的衣饰来装扮自己。"只要你决定投入推销业,就必须对仪表服饰加以重视,这是绝对重要的。因此美国有许多家大公司对所属雇员的装扮都有"规格",所谓规格自然不是指要穿得怎么好看或用何种衣料,而是"观感"的水准。不只在美国如此,在世界各地都一样。在中国,保险公司的业务员在向人们推销保险的时候是不会随便着装的。推销人员的衣着最好选择一些中性色彩,给人以稳重感,着装原则以合身为主,样式为辅。服装的搭配也是关键,恰到好处的搭配可以直接传递出你的品位和形象。

二、着装的"TPO"原则

着装不当,丢失客户

某大型国有企业的总经理郑华,获悉有一家著名的德国企业董事长在本市访

第一章 仪表形象

问,并有寻求合作伙伴的意向,于是他想尽办法请有关部门为双方牵线搭桥。让郑总欣喜的是,对方也有兴趣同他合作,并且希望尽快会面。到了会面那天,郑总对自己的形象刻意进行了一番修饰。他根据自己对时尚的理解,上穿夹克衫,下穿牛仔裤,头戴棒球帽,足蹬旅游鞋,希望自己能给对方留下精明强干、时尚新潮的印象。

然而事与愿违,郑总自我感觉良好的这一身时髦"行头"却偏偏坏了大事。这位德国企业董事长竟然就此认为:此人着装随意,且过于前卫,个人形象不合常规,尚欠沉稳,与之合作之事当再作他议。

【评析】

日本著名推销大师松下幸之助曾言:"服装虽然不能造就完人,但是初次见面给人印象的90%产生于服装。"郑先生这套不得体的着装给对方留下了坏印象。原因是他没有根据场合选择合适的服饰,恰恰违背了服饰的"TPO"原则。诸如与顾客会谈、参加正式会议等场合,着装应庄重考究,而郑先生却穿着的如此运动休闲,其着装不符合商务会谈场合的要求,当然会给对方一种随意、轻浮的印象。

服饰要做到规范、得体,须牢记并严守世界服装界所公认的"TPO"审美原则。"TPO"原则是日本男装协会在1963年提出来的,一经提出,便迅速普及、传遍了全世界,成为世界通行的着装打扮的最基本原则。TPO原则的主旨是要求人们的服饰应力求和谐,以和谐为美。TPO是英文Time,place,object三个词首字母的缩写。T代表时间、季节、时令、时代;P代表地点、场合、职位;O代表目的、对象。简单来讲,TPO原则主张着装要与时间、季节相吻合,符合时令;要与所处场合环境,与不同国家、区域、民族的不同习俗相吻合;要符合着装人的身份;要根据不同的交往目的、交往对象选择服饰,给人留下良好的印象。

首先,从时间上讲,一年有春、夏、秋、冬四季的交替,一天有24小时变化,显而易见,在不同的时间里,着装的类别、式样、造型应有所变化。比如,冬天要穿保暖、御寒的冬装,不要只求风度,不要温度,让人感到美丽"冻"人;白天穿的衣服需要面对他人,应当合身、严谨,而晚上在家就可穿得宽大、随意。

其次,从地点上讲,着装要考虑环境和场合,才能为人们所接受,才是合乎情理的。置身在室内或室外,驻足于闹市或乡村,停留在国内或国外,身处单位或家中,在这些变化不同的地点,着装的款式理当有所不同,切不可以不变应万变。

再次,从场合上来说,人们在交际应酬中所面临的种种场合可分为公务、社交、休闲这三个大类。人的全部活动,无不包含在其中。在这三类不同的场合,着装的款式应各有不同。原则上讲,公务场合、社交场合属于正式场合,总的要求是正规、讲究。休闲场合则属于非正式场合,总的要求是随意、自便。公务场合,指的是人们置身于工作地点,用于上班的时间。公务场合对于服装款式的基本要求是:庄重,保守,传统。符合这一要求,适用于公务场合的服装款式为:制服、套装、套裙、工作服等等。不适合在公务场合穿着的服装款式有:牛仔装、运动装、沙滩装、家居装等等。社交场合,指人们置身于交际地点,用于在上班之外,在公共场合与熟人交往、共处的时间。在这个意义上,聚会、拜访、宴请、舞会、音乐会等等,都是典型的社交场合。社交场合对于服装款式的基本要求是:典雅、时尚、个性。符合这一要求,适用于社交场合的服装款式为:时装、礼服、民族服装,以及个人缝制的个性化服装等等。不适合在社交场合穿着的服装款式有制服、工作服、牛仔装、运动装、沙滩装、家居装等等。休闲场合,指的是人们置身于闲暇地点,用于在公务、社交之外,一人独处,或是在公共场合与不相识者共处的时间。居家、健身、旅游、娱乐、逛街等等,都属于休闲活动。休闲场合对于服装款式的基本要求是:舒适、方便、自然。符合这一要求,适用于休闲场合的服装款式为:家居装、牛仔裤、运动装、沙滩装等等。不适合在休闲场合穿着的服装款式有:制服、套裙、套装、工作服、礼服、时装等等。

最后,从目的上讲,人们的着装往往体现其一定的意愿,即自己对着装留给他人的印象如何是有一定预期的,着装应适应自己扮演的社会角色。服装的款式在表现服装的目的性方面发挥着一定的作用。自尊还是敬人,颓废还是消沉,放肆还是嚣张等等,俱由此得知。一个人身着款式庄重的服装前去应聘新职、洽谈生意,说明他郑重其事、渴望成功。在这类场合,若选择款式暴露、性感的服装,则表示自视甚高,对求职、生意的重视远远不及对

第一章 仪表形象

其本人的重视。你上班与参加宴会的着装就肯定不同。轻松、明媚的服装出现在宴会、晚会上是合适的,可你别穿着它去参加董事会。如果你头戴安全帽在建筑工地转悠,脚上却穿着高跟鞋,你的上司会怎么看你?

美国人在一般情况下穿着打扮是比较自由随便的,但在正式场合却有要求。美国商界圈子里有一套穿衣服的标准,你穿得不妥,别人当面不说,可私下却认为你是不"懂行"的人,因而对你失去信心。商界人士如要赴约,早上起床必先洗澡、梳理好头发、刮好胡子,看上去容光焕发,给人勤快、干练的印象,同时表示他是尊重客人、重视业务的。商界可穿的衣装很多,但色彩鲜艳、花纹缤纷的衬衫、领带或袜子,容易使人感到轻浮不实,是不合乎商业礼仪的。有一种万无一失的穿法,那就是深蓝色的外衣、白色的衬衫、红色的领带、灰色的裤子、黑色的皮鞋和袜子,这是一个典型的美国商人的着装。

总的说来,着装要规范、得体,就要牢记并严守TPO原则。在具体选择服装时,注意区分自己所处的具体场合,并且依照礼仪规范和惯例,依据不同的社交需要,在不同的时令选择不同款式的服装。

三、着装的个性化原则

着装也需人来配

在安娜与渥伦斯基相识的舞会上,安娜穿着全黑的天鹅绒长裙,长裙上镶威尼斯花边,闪亮的边饰把黑色点缀得既美丽安详又神秘幽深,这同安娜那张富有个性的脸庞十分相称。当安娜出现在舞会的门口时,顿时吸引了所有人的视线,吉蒂看到安娜的装束后,也强烈地感受到安娜比自己美。安娜的黑色长裙在清淡柔曼的裙海中显得高贵典雅、与众不同,也与安娜藐视世俗的个性、高挑美丽的身材融为一体。

若一位性格活泼、身材宽胖的姑娘,身穿裘皮大衣在路边与他人手舞足蹈地高谈阔论,让人看了很不舒服。尽管裘皮大衣高雅华贵,但与姑娘的性格和身材极不相称,给人一种"张扬、毛躁、不伦不类"的感觉。

【评析】

同样是高贵华丽的服饰,穿在不同个性的人身上,给人一种不同的感受:安娜显示出非凡之美,那位姑娘却适得其反。

 解读

着装的个性化原则,主要指依个人的性格、年龄、身材、爱好、职业等要素着装,力求反映一个人的个性特征。选择服装因人而异,着重点在于展示所长,遮掩所短,显现独特的个性魅力和最佳风貌。现代人的服饰显示出越来越强的表现个性的趋势。一个懂得穿着的人,绝不一味地追求昂贵及时髦,比如一个身材矮胖、腿部粗短的女性,绝不可穿流行的窄腿裤超短裙,这样完全把她的缺点暴露出来了。她应当选择色泽较深,花纹单纯或直条纹的稍宽裤管的长裤或长及小腿处以下的长裙,裙摆遮住粗壮的小腿肚为宜,脚下可穿高跟鞋,使裤管遮住鞋跟,这样可拉长身体的长度。正如世间每一片树叶都不会完全相同一样,每一个人都具有自己的个性。在着装时,既要认同共性,又绝不能因此而泯灭自己的个性。着装要坚持个性原则,具体来讲有两层含义:一是着装应当照顾自身的特点,要做到"量体裁衣",使之适应自身,并扬长避短;二是着装应创造并保持自己所独有的风格,在允许的前提下,着装在某些方面应当与众不同,切勿穷追时髦,随波逐流,使个人着装千人一面,毫无特色可言。

许多女性的服饰喜欢追随流行式样,这并非没有道理,因为多数流行式样考虑到了服饰审美功能的多种社会因素,具有较广泛的适应性。穿着社会流行的服饰,容易引起审美心理的共鸣,这对大多数女性来说,容易收到事半功倍的效果。然而,就服饰美的较高层次来说,这就显然并非是理想的选择了,因为要追求服饰的个性之美,要美得独特,就要有装饰上的个人创新。因此,具有较高审美素质的女性,从不追随时装潮流,而是追随个性艺术审美情趣的发展,选择适于发扬自身美质的服饰,并不特别着眼于服饰的时新,而是力求做到服饰为自己的美服务。例如,样式时新的蝙蝠衫,消瘦者穿之可弥补体型的单薄,如果是一位曲线优美、肌体丰满的女性穿着,也许不算丑,但却容易掩饰迷人的身段,令人感到可惜。

我们不需要盲目地赶时髦,并不是任何流行时尚的服装穿戴在任何人身上都会产生耀眼的风采。不执意追随服饰潮流,不是要背潮流而动,更不是要故作惊人之态,而是为了不失自身的风姿特色,不致使它在服饰潮流中

淹没。因为当流行服装成千上万件被生产出来风靡于世的时候,往往就淹没了人的个性。一种服饰潮流的袭来或者一种类型服饰的流行,大多只能适应一部分女性的需要,适用于绝大多数妇女需要的广谱性的服饰的出现毕竟是不多的。况且,流行服装既然是流行的,就不可能持续太久,所以,一味追求流行服饰美,很容易沦为"时髦癖",此乃女性服饰选择心理之大忌。台湾作家三毛说:"因为我从来不赶时髦,所以我永远都是最时髦的。"

不执意追随服饰的潮流,另一方面的意义是可以使个体的审美特性与环境的审美眼光拉开一定"审美距离",产生别具一格的美的色彩。所谓服饰美的"审美距离",可以看做是个体的服饰之美与社会服饰潮流保持一种"不即不离"、"若即若离"的态势。如有些姑娘善于选择适合自身用的流行服饰稍加艺术的加工或改造,使之达到出新的效果,便是一例。对常规审美原则有强烈冲击意义的个性型服装开始在我国涌现,这些服装大多自行设计,有独特的自我审美意识的指导,少有模仿,多有创造,很能表达自身的性格、气质特色,很容易招来"奇装异服"的攻击。如有些年轻姑娘在夏季穿着的胸罩式外衣和超短裤即为一例,她们让自然的肌肤尽量裸露,任丽阳照耀,任和风吹拂,很富于青春魅力,显然,这是一种典型的青春活力之美。

值得强调的是,当人体的自然肌肤作为审美对象同服饰一起进入艺术结构之中的时候,质的含义就发生了嬗变。这时它不再是自然的裸露,而是整体风姿艺术美的一种有机的表现成分,一种活泼的因素。因此,面对一位有颇多肉体裸露然而美得脱俗的女性,智美者慕其神,俗美者视其形,嫉美者贬其姿,秽美者窥其淫,毁美者讥其骸,实际上是在暴露着旁观者的人生态度和修养水平。

应该说,朴素淡雅,天然成趣,是一种美;异彩流光,俏丽多姿,也是一种美;古风流畅,民族特色,令人叫绝;时尚浓郁,当代风情,也颇令人神往;色调沉着,典雅含蓄,美得脱俗;盛装艳服,饰巧妆美,也可令人钦慕。不同的女性拥有不同风格的美神,万千美神组成风姿绰约的女性世界,这是文明格调高尚的一种象征。

四、着装的整洁规范原则

衬衫形象,关系成败

一位有着20多年商战经验的德国商人,经常以这样一个事例作为他演讲的开

场白:有一次,我手里有一大批订单,要对两家公司进行考察。两家公司在实力、产品价格、质量以及售后服务等方面都不相上下,但我最后还是作出了明智的选择。有人问我选择的标准是什么?我回答:是司机的衬衫。当时,两个公司都派了司机接送,其中一个司机的衬衫显然已经很久没洗了,领口都发黑了。而另一位司机却穿得干净整齐,衬衫领口也洁白无瑕。我想说的是,如果连一个司机都知道时刻保持整洁干净,那么这个公司的工作效率一定非常高,管理也一定非常好。

【评析】

往往细节见修养,服饰的整洁体现着处事风格,而服饰的整洁规范也体现在细微之处,所以司机乌黑的衬衫领口不仅破坏了公司形象,而且损害了公司的经济效益。

 解读

在任何情况下,服饰都应该是整洁的。衣服不能沾有污渍,不能有绽线的地方,更不能有破洞,扣子等配件应齐全。衣领和袖口处尤其要注意整洁。

另外就是穿着时要符合礼仪规范。如男性出席正式场合应穿西装,须要坚持三色原则:皮鞋、皮带、皮包应为一个颜色或色系,不能穿尼龙丝袜和白色的袜子。女性在正式场合须穿西服套裤(裙)或旗袍时,需要穿肉色的长筒袜或连裤式丝袜,不能光腿或穿彩色丝袜、短袜。穿衬衫时,内衣与衬衫色彩要相近、相似;穿面料较为单薄的裙子时,应着衬裙等。

五、女性着装礼仪

着装得体,提高气质

供职于意大利某工业公司的王小姐在着装上有一个明显的特征:她的套装全部是深色系列的,但她永远系着一条绚丽的丝巾,春夏秋冬无一例外。在灰色、咖啡色、黑色充斥的办公室里,王小姐的

第一章　仪表形象

丝巾总能给人眼前一亮的感觉。几年下来,王小姐在公司树立起自己的着装风格,并得到上司及同事的肯定。

【评析】

作为公司职员,千万不要以为只要精干就万事大吉。老板永远欣赏有个性、有风度的职员,同仁也喜欢有气质、注重形象的同事。王小姐善于办公室着装,端庄得体,色彩素雅,搭配规范,故得到了上司及同事的肯定。

着装怪异,人人嫌弃

新来的前台才上班一个星期,大家就议论开了,大家私下里给她起了个名字叫"模特"。"模特"身材很好,相貌也不错,可就是有一个爱好,喜欢穿一些"奇装异服"。今天是吊带衫,明天是漏背装,后天又是低腰裤,还有超短裙和露脐装,总之每一天的衣服都非常有个性。说来也怪,那些男同事见了,都躲躲闪闪,还戏谑地说:"离她太近怕别人说闲话。"

【评析】

女性的办公室着装可以稍灵活些,但不可过于奇特,诸如过于透的、露的、短的、艳的都不适合,给人一种有失庄重或故意显露性感之嫌。

解读

现代女性多是职业女性,出入最多的场合莫过于办公室了。办公室着装基本上应该是大方得体的,体现职业女性的专业素质。不论你从事什么职业,至少应该穿得像个业内人士。"服装语言"无声地诠释了你所在行业和你的职业态度,直接影响你在其他人心目中的形象,影响他人对你的态度。有些行业统一规定了颇具代表性的制服,如警察、医生、空乘等。其他的职业女性,则可以根据自身特点选择适合自己的办公室着装,但要注意以下几个问题:

第一,最安全的着装是职业套装,颜色以土黄、浅灰、紫红、浅蓝、藏青、茶褐色为宜,忌过于艳丽的粉色、红色等。衣裙大小应长短得体,一般认为,裙子的下摆以到着装者小腿肚的最丰满处恰好。偏好短裙的商界女士,裙长也应以不短于膝盖以上15公分为限。若是自由搭配选择合身的短外套,既可以搭配裙子穿,也可以搭配长裤来穿。衬衫则易选择与外套和谐自然的,不要太夸张。

第二,只有在穿长裤的情况下才可以穿短丝袜。很多女性不注意这一点,喜欢穿裙子或短裤配短丝袜,其实这样的搭配是非常不雅观的。

第三,针织衫也是办公室女性不错的选择,用来搭配合身的长裤或裙子。

第四,不妨再备一件比较百搭的开衫,它的用处自然是不言而喻。

第五,冬天羽绒服下慵懒厚重的毛衣固然舒适温馨,但不适合在办公室穿。因为看起来的确很居家,却显得人不精神。

第六,鞋子最好是高跟或者中高跟的皮鞋,因为有跟的皮鞋更能令女性体态优美。夏天最好不要穿露趾的凉鞋,更不适合在办公室内穿凉拖,会给人以懒散的感觉。如果秋冬选择靴子的话,靴子不能太长。

第七,着装色彩不宜太夸张花哨。黑色是比较百搭的一种颜色,但是如果运用不好很容易给人沉闷死板的感觉,所以一定要与其他色彩巧妙组合,搭配出庄重又时髦的效果。年轻女性还可以选择具有色彩的衣服,如果有图案,则力求简单。

此外,还要提醒大家,要善于运用丝巾或羊绒巾,可以使你的着装更加时尚。优秀的职业女性认真投入工作,更不应忽略良好的职业形象,美好的形象永远为你的工作能力加分。

另外,职业女士穿裙装还应切记以下禁忌,如:忌着黑色皮裙(避嫌三陪女郎),忌裙、鞋、袜不搭配,应当穿着半高跟黑皮鞋、袜子肉色或浅棕色、袜口入裙且无损坏。忌光脚(避嫌挑逗)、三节腿(即半截裙、半截袜子、露腿肚子一截)的恶性分割;还忌穿着过于鲜艳、透视、暴露、杂乱、短小、紧身的服装,以免有损庄重宁静的职业形象。

六、西装礼仪

1. 衬衫礼仪

上司找茬[1]

郑先生是一位营销业务人员,遵照公司的规定,他天天穿着蓝色西装,配有白

---

[1] 资料来源:沈钶. 错误的礼仪. 复旦大学出版社,1999年,107~108页。

色衬衫和深蓝色领带。他自认为这身打扮英俊潇洒，干练得体。但他的上司时常指指他的领结处，深沉地说："不及格呀"。对此，郑先生一头雾水。后经同事提醒才知，原来上司怪他没有上衬衫的第一颗纽扣。但他却不以为然："反正我已经打好了领带，有它箍着，衬衫的领子固定得很好了，何必还要扣扣子，那多不舒服啊！上司真是会找茬。"

【评析】

郑先生虽着蓝色西装、白色衬衫、深蓝色领带，搭配比较合理。但由于他在戴着领带的前提下，没有系好衬衫的纽扣，违背了服装的整齐规范原则，从而招致"不及格"的评价。

 解读

穿西装时，衬衫和领带是两大细节和重点之处。衬衫袖口应比西装袖口长出1～2厘米，衬衫领口应高出西装领口1～2厘米左右。衬衫下摆必须扎进裤内。若系紧领带，衬衫的领扣和袖扣不可敞开；若不系领带，衬衫的领扣应敞开，袖口随意。在正式交际场合，衬衫的颜色最好是白色的，其他场合可以根据西装的颜色选择合适颜色的衬衫和领带。

2. 扣子礼仪

小金是某大学计算机系大四学生，为了毕业求职，他特意买了套单排三粒扣的西装。这天，他西装革履、精神抖擞地去某软件开发公司面试。由于平时很少穿西装，小金不知该如何系扣子。不过他想，面试这种场合应当庄重严肃，得把扣子都系上。但面试中，小金由于紧张感觉较热，就把西装扣子都解开了。这个动作好像被面试官察觉到了，小金看到面试官脸色有些变化，就更加紧张了。结果可想而知，小金面试失败了。

【评析】

穿西装系扣子是比较讲究的事情。由于小金不太了解如何系扣子，加上又比

较紧张,故面试失败了。开始都系上,显得有些死板,而后都解开,显得又有些过于随意,暴露了自己的紧张出汗,所以面试官脸色有变。

解读

西服按照纽扣的多少可分为单排扣西服和双排扣西服。双排扣西服相对更为正式,穿着时一定要把所有纽扣全部扣上。单排扣西服又可分为一粒扣、两粒扣、三粒扣和四粒扣,纽扣的具体扣法如下:一粒扣的西装更适合中老年人,扣或不扣都可以。两粒扣的西装,最常用、最正式的做法是只扣第一粒,较为轻松随意的做法是都不扣,尽量不要都扣上,且坐下后要把下面一粒解开。三粒扣的西装,最常用也最正式的做法是只扣上面两粒,较常用、正式的是只扣中间一粒,都不扣显得较为轻松随意,尽量不都扣上且坐下后要把下面一粒解开。四粒扣的西装,最为休闲,不太适合非常正式的场合,一般只扣中间两粒,或者只扣上面三粒,或都不扣表示轻松随意,同样尽量不要都扣上。因此,对于西装的扣子总体的原则就是最下面一粒纽扣最好别扣,最上面一粒最好扣上。对此有人把第一个扣子叫"永远"(Always),就是说无论什么时候都要扣上;把第二个扣子叫"有时"(Sometimes),就是可扣可不扣;最底下那个叫"永不"(Never),从来不扣。

3. 鞋袜礼仪

鞋袜不端,吓走媒体

一次记者招待会上,记者们在焦急地等待着某企业家夫妇的出现,但是当企业家夫妇露面后,许多记者"逃之夭夭"了。原来那对企业家夫妇实在是其貌不扬:女士穿着一身超短套裙,还穿了一双旅游鞋;男士虽西装革履,但一坐下却露出了一双显眼的白袜子。为此记者们对两位的印象大打折扣,失去了访问和报道的兴趣,如此的仪表形象难以想象他们会有怎样的能力和素质。

【评析】

俗话说:远看头,近看脚,不远不近看中腰。甚至有人说,鞋袜是人的另外一张

第一章　仪表形象

脸。一双与你的气质、年龄、职业相差甚远的鞋子和袜子,不但有损你的形象,还会让你在大众面前黯然失色。这位女企业家的旅游鞋和男企业家的白袜子彻底破坏了自己的形象,在媒体记者面前大大出丑。难怪美国纽约理财大师唐纳德特朗普曾说:穿着运动鞋来见我的人,永远会吃闭门羹。出门前,思考一下你该换一条路还是换一双鞋,因为鞋也会决定你的人生方向。穿西装配白袜子更是穿西装的大忌,在西方被称为"驴蹄子"。

解读

穿西装一定要穿皮鞋,而不能穿旅游鞋、轻便鞋或布鞋。皮鞋的颜色要与西装颜色一致或协调。穿西装一定要穿深色袜子,不能穿白色或花色袜子,否则有失庄重。

女士套裙上衣和裙子的长短没有明确具体的规定,可依据个人的偏好、身材特点加以考虑。一般认为,裙子的下摆以到着装者小腿肚的最丰满处为恰到好处。偏好短裙的商界女士,裙长也应以不短于膝盖以上15公分为限。另外,穿套裙还要注意鞋袜穿着的"腿部景致"和"足上风光"。一般以传统的半高跟皮鞋为主。袜口不可暴露于外,否则被视为缺乏服饰品位和失礼的表现。一般认为,鞋、裙的色彩必须深于或略同于袜子的色彩,过于鲜艳花哨的鞋袜均不适宜。若是穿着白色套裙、白色皮鞋时,穿上一双黑袜子,就只会给人以长着一双"乌鸦腿"之感了。

4. 领带礼仪

领带不适宜,能力让人疑

迈克刚刚从纽约商学院毕业,通过猎头公司的联系,他到一家投资银行去应聘数据分析员的职位。迈克是一个很时尚的年轻人,性格热情,也喜欢大胆尝试前卫的装扮,他喜欢用颜色鲜艳的领带来凸显自己的个性与激情,因此他对面试那天的衣着做了精心设计。面试那天,他穿阿玛尼的西服,一双崭新的皮鞋,最时尚的发型,穿一件醒目的红白条纹的衬衫,还戴了一条金灿灿的黄色领带,以及

一个可爱的小松鼠形状的领带夹。迈克觉得,金融界一向都是严肃得有点过头,那些服装总是千篇一律、死气沉沉的,毫无个性,他希望自己这一身时尚前卫的装扮,能够在面试时让面试官们眼前一亮,给他们带去一些朝气。不料,面试结果让迈克大失所望,面试官很直接地拒绝了他,原因就是他的领带。面试官认为,迈克的领带过于花哨,说明这个人很浮躁,让人难以信任,这样的人是不适合在金融业工作的。

【评析】

比尔·克林顿说:领带是男人个性的宣泄,不同的领带或张扬或含蓄地向人们表达它的佩戴者是一个怎样个性的人。就因为一条过于花哨的领带,削弱了别人对迈克的信任感,让他没能得到这份工作。可见,领带在西装穿着中的地位。

 解读

世界著名形象设计师说:"领带是展现你个性的最好办法。你是保守的、花哨的、权威的、沉默的还是严肃的个性,人们能迅速从你的领带中去领悟。领带是男人的概念和风格,是男人全身唯一最能表达自我的工具。"法国时尚专家弗兰斯瓦·沙勒在他的《领带之书》中形容:"领带是雄性服装中唯一带有梦幻的一个点缀,它能用多种语言表现穿衣者不同的年龄、背景、品位、风格和地位!"英国19世纪最著名的剧作家王尔德也寓意深刻地作出过这样的总结:"学会系好领带是男人生活中最严肃的一步。"选择领带意味着一个男人开始建立自我个性,是他走向成熟的象征。

不同颜色、不同款式的领带展示着不同的个性,适合不同的交际场合。从色彩上讲,领带有单色、多色之分。单色领带适用于公务活动和隆重的社交场合,并以蓝色、灰色、黑色、棕色、白色、红色最受欢迎。多色领带一般不应超过三种色彩,可用于各类场合,色彩过于艳丽的领带用途并不广泛,只有在非正式的社交、休闲时,使用它才不会为人非议。

用于正式场合的领带,其图案应规则、传统,最常见的有斜条、横条、竖条、圆点、方格以及规则的碎花,它们多有一定的寓意。一般来说,斜纹领带代表着果断权威、稳重理性,适合在谈判、主持会议、演讲的场合;圆点、方格

第一章 仪表形象

的领带意味着中规中矩、按部就班,适合初次见面和见长辈、上司时用;不规则图案的领带展现着活泼、个性、创意和朝气,较随意休闲,适合酒会、宴会和约会等场合,如印有人物、动物、植物、花卉、房屋、景观、怪异神秘图案的领带,仅适用于非正式的场合;印有广告、团体标识、家族徽记的领带,最好不要乱用。

七、服饰的色彩和搭配

色彩搭配不当,怎能美丽大方

王玲晚上要出席一个重要的宴会,但是对于服装的色彩却没有过多地思考,而是选择了一条色泽明亮的橙黄色礼服,还自搭了一条五彩的围巾,自我感觉不错的王玲匆匆去赴宴了。到了宴会后,朋友们都说王玲脸色不太好,问她是不是不舒服。原来,王玲本来皮肤就暗黄,不宜选用黄色的服装,会显得精神不振和无精打采。而且那条长长的围巾也惹来朋友们异样的眼光,都笑称王玲是这次宴会的"花孔雀"。王玲感到甚是尴尬,后悔当初没让人帮自己选择合适的服饰色彩。因此,她再也没有心情与大家相聚聊天,没等宴会结束就借口有事离开了。

【评析】
　　色彩对他人的感官刺激最快速、最强烈、最深刻,能给人留下最深的印象,因此服装的颜色被视为"服装的第一可视物"。着装的成败与否在很大程度上也往往取决于色彩的搭配和选择。恰如世界著名服装设计师伊迪斯·里德所言:"也许在取得衣着成功方面,色彩是最有帮助的要素。它既可以是你最好的朋友,也可以是你最凶恶的敌人。"王玲此次宴会穿衣服失败的原因在于颜色选择失误:一是不适合她的肤色;二是搭配过于杂乱,造成尴尬局面。

 解读

　　颜色的选择搭配要适合自己的肤色、服饰和场合等要素。
　　第一,在色彩的选择上除了要考虑个性、爱好、季节,当然还要考虑所处

的场合。在非正式场合可以随意点，但在正规场合，"三色原则"是着装最基本的要求，即服装的色彩在总体上以少为宜，最好控制在三种色彩之内。这样做有助于保持庄重、保守的总体风格，使正装在色彩上显得规范、简洁、和谐。否则，花里胡哨，给人以繁杂、低俗之感。

第二，正装的色彩，一般最好为单色、深色，并且应该没有图案。最标准的套装（西服、套裙）色彩是蓝色、灰色、棕色、黑色。衬衫的最佳色彩是白色、蓝色。皮鞋、袜子、公文包的色彩为深色，黑色最好。如果服饰色彩杂多、艳丽并有花哨图案的话，就会令人侧目，有放荡不羁和轻浮之感。尤其是男士，这一点更重要，在色彩上更应不失庄重，遵守三色或单色原则。

第三，不论是整体运用还是局部运用，服装的色彩往往都是几种一起搭配使用的。搭配色彩，常用的有下述方法：一是统一法。统一法即配色时尽量采用同一色系明度不同的色彩，按照深浅不同的程度进行搭配，以便创造出和谐之感。它适合于工作场合或庄重的社交场合着装的配色。如浅灰色上装与深灰色下装相配、黄色羊毛衫与咖啡色裤子相配等等。同色间的过渡平稳、自然，差异不能太大，以免给人断裂失衡的感觉。二是对比法。对比法即运用冷暖、深浅、明暗特性相反的色彩进行组合的方法。它可以使着装在色彩上反差强烈，静中有动，突出个性，此法适于为各种场合的着装配色。如樱桃红的羊毛衫或汗衫，搭配一条蓝色裙子或牛仔裤，就是静中有动的对比配色。黄色与紫色这两种具有互补关系的色彩组合搭配，就能使黄色看起来更黄，紫色更紫，产生对比效应。三是呼应法。呼应法即在配色时，在某些相关的部位刻意采用同一种色彩，以便使其遥相呼应，产生美感。例如，穿西装的男士讲究鞋与包或与腰带同色，女士的手提包与服装的色彩搭配呼应，即为此法的运用。四是点缀法。点缀法即在采用统一法配色时，为了有所变化，而在某个局部小范围里，选用其他某种不同的色彩加以点缀、美化。此法若运用得当，更显活泼而富有变化，产生很好的效果。色彩中黑、白、灰色被称为中和色，比较容易与其他各种颜色搭配组合，而且效果也比较好。如果你有一件很喜欢的服装，一下子想不出理想的配色，那就用黑、白或灰色来与之组合，一般能达到一种协调。如一件亮艳的蓝色上装，下面用一条黑色西装裙压住，便很典雅。

第四，在配色之时，可运用适当的方法在整体上对其进行调节，以求使之趋于合理。一是强调法。当服装的整体配色过于单调、乏味时，可加入某种较为强烈的色彩作为重点，使之产生紧张感、变化感，这就是运用强调法调节色彩。二是平衡法。服装色彩过于深沉或淡雅时，都会令人感到软弱无力、整体失衡，此刻可在保持个人风格的前提下，添加与之相反的色彩，进

行调节,这就是运用平衡法调节色彩。三是分割法。当两种对比色过分强烈时,可运用其他较为协调的色彩,在其交界处对二者进行分割,以使其更为和谐,这就是运用分割法调节色彩。四是渐变法。两种色彩的组合不甚协调时,可在二者之间配以呈阶梯变化的色彩,使之形成有次序而又有层次的渐变,这就是运用渐变法调节色彩。

  第五,颜色的选择还要适合自己的身材和肤色。如身材瘦小的人不要穿过于深暗的衣服,身材胖矮的人不要穿色彩过浅、过艳的衣服。再如皮肤白的人可选的颜色较多,但尽量不穿白色系列;皮肤黝黑的人忌穿过于深暗或艳丽的衣服,可选择淡蓝色、米色、白色、灰色等系列;皮肤发黄的人忌穿黄色系列,可选择粉色、灰色、蓝色等系列;皮肤偏红的人忌穿红色系列,可选择灰色、蓝色、粉色、黄色等系列。

八、佩饰礼仪

错误佩戴饰品,影响个人形象

  某公司开新产品推广会,部门所有的人都紧张地准备文件。小孟在这家外企上班才半年,上司安排她给顾客递送文件。同事们忙忙碌碌,她也东奔西跑地帮忙,但走起路来却叮当作响。原来今天小孟将昨天新买的脚链戴上了,所以弄得铃声一片。同事们很受打扰,非常不悦,但又不好意思说。此时小孟的美国上司见状,就说:"请把你的脚链拿下来,不然大家怎么能安心地工作!"小孟这才意识到自己的过失,她低头取下了脚链,脸上却像挨了一巴掌似的滚烫刺痛。

【评析】

  在办公室这种正式场合,小孟却把脚链这样休闲的佩饰戴上了,既影响别人工作,又显得有失庄重,很是不妥。

 解读

  当前,首饰已经成为大多数人在社交场合经常使用的"常备品"。在这

种情况下,倘若对首饰礼仪一无所知,难免就会弄巧成拙,招人笑话,不能使首饰真正发挥其本来的作用。选戴首饰时,不仅要照顾个人爱好,更应当使之服从于本人身份,要与自己的性别、年龄、职业、工作环境保持大体一致。正式场合可以佩戴耳环、项链、戒指、胸针之类,但要以少为佳。诸如手链、脚链之类的配饰品属于非正式场合佩戴的,正式场合不宜。否则,看起来不够庄重,不仅会影响工作效率,而且还会引来他人非议。

如此佩饰,不伦不类

一次,某礼仪专家去参加一个宴会,对面一个女孩把他看晕了。她戴了四枚戒指,一枚是绿色的翡翠,一枚是黑色的玳瑁,一枚是咖啡色的玛瑙,一枚彩色的玫瑰金。由于穿着高领衫,项链看不到。耳环则有两组:一紫一蓝。女孩很大方地问礼仪专家:好看吗?专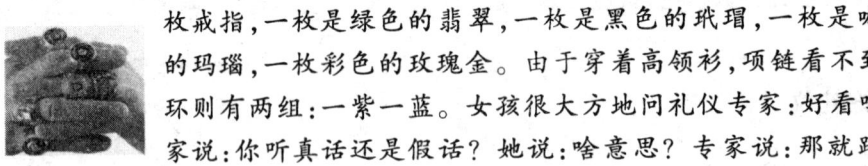
家说:你听真话还是假话?她说:啥意思?专家说:那就跟你简单说吧,反正你这东西就是好东西。她说:什么意思?"但放一块儿不好看。""为什么呀?"专家说:"远看像颗圣诞树,近看像座杂货铺。你戴的饰物质杂色乱,串了味了。"

【评析】

这个女孩佩戴首饰过于夸张,不仅违背了以少为佳原则,更违背了同质同色原则。如戒指最多只能戴两颗,而且力求同质同色,而她却戴了四颗且五彩缤纷。耳环还戴了两组,色彩绚丽,所以"远看像颗圣诞树,近看像座杂货铺。"

 解读

戴首饰时要以少为佳。在必要时,可以一件首饰也不必佩戴。若有意同时佩戴多种首饰,其上限一般为三,即不应当在总量上超过三种。除耳环、手镯外,最好不要使佩戴的同类首饰超过一件。唯有新娘可以例外。

戴首饰时应力求同色。若同时佩戴两件或两件以上首饰,应使其色彩一致。戴镶嵌首饰时,应使其主色调保持一致。千万不要使所戴的几种首饰色彩斑斓,把佩戴者打扮得像一棵"圣诞树"。

戴首饰时应争取同质。若同时佩戴两件或两件以上首饰,应使其质地相同。戴镶嵌首饰时,应使被镶嵌物质地一致,托架也应力求一致,这样做能令其总体上显得协调。另外还须注意,高档饰物(尤其是珠宝首饰)多适用于隆重的社交场合,但不适合在工作、休闲时佩戴。

思考与练习

1. 失礼又失败的金先生

风景秀丽的某海滨城市的朝阳大街,高耸着一座宏伟楼房,楼顶上"远东贸易公司"六个大字格外醒目。某照明器材厂的业务员金先生按原计划,手拿企业新设计的照明器样品,兴冲冲地登上六楼,脸上的汗珠未及擦一下,便直接走进了业务部张经理的办公室,正在处理业务的张经理被吓了一跳。"对不起,这是我们企业设计的新产品,请您过目。"金先生说。张经理停下手中的工作,接过金先生递过的照明器,随口赞道:"好漂亮呀!"并请金先生坐下,倒上一杯茶递给他,然后拿起照明器仔细研究起来。金先生看到张经理对新产品如此感兴趣,如释重负,便往沙发上一靠,跷起二郎腿,一边吸烟一边悠闲地环视着张经理的办公室。当张经理问他电源开关为什么装在这个位置时,金先生习惯性地用手搔了搔头皮,好多年了,别人一问他问题,他就会不自觉地用手去搔头皮。虽然金先生做了较详尽的解释,张经理还是有点半信半疑。谈到价格时,张经理强调:"这个价格比我们预算的高出较多,能否再降低一些?"金先生回答:"我们经理说了,这是最低价格,一分也不能再降了。"张经理沉默了半天没有开口。金先生却有点沉不住气,不由自主地拉松领带,眼睛盯着张经理。张经理皱了皱眉,"这种照明器的性能先进在什么地方?"金先生又搔了搔头皮,反反复复地说:"造型新,寿命长,节电。"张经理托辞离开了办公室,只剩下金先生一个人。金先生等了一会儿,感到无聊,便非常随便地抄起办公桌上的电话,同一个朋友闲谈起来。这时,门被推开,进来的却不是张经理,而是办公室秘书。

【问题】请指出金先生的失礼之处有哪些?

2. 失礼又泄气的罗先生

罗先生一次去墨西哥蒙特瑞市拜访一个他曾在芝加哥有过一面之缘的客户。

因为当时天气较热,他没有穿西装外套,只系了一条粉红色领带去赴约了。他们当时是在餐馆露天前廊用餐。正午气温越来越高,午餐快结束时,罗先生松开了领口,把领带扯松,露出里面的汗衫。他当时还奇怪别人好像不怕热,连西装都规规矩矩地穿着不脱。午餐上两人谈论了很久,罗先生觉得就要合作成功。但是那天下午,罗先生却接到客户电话,取消了未来的一切合作。罗先生泄气极了,后来经朋友提醒才知道墨西哥人很重视一个人的穿着,认为穿着反映出对对方的尊重。他后来花了整整两年的时间才再度赢回这名墨西哥客户的信赖。他尊奉朋友的忠告,无论是在美国芝加哥还是墨西哥的蒙特瑞市见面,他都特别注意自己的服装,再也不敢掉以轻心了。

【问题】请分析该材料所涉及的礼仪原则有哪些?

3. 爱打扮的小沈和小陈

东华公司办公室人员小沈能讲一口漂亮的法语,小陈则很喜欢打扮。公司明天要与法国某公司谈判,总经理叮嘱担任翻译的小沈和作会议记录兼会议服务的小陈要好好准备。小沈和小陈除了在文本、资料等方面做了准备,还特意花了一番工夫进行打扮。正式会谈这天,只见坐在总经理一旁的小沈衣着鲜艳,金耳环、大颗宝石戒指闪闪发光,这使得总经理身上的那套价值千元的名牌西服也黯然失色。总经理与法国客商在接待室内寒暄时,小陈拿来了托盘准备茶水,只见她花枝招展,一对大耳环晃来晃去,五颜六色的手镯碰桌有声,高跟鞋叮叮作响。她从茶叶筒中掂了一撮茶叶放入杯中……这一切引起了总经理和客商的不同反应。客商面带不悦之色,把自己的茶杯推得远远的,总经理也觉得尴尬。谈判中讨价还价时,总经理一时性急,双方争执起来,小沈站在总经理一边,指责客商,客商拂袖而去。总经理望着远去客商的背影,冲着小沈说:"托你的福,好端端一笔生意,让你给毁掉了,无能!"

小沈并不知道自己有什么过错,为自己辩解:"我,我怎么啦!客商是你自己得罪的,与我有什么关系?"

【问题】小沈和小陈的穿着打扮、言谈举止是否正确?正确的做法应该是怎样的?

第二章
问候寒暄

ZHONG WAI LI YI
GU SHI YU
AN LI SHANG XI

【学习要点与要求】

1. 结合案例，了解会面礼仪中称呼与介绍的规律及其具体方式和需注意的问题。

2. 从案例中把握常见的致意与行礼方式及要点，学会常用的致意与行礼礼节。

3. 结合案例，了解名片的类型和特点，把握并学会交换使用名片的礼节。

第一节 称呼礼仪

在与人交际会面时，首先遇到的问题就是如何称呼对方，礼貌恰当的称呼往往是交往成功的开始和前提。如何称呼对方直接关系到彼此间的亲疏、了解程度、尊重与否及个人修养。尤其是在比较正式的交际场合，人们对于别人如何称呼自己是十分敏感的。一个得体的称呼，会令彼此如沐春风，双方心理上感到融洽，为以后的交往打下良好的基础；无礼不当的称呼，轻则会令对方心里不悦，重则会闹出笑话，甚至惹恼对方，影响到彼此的关系乃至交际的成功。

一、礼貌敬人

称呼得体，交谈顺利

著名传记作家叶永烈在着手写陈伯达传记时，必须采访陈伯达。而采访时究竟怎样称呼陈伯达，叶永烈颇费了一番心思。采访的前一天晚上，叶永烈辗转反侧，明天见到了陈伯达到底该叫他什么呢？叫他陈伯达同志，不合适，因为陈伯达是在监狱服刑的犯人。叫他老陈，也不行，因为陈伯达已经是八十四岁的老人了，而自己才四十八岁。究竟应怎样称呼他呢？突然叶永烈灵机一动，称呼他陈老，这是再恰当不过的称呼了。果然，第二天采访时，叶永烈一声"陈老"亲切得体的称呼，令陈伯达听了感动万分，眼里充满了泪花。

【评析】

由此可见，一个得体的称呼真可谓交际的"敲门砖"！一句"陈老"让陈伯达感觉到了对他的无比敬重和礼貌亲切，不仅备受感动而且一下子拉近了双方的距离，

第二章 问候寒暄

使得采访能够顺利愉快地进行。

称呼无礼,惹麻烦

古时一书生骑马进京赶考,天黑时迷路了。他看到一位老人坐在不远处的小屋前,就上前大声问道:"哎!老头儿,到王庄还有多远?"老人抬头看看书生,回答道:"无礼"。书生听成了"五里",心想五里路没多远,一会儿就能到了。于是他翻身上马,策马扬鞭就走了。走了大约五里路,书生纳闷了,怎么丝毫不见村庄的影子呢?再往前走走看。他估摸着自己大概又走了五里路,仍然没有到目的地,就嘀咕起来:"都十里了,可还是不见王庄的踪影呀,这老头一定骗我了!"这时他突然醒悟到:"十里"?"失礼"?莫不是我刚才问路的时候失礼了,老人家说的"五里",其实是"无礼"呢?于是他又骑马回到小屋前,恭敬地对老人说道:"老人家,恕小辈刚才无礼了!我想请问到王庄还有多远?"老人这才回答道:"年轻人,王庄还远着呢!别赶路了,不如就在寒舍歇息一晚吧。"

【评析】

无礼不当的称呼可能会惹恼对方,影响到双方的交往。因此一句"老头儿"是对老人的不敬无礼,书生受到教训实属应当,好在他很快领悟且致歉,一句"老人家"才是对老人的敬重,故能享受留宿的礼遇。

 解读

孔子曰:"礼者,敬人也",因此称呼的礼仪首先要体现对交往对象的礼貌和尊敬,必须分清尊称和贬称。在我国,称呼中通常加"老"显得亲热,比如老同志、老人家、老王、老李、老爷爷、老奶奶、老爸、老妈、老哥儿、老姐儿、老乡、老表等称呼或带有尊敬对方的感情色彩,或是表示亲切的称呼,是褒称;老太婆、老女人、老东西、老头儿、老不死的等就带有蔑视对方的感情色彩了,是贬称,若用于称呼别人,是极其失礼的行为。

二、规范恰当

称呼规范,喜获成功

王露是太平洋盈科电脑城的一个小职员,去年刚刚毕业。说起职场称呼,她满脸兴奋,"我应聘时就是因为一句称呼转危为安的"。去年应聘时,由于她在考官面前太过紧张,有些发挥失常,就在她从考官眼中看出拒绝的意思而心灰意冷时,一位中年男士走进了办公室和考官耳语了几句。在他离开时,她听到人事主管小声说了句"经理慢走"。那位男士离开时从王露身边经过,给了她一个善意鼓励的眼神,王露说自己当时也不知道哪儿来的灵光一闪,忙起身,毕恭毕敬地对他说:"经理您好,您慢走!"

她看到了经理眼中些许的诧异,然后他笑着对自己点了点头。等她再坐下时,她从人事主管的眼中看到了笑意……后来她顺利地得到了这份工作。人事主管后来告诉她,本来根据她那天的表现,是打算刷掉她的,但就是因为她对经理那句礼貌的称呼让人事部门觉得她对行政客服工作还是能够胜任的,所以对她的印象有所改观,给了她这份工作。

【评析】

此例中王露一句规范恰当、礼貌友好的称呼在不经意之间获得了成功。规范恰当的称呼要学会使用专称,这既体现出对方的身份和社会地位,也显现出你的礼貌和修养。

称呼不当,问路难成[①]

据说有一个人到某市出差,因为第一次到该市,所以路不熟,于是就站在一个十字路口准备问路。这时看见一位西装革履的人从身边走过,便连忙上前十分礼貌地问道:"同志,请问天津路如何走?"但那人只顾往前走,好像没听见似的,他又补问了一句:"师傅,请问天津路如何走"。没想到那个西装革履的人朝他翻了一下白眼,上下看了几下,甩出一句:"真是个老

---

① 资料来源:沈铟. 错误的礼仪. 复旦大学出版社,1999年,107~108页。

土,如今什么年代了,还有叫同志、喊师傅的!",便拂袖而去。

俗话说:"吃一堑,长一智",他决定下次问路再不能叫"同志"、"师傅"了,免得让人笑话。这时,又见一位穿着时髦的年轻女子路过此地,便很有礼貌地问道:小姐,请问……话还没问完,那女子便破口大骂起来:放你的屁,谁是小姐……后来得知,"小姐"这一称呼在那座城市里"名声"很臭,"小姐"只是对那些"三陪女"、"发廊按摩女"等不良女子的俗称。

【评析】

规范恰当的称呼,不仅要学会使用当今时代的泛称,还要遵守国内外称呼习惯和风俗。在我国,同志、师傅已成为某种行业或地方性称呼,不能作为泛称来称呼每个人。如"师傅"本来指行业中向徒弟传授技术的人或一些技术工人,是对手艺人的尊称。师傅有时也用来称呼宗教界人士。"同志"原意为志同道合者,通常用于政党内部或集团内部成员的相互称谓。20世纪80年代以后,通常用于非常正式、严肃的场合,以及政府部门的工作人员,对于公共场合不知身份的陌生人,显得过于严肃、正式了。小姐虽可通称女士,但在此地属忌讳性风俗。由于此人不注意称呼的时代性发展和地方性习俗,采用了让对方不喜欢甚至厌恶的称呼,导致交往的失败。

规范恰当的称呼首先要了解国内外泛称。国际上通常称成年男子为"先生"(Mr. 或 Sir)。在美国,12岁以上的男子就享有"先生"的称号。日本人对身份高的女子也称"先生",如邓颖超先生。称先生时还可以冠以姓名、职称、官衔等,如某某先生、议员先生、律师先生、教授先生、总统先生等等。国际上对成年女性的通称是"女士"(Lady、Ms.),通常对已婚的称"夫人"(Madam、Mrs.)或"太太",对未婚女子称小姐(Miss)。在西方,女士们普遍喜欢比自己实际年龄更年轻的称呼,所以对于不了解其婚姻状况的女子,即便已婚,你不妨仍然称其为"Miss"——这往往被认为是"可以令人愉快接受的错误"。另外,在国际商务交往中,往往以先生、女士、小姐来称呼交往对象,一般不称呼对方的行政职务,也很少采用"夫人"这一称呼。在非洲许多国家,无论年长或年轻的男子,对女子均要敬称"妈妈",无论其结婚与否。

其次是要了解国内外专称，包括职衔称、职务或学位称等。在政务界交往时，除了称呼先生、小姐、女士、夫人之外，对有官衔的人称其官衔和职务，如布什总统。对政府部长级以上的官方人士，可以酌情称之为"阁下"，也可以在其前面加上先生，如某某部长阁下、某某将军阁下、大使阁下、总理先生阁下等。但在美国、墨西哥、德国等国家没有"阁下"这一称呼的习惯，只可以称某某部长先生。对于不具有明确职衔的人，可以称其职务或学位，如医生、律师、教授、博士等在西方是非常受人尊敬的称呼，可以在其后面加上姓氏。例如某某律师、某某教授、某某博士、Lawyer Smith、Professor Smith、Dr. Adam。当然，没有称某某硕士或某某学士的。另外，还可以在其职务和学位后面加上先生，如议员先生、律师先生、教授先生、市长先生、总统先生、高斯博士先生。对于军人，一般采用军衔来称呼，如某某将军、某某上校、某某下士、某某上尉。当然，也可在其前面加上先生及姓氏，如巴顿将军、大尉先生、布莱尔上校先生、卡尔松上尉先生。对于宗教界人士，一般可以称呼其神职：一是只称其神职，如牧师，教父；二是姓名加神职，如亚当神父；三是神职加先生，如传教士先生。

最后是了解国内外习惯习俗称。如对于君主制国家的贵宾，应当按习惯对其国王、皇后尊称为"陛下"，称王子、公主、亲王为"殿下"。对于有封号、爵位的应以其封号、爵位相称，如爵士、勋爵、公爵、大公等。也可以在其习惯称前面加上姓名，如西哈努克国王、伊丽莎白女王、查尔斯王子。

三、就高不就低

该如何称呼他？

某次会议上，秘书小王遇到了一个难题：客人名单上一位公司的副总经理，姓付，当前去迎接的时候该如何称呼他呢？是称呼他付总经理或付总还是付先生？前者不妥，易生歧义，"副经理"让他听起来当然不舒服。比较之后，小王决定称呼付先生。但当她微笑迎候这位付先生时，对方一脸的不悦又让小王顿生尴尬和疑惑。

【评析】

称呼的规则告诉我们"有专称,不用泛称",且专称遵守"就高不就低"的原则。就此小王的问题可以迎刃而解:称呼付先生不妥,因为他有专称即职衔称"副总经理";再本着就高原则应称其为"×总经理",可偏他又姓付,那就只能称其为"总经理"了。

四、切记姓名称呼

姓名称呼亦重要

锡得·李维拜访了一个名字非常难念的顾客。他叫尼古得玛斯帕帕都拉斯,别人都只叫他"尼古"。李维在拜访他之前,特别用心地念了几遍他的名字。

当李维用全名称呼他"早安,尼古得玛斯帕帕都拉斯先生"时,他呆住了,过了几分钟,他都没有答话。最后,眼泪滚下他的双颊,他说:李维先生,我在这个国家待了十五年,从没有一个人试着用我真正的名字来称呼我,只有您是最敬重和了解我的人。

【评析】

美国交际学家代尔·卡耐基提醒我们,记住别人的名字,而且能轻易地叫出来等于给别人一个巧妙而有效的赞美,更容易拉近彼此的距离。在交际中最简单、最明显、最重要、最能得到好感的方法,就是记住人家的名字,使他有受到重视的感觉。记住别人的名字并运用它,并不是某个成功者的特权,它对每一个人都很重要。每一个人名字里都包含着奇迹,名字是完全属于与我们交往的这个人,没有人能够取代。名字能使人出众,使他在许多人中显得独立。我们所做的和我们要传递的信息,只要我们从名字这里着手,就会显得特别的重要。不管是女侍还是总经理,在我们与别人交往时,名字会显示它神奇的作用,不少人不惜代价使自己的名字永垂不朽。二百年前,一些有钱的人送钱给作家,请他们给自己著书立传,使自己的名字流传后世。现在,我们看到的大多数教堂都装有彩色玻璃,变得美轮美奂,并写上捐赠者的名字。不言而喻,一个人对自己名字比对世界上所有名字之和还要感兴趣。因此,如果你想受人欢迎,请记住这条规则:一个人的名字,对他来说,是所有语言中最甜蜜、最重要的声音。

 解读

　　许多成功人士的经验告诉我们,记住别人名字的多少与交往范围的大小和事业的成败成正比。一个政治家,记住幕僚的名字可博得拥戴;一个管理者,记住下属的名字能指挥自如;一个教师,记住学生的名字可赢得威信;任何一个人,记住他所结识过的人的名字,都会受到对方的喜爱。这是因为,人人都希望得到别人的尊重,而记住他的名字,是尊重他的最简单的表示。遇见熟人,脱口叫出他的名字,显得自然而亲切。有一位师范毕业生到某中学实习,在短短的一个月的共同生活中,他和学生们相处得很好。在实习结束的欢送会上,他没有讲故事,而是含着泪花一口气背诵出全班48个同学的名字!当时同学们又惊讶,又激动,一个劲地鼓掌。在任教的老师中,他是最年轻的一个,也是时间最短的一个,然而他在同学们幼小的心灵中留下了永不磨灭的印象。后来,班上的一位学生也当了一所师范学校的教师,并且每年都当班主任,他也就学着那位实习老师的做法,新学年接班的第一件事,就是记住学生的名字。这办法果然很灵,不出一个星期就和全班学生建立了感情,工作开展得十分顺利。还有一位记人名字的能手,他是一所大学德育领域的专家,他能熟记全国各省市高校德育研究会的理事长、秘书长,以及全国几百所大学德育研究室主任的名字,难怪他在全国高校德育界享有不小的名气,工作也做得有声有色。如果叫不出人家的名字,就会感到语塞,或称呼失当,交往的大门就不容易打开。和陌生人第一次接触,应先问问"您贵姓?""您怎样称呼?"要尽可能在不十分熟悉之前就记住他的名字,否则一旦很熟悉了还叫不出名字,这时再去问"您贵姓",就有点尴尬了。

记住客人名字,称呼恰当且有礼

　　客人小赵来到服务台办住宿手续,还未等客人开口,服务小姐就先说:"赵先生,欢迎您再次光临,希望您在这儿住得愉快。"小赵听后十分惊讶,露出欣喜的神色,因为他只在半年前到这里住过一次。当天夜里,小赵突然感觉到肚子很饿,想要点东西吃,便找出了房务中心的电话号码。让小赵感到十分意外的是,他刚拨通

电话,电话那头就有一位小姐接听电话,并非常亲切地说:"您好,赵先生。这里是房务中心,请问有什么需要帮忙的吗?"小赵更为惊讶了,房务中心的服务员又怎会知道他姓赵呢?

【评析】

美国一位学者曾经说过:"一种既简单但又最重要的获得好感的方法,就是牢记别人的姓名。"善于记住别人的姓名,既是一种礼貌,又是一种情感投资。姓名是一个人的标志,人们由于自尊的需要,总是最珍爱它,同时也希望别人能尊重它。在人际交往中,当你与曾打过交道的人再次见面,如果对方能一下叫出你的名字,你一定会感到非常亲切,对对方的好感也油然而生。基于以上原因,酒店一般都要求服务员尽量记住客人的姓名。

记不住客户名字,丢失生意且失礼

小王是一个房屋装修队队长,亲戚的同事买了一豪华新房,推荐他过去装修,并给他一张那同事的名片。过了几天,小王来到那位房主家。敲门时,一个女人隔着防盗门问他找谁。小王一听,心想糟了,因为他看了名片,只记住了门牌号,却没记住房主的名字,于是支支吾吾地说:"我不知道他叫什么名字,是来商量装修事情的。"过了一会儿,男主人出来了。他看到小王便皱了皱眉,交谈片刻后就说因资金问题,他们暂时不准备装修了,小王只得失望而归。事后,亲戚才告诉小王:"你去联系业务,竟然连客户的名字都不记住,谁放心将事情交给你做呢?"

【评析】

记住他人的名字是很有礼貌的一种行为,能表现出你对他人的尊重,尤其是当别人给了你名片后。由于小王拿到房主的名片后,没能认真浏览名片的信息,未能记住对方的名字,所以才丢失了一笔好生意。所以在接过他人的名片后,除了必要的客气寒暄之外,还要认真快速地浏览名片上的信息,尤其是对方的姓名和职务,在随后的交往中才能够恰当礼貌地称呼对方。

解读

姓名是一个人最宝贵的东西,不论面对的是大人物还是小人物,能够记住对方的姓名,就容易赢得他人的好感。在交谈时喊出对方的姓名会让人产生亲切感,否则会让对方感到疏远和陌生。如何尽快记住客人的名字是有方法的,通过以下各种手段,可以使服务员在记住客人姓名方面有很大的进步:①留意并尽快知道客人的名字,必要时可以有礼貌地问:"先生,请问您贵姓?"②一旦知道客人的名字,就应反复利用各种机会,用名字来称呼客人,这样有助于记住对方的名字。③努力记住客人的面貌和身体特征,并且设法和他的名字联系在一起。④在提供服务过程中要专心倾听,不可三心二意,以提高记忆的效果。⑤客人离去时,要及时回想一下他的面貌、职业和你所给予的服务,并再次和姓名联系在一起,必要时以书面形式记下所需资料。⑥再次见面,应用记住的名字称呼,如不能完全确认对方名字时,可以试探地问:"对不起,请问你是××先生吧?"千万不要贸然叫错客人的名字。

五、注意姓名差异

称错对方惹麻烦

翻译小陈在接待来自西班牙的客人时,刚一称呼就引来了尴尬,给客人留下了不礼貌的坏印象。原来,这位西班牙客人名字是迭戈·罗德里格斯·佛朗哥·巴蒙德,小陈认为他们也是西方人,应该和英美国家一样,后面是姓氏,所以就称呼对方佛朗哥·巴蒙德。但对西班牙人来说,正确的称呼应该是佛朗哥或者迭戈·佛朗哥。连人的名字都称呼错了,难免让人觉得不礼貌。

【评析】

外国人的姓名在读音和排序上与中国人大不相同,如果没听清楚或者没把握,宁可多问对方几次,也不要贸然出错。就此例来说,西班牙人姓名常有三、四节,第一、二节为本人名,倒数第二节为父姓,最后一节为母姓。一般以父姓为己姓。已婚妇女常把母姓去掉而加上丈夫的姓。口头称呼常称父姓或第一节名字加父姓。葡萄牙人姓名也多由三、四节组成,前一、二节是个人名字,接着是母姓,最后是父姓,简称时称呼个人名一般加父姓。

第二章 问候寒暄

在人际交往中,正确恰当地使用称呼,既可以显示出自身的修养和风度,也是向他人表示尊重的一种礼仪。由于各国、各民族语言不同,风俗习惯各异,社会制度不一,表现在称呼上差别很大,如果称呼错了,不但会闹出笑话、引起反感,甚至还会产生误会。

就姓名称呼来说,外国人的姓名和中国汉族人的姓名大不相同,除文字的区别外,姓名的组成、排列顺序都不一样。亚洲大部分国家的人名都是姓在前、名在后,且女子在结婚后仍保持自己的姓名不变,如韩国、日本、朝鲜、越南、柬埔寨等亚洲国家。另外,匈牙利的人名也是姓在前,名在后。日本人名用汉字书写,排列与中国名相同,但是读音大不一样,且多为四字或以上组成。为了避免出差错,书写日本人姓名时,最好将其姓与名隔开一格,例如:桥本 龙太郎、五百 旗头真、竹下 登。一般前两字为姓,后面为名。但又由于姓与名的字数并不固定,二者往往不易区分,所以事先一定要向来访者了解清楚,如中田英寿。一般口头都称呼姓,正式场合称全名。

欧美、中东地区和亚洲的印度、泰国、菲律宾、老挝等世界大部分国家,姓名都是名在前、姓在后,不过其中也有许多不同。如英美人的姓名排列是名在前、姓在后。如 John Wilson 即约翰·威廉,John 是名,Wilson 是姓。还有人沿袭用父名或父辈名,在名后缀以小(Junior)或罗马数字以示区别,John Wilson, Junior,即小约翰·威廉。口头称呼一般称姓,如"怀特先生"、"史密斯先生"。正式场合一般要全称,但关系密切的常称本人名。亲友之间除称本人名外,还常用昵称(爱称)。

俄罗斯人姓名一般由三节组成,姓名排列通常是名字、父名、姓,也可以把姓放在最前面。如伊万·伊力诺维奇·伊万诺夫,伊万为本人名字,伊万诺维奇为父名,伊万诺夫为姓。妇女婚前用父亲的姓,婚后多用丈夫的姓,本人名和父名不变。俄罗斯人一般口头称姓,或只称名。为表示客气和尊敬时可以称呼本人名字和父名。为特别表示对长者尊敬时,也可以只称父名。

匈牙利人的姓名,排列和中国人名相似,姓在前、名在后,都由两节组成,如纳吉·山多尔,简称纳吉。有的妇女结婚后改用丈夫的姓名,只是在丈夫姓名后再加词尾"ne",译为"妮",是夫人的意思。姓名连用时加在名字之后,只用姓时加在姓之后,如瓦什·伊斯特万妮,是瓦什·伊斯特万的夫人。妇女也可以保留自己的姓和名。

阿拉伯人的姓名一般由三或四节组成,第一节为本人名字,第二节为父名,第三节为祖父名,第四节为姓。如沙特阿拉伯前国王费萨尔的姓名是费萨尔·伊尔·阿卜杜勒·阿齐兹·伊本·阿卜杜勒·拉赫曼·沙特,其中:"费萨尔"为本人名,"阿卜杜勒·阿齐兹"为父名,"阿卜杜勒·拉赫曼"为祖父名,沙特为姓。正式场合应用全名,但有时可省略祖父名,有时还可以省略父名,简称时只称本人名字。特别是有社会地位的上层人士都简称其姓,如阿拉法特就是"穆罕穆德·阿贝德·阿鲁夫·阿拉法特"的简称。

亚洲的缅甸人仅有名而无姓。常见的缅甸人名前的"吴"不是姓而是一种尊称,意为"先生";常用的尊称还有"杜",是对女士的尊称,意为"女士";"貌"意为"弟弟";"玛"意为"姐妹";"哥"意为"兄长";"波"意为"军官";"塞耶"意为"老师";"道达"意为"博士";"德钦"意为"主人";等等。比如某男士叫"索吞",长辈称他为"貌索吞",同辈称他为"哥索吞",如是军官则称为"波索吞",如有一定社会地位则称为"吴索吞"。

泰国人的姓名是名在前姓在后,如巴颂·乍仑蓬,巴颂是名,乍仑蓬是姓。未婚妇女用父姓,已婚妇女用丈夫姓。口头尊称无论男女,一般只叫名字不叫姓,并在名字前加一冠称"坤",意为"您",如巴颂·乍仑蓬,口头称呼坤巴颂。泰国人姓名按照习惯都有冠称。平民的冠称有:成年男士冠称为"乃",即先生,如"乃温沙·沙旺素西";已婚妇女冠称为"娘";未婚妇女为"娘少",即小姐;男孩为"德猜",即男童;女孩为"德英",即女童等。贵族的冠称按国王分赐的爵位高低分五级,有:昭披耶,披耶,拍,銮,昆(1932年实行君主立宪制后,贵族爵位逐步消失)。妇女的冠称为"坤仁",意为夫人、太太,如坤仁玛妮·乍仑蓬。王族的冠称按和国王的亲疏关系分为12种:拍娘、昭华、公摩拍耶、公摩拍、公摩銮、公摩昆、公摩蒙、翁昭、蒙昭、蒙叻察翁、蒙銮、蒙(平民出身的妃子)。根据泰国的有关条例规定,蒙昭以上的王族才算嫡族,即亲王,蒙叻察翁以下都算是王族后裔,如蒙叻察翁沙旺·素甲森讪兰。宗教冠称有:佛教用"颂德"、"拍摩哈"、"拍"。

第二章　问候寒暄

六、注重文化差异

尴尬的称呼

1994年，美国总统克林顿出访韩国，当时的韩国总统金泳三偕夫人去机场迎接。待双方握手致意后，克林顿向金泳三夫人问好："您好，金女士"。在场的人，包括金泳三夫人自己竟也一时没有反应过来。克林顿到底在跟谁打招呼？一时弄得在场人士都很尴尬。

【评析】

俗话说："十里不同风，百里不同俗"。称呼也因国情、民族、宗教和文化背景的不同而显得千差万别、十分复杂。所以我们在人际交往中，对待称呼问题还要留心国别差异，加以区分对待。如亚洲大部分国家的女子在结婚后，仍然保持自己的姓名不变，即韩国总统夫人姓"孙"，而不是随丈夫姓"金"。克林顿没有注意国别性差异，所以他对金泳三夫人不当的称呼使得双方都很尴尬，闹出了国际笑话。

称呼要注意文化习俗差异，注意符合地域和民族习惯，注意具体环境和不同对象。如在称呼上中外的尊卑观念及表达尊卑观念的方式差异很大。比如在中国，年轻人称呼年长的人，在姓氏后面加一个"老"，以示尊敬，如"李老"、"周老"。可在国外，"老"却意味着衰朽残年，来日无多，无所用处，所以都忌讳"老"字，包括称呼上，否则会引起对方的不悦。若你把未婚女性称为"夫人"也是一种误称。再如，国际上对未婚或不明婚姻情况的女子称"小姐"，但是，在我国单独称呼某位年轻女性为小姐还是不太合适，我们可以在"小姐"上冠以姓名或职衔，即"××小姐"。如果不知道对方姓名但可以看出职业，也可以直接称呼职业名称，比如这位服务员、那位记者等等。这些称呼比较客气，同时没有明显的强调性别，很多职业女性很喜欢这种称呼。

曾风靡一时的美国电视剧《成长的烦恼》中，父亲杰森、母亲麦琪和三个孩子组成了幸福的一家子。孩子经常称呼他们所尊敬的父亲杰森和母亲麦琪姓名,最小的孩子本恩对姐姐卡萝尔和哥哥迈克也是直呼其名。很多中国人都感到很惊讶:那个小男孩竟敢直呼哥哥姐姐名字甚至父母的名字!在中国人看来,长幼有序,对长辈绝对不能"直呼其名",否则就是大不敬的行为。在中国,小李、小刘这样的称谓,是让人感觉很亲切的,但如果这样称呼外国人,却让人反感;反过来,外国人喜欢用名字称呼对方,表示亲切,比如称呼王秀芳女士"秀芳",甚至"芳"。中国人称呼亲朋好友往往用"大哥"、"大姐"、"大叔"、"大婶"之类,还喜欢用他人所任的头衔前面加上他的姓加以称呼,如"赵局长"、"钱处长"、"孙科长"之类;外国人用于称呼的正式头衔只用于法官、高级政府官员、军官、医生、教授和高级宗教人士,除此之外,不论男士或女士,不管年龄身份相差多大,也以"你"相称,甚至可以直呼其名,不仅没有不尊重的感觉,反而显得十分亲切。但德国人对"您"与"你"的使用极为慎重,不同场合、不同年龄、不同关系不可随便乱用。初次见面,对成年人应当称"您"。对年满14周岁的学生、教师也要用"您"这一称呼,否则会被认为不承认学生应有的地位。法国人则普遍喜欢使用第二人称,含义为"您"。

另外,还要注意由于习俗不同而造成的误称。外交史上曾有这样一件事,周恩来总理有一次会见外宾的时候,翻译人员将陪同的邓颖超介绍为周恩来总理的"爱人"(lover),周总理当即予以纠正。因为外国人将"lover"理解为"情人"或者"婚外恋"的"第三者",所以,这样称呼邓颖超很容易让人产生误会。所以我们应当注意中外对于"爱人"这一称呼的不同习俗,将"爱人"翻译为"wife(夫人)",而不是"lover(情人)"。

七、分清褒贬

一天,有位斯里兰卡客人来到南京某饭店下榻。前厅部开房员为之办理住店手续。由于确认客人身份、核对证件耽搁了一些时间,客人有些不耐烦,于是开房员使用中文向客人的陪同进行解释。言语中他随口以"洋人"、"老外"称呼客人。可巧这位陪同正是客人的妻子,结果引起客人极大的不满。事后,开房员虽然向客人表示了歉意,但客人仍表示不予谅解,给酒店声誉带来了消极影响。

【评析】

"老外"是中国人对外国人的俗称,尽管没有大的贬义,但在商务接待这种正

式场合仍然是不合适的,至于"洋人"就更加失礼了。

中国人对外国人的称呼,从"夷→洋人→洋鬼子→外国人→老外"的变化过程,反映了我国人民对外国人态度的一个转变过程。最初的"夷"是华夏人对周边地区人的蔑视,直到两千多年后洋人对中国开炮,这时华夏的君主们才走下台阶改称"洋夷"为"洋人",在洋人发动战争侵略中国期间,烧杀抢掠,充分暴露其野蛮性,他们在中国人的眼里就理所当然地成为魔鬼,因此对外国人的称呼又变成了"洋鬼子"。新中国成立以后,中国人社会地位提高,便又心平气和地称"外国人"。"外国人"这称呼直白得很,实事求是,不卑不亢,为什么又把外国人称为"老外"呢?首先,中国人历来是爱和平的,对亲友四邻非常友善,称呼中加"老"显得亲热,比如"老乡"、"老表",称呼你老外,就像称呼老张老李那样,大大咧咧,随便亲切。过去中国人对外国人的称呼都是用在第三人称上,只有"老外"可以用于第二人称。在称呼上,中国人和外国人之间第一次达到了这样的共识。

解读

通常,老同志、老人家等带有尊敬对方的感情色彩,是褒称,老太婆、老女人等就带有蔑视对方的感情色彩,是贬称。像"哥儿们"、"姐儿们"、"美女"、"帅哥"等在正式场合也不能登大雅之堂,黑鬼、洋妞、洋鬼子等带有歧视和侮辱性的称呼更要禁止使用。再如,我们时常听到的"的字称谓"也是对人不尊重的一种称呼,比如"卖菜的"、"剃头的"、"修鞋的"。其实,改变这种称呼很简单,只要在"的"字后面加"师傅"就可以了。

此外,在公共场合或正式场合称呼别人的绰号也是不礼貌的,也不要随便给别人起绰号或者拿别人的姓名乱开玩笑。因为要尊重一个人,首先必须学会尊重他的姓名,注重对他的称呼。

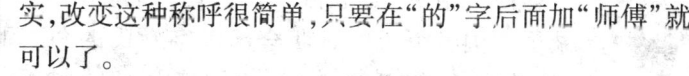

八、准确无误

le yue yao 的笑话

一位姓"乐"（Yuè）名"乐乐（Lè-yào）"的书生参加科举考试。负责点名的考官高呼："乐乐乐（lè-lè-lè）！"毫无动静。考官忽而想到，"乐"还读 yuè，于是又朗声呼叫："乐乐乐（yuè-yuè-yuè）！"仍无人搭腔。旁侧另一官员小声提醒："'乐'要念 yào。"于是第三次点名："乐乐乐（yào-yào-yào）！"仍不见有人答到。此时，全场骚动，众考生瞻前顾后，左顾右盼，交头接耳，笑声渐起。只见一考生羞赧地跑上前来，对考官说："小生名叫 Yuè Lè-yào。"考官心里这个气啊！就没好气地对他说："你爹给你起这个名字，就是成心让别人不会读！"

【评析】

称呼对方时，若是记不起对方的姓名或者张冠李戴记错，或叫错对方的姓名都是很不礼貌的，是人际交往中的大忌。中国姓氏复杂繁多，对于一些不太常见的姓氏，要注意不能读错。如查（zhā）、郇（huán）、华（huà）、干（gān）、过（guō）、种（chóng）、盖（gě）、繁（pó）等姓氏，就不能按一般读音来读。如果不认识或不熟悉，就应谦逊地问一下，不能想当然地随口叫。否则，叫错人家的名字会让对方感到不舒服或不高兴。

解读

姓氏是祖先留给我们的一份珍贵遗产，生动见证了中国文化的博大精深、源远流长。在国家自然科学基金的支持下，收录了中国各个历史时期全部汉字姓氏的《中国姓氏大辞典》一书，共收录了 23 813 个姓氏。其中，单字姓 6 931 个，复姓和双字姓 9 012 个，三字姓 4 850 个，四字姓 2 276 个，五字姓 541 个，六字姓 142 个，七字姓 39 个，八字姓 14 个，九字姓 7 个，十字姓 1 个。笔画最少的姓为 1 笔，笔画最多的姓为 30 笔。目前仍在使用的中国人姓氏超过 7 000 种，汉族和少数民族姓氏大约各占一半。翻阅这本

最新出版的《中国姓氏大辞典》,23 813个汉字姓氏中不乏一些有趣和奇怪的姓氏。如字数最多的姓是西藏十个字的姓"伙尔川扎木苏他尔只多"姓。而东西南北、上下左右、柴米油盐酱醋茶都是我国的姓氏。

第二节 介绍礼仪

介绍是人际交往中与他人沟通、建立联系、增进了解的一种最基本、最常见的形式。初次见面,为了相互认识和了解,缩短距离以增进关系肯定离不开必要的介绍。根据介绍主体的不同,我们可以将介绍分为为他人作介绍、自我介绍和集体介绍三种。

一、为他人作介绍

介绍不妥,客人不悦

公司派小邓去机场迎接来自法国的一位物理学博士,名为爱德华·亚当·戴维斯。见到客人后,小邓非常礼貌地说:"您好,爱德华先生,一路辛苦了!非常欢迎您来到本市,希望您能在这里旅游愉快。"可是客人却一脸的不悦,只是随口应了声"您好。"到达公司见到上司时,小邓礼貌地为双方作介绍:"爱德华先生,这就是我们公司的王总。王总,这就是来自法国的爱德华先生。"双手随即握手寒暄,但客人脸色更加难看。小邓以为客人旅途劳累,便热情地引导客人去休息,但随后小邓却受到了上司的严厉批评。

【评析】

爱德华·亚当·戴维斯是来自法国的一位博士,应当恰当礼貌地称呼其为"戴维斯博士",而不是"爱德华先生"。介绍时,应当先介绍公司老总,后介绍客人,而不应先介绍客人。小邓接连犯了两次错误,难怪客人不悦、上司批评。

在为他人作介绍时,要注意介绍的顺序这一礼仪问题,具体就是指"先

介绍谁,后介绍谁"的问题。处理这一问题必须遵守的总原则是:尊者优先了解对方的情况。具体来说,在为他人作介绍前,应当首先确定双方地位的尊卑,然后先介绍位卑者,后介绍位尊者。这样,就可以使位尊者优先了解位卑者的情况,以便在交际应酬中掌握主动权,见机行事。可以看出,这一原则的特点就是"后来者居上",即后被介绍者为尊者。根据这一原则,在为他人作介绍时的先后顺序具体表现为:先将男士介绍给女士;先将年轻者介绍给年长者;先将职位低的介绍给职位高的;先将主人介绍给客人;先将家人介绍给同事和朋友;先将未婚者介绍给已婚者;先将非官方人士介绍给官方人士;先将晚到者介绍给早到者。可见,为他人作介绍的一般顺序是先向长者、女士、身份高的人介绍对方,其目的也是为了体现对长者、女士和身份高者的尊重。

此外,在实际应用中还须注意这样两个问题:第一,如果被介绍者之间符合其中两个以上的顺序,一般应按后一个顺序进行。如果有时你实在无法确定应以何种顺序进行介绍,不妨先权衡一下两人之中谁更应该受到尊重,然后再把对方介绍给他(她)。第二,如果在一般的交际场合,通常应当遵循"长者优先"(我国)和"女士优先"(西方),而在公务场合应遵循"职位优先",年龄和性别关系其次。

介绍不详,惹尴尬

有一天,小李去某饭店参加一个同学的生日聚会。同学把小李安排坐在一个男子旁边,并作介绍说:"这是小李,我中学同学;这是小张,我的同事。两位先聊会儿。"随后她就忙着招呼其他客人去了。小李和小张相互微笑示意,由于离吃饭还有段时间,两人便闲聊了起来。小张说:"现在餐饮业越来越发达,可服务态度也参差不齐。像我昨天去某某酒店吃饭,坐了半天没有服务员来让点餐不说,好不容易等来了一个,她却连抱歉也不说一声,写好

菜单就走,很久才开始送饮料、上菜,真不知道负责人是怎么培训这些员工的……"一听到这话,小李没搭腔,脸上的微笑也没有了。原来小李就是一名酒店餐饮部的总监。接下来的时间小张继续喋喋不休地抱怨着那家酒店和服务员,小李仍然闷声不语。最后,小张终于想起来询问小李的职业,当听到小李是一名酒店餐饮部总监时,他窘迫得满脸通红。

【评析】

　　此例中主人在介绍客人时采用了比较简洁的方式,由于没有介绍双方的详细资料,双方又未能作自我介绍,故在交谈中触犯了对方,导致尴尬。

　　为他人作介绍时,根据实际需要,可以采取以下三种不同的形式:
　　一是标准式。这是一种最为正规的介绍方式,适用于非常正式的场合。介绍时以双方的姓名、单位和职务为主要内容,并且在语气、表达、称呼上较为礼貌、谦恭。例如:"杨教授,您好!请允许我给您介绍一下,这位是我校的教务处主任张莉老师。张主任,这位是西山大学的杨炳教授。""请允许我给两位介绍一下好吗?这位是大力公司总经理刘海东先生,这位是海通公司总经理王晓梅女士。"
　　二是推荐式。这亦是较为正规的介绍方式,适用于比较正规的场合。介绍者的介绍是有意将某人举荐给对方,所以在内容上往往会有所强调。例如:"王校长您好,这位是刚来我校的张路老师,我大学同学的女儿,还请您多多关照哦。""我给两位介绍一下,这位是刚刚回国的刘莉博士,这位是我们的总经理李维先生。李总,刘莉可是洋博士,您可要抓住这匹千里马呀。"
　　三是简介式。这种方式往往比较随意,介绍时的内容也比较简洁,有时只提及双方的姓名或姓氏,不需要表达任何实质性的内容,因此可适用于一般或普通的交际场合。例如:"两位认识一下吧!这位是张先生,这位是李小姐。""杨教授,这是张老师。"此外,在他人作介绍时,作为被介绍者的双方也要合乎礼规地有所反应和表示,比如起身站立、大方自然地目视介绍者或被介绍的对方,热情寒暄问候、致意行礼、互送名片等等。也就是说,自己作为被介绍者的任何一方,不能对对方的介绍表现冷漠或反应迟钝,以免双方尴尬或冷场。

二、自我介绍

自我介绍不当,只会招人烦

　　一天,小徐下班后,朋友邀请他去参加一个聚会,他欣然应允。参加聚会的人

都是小徐不认识的,他想趁着这个机会多认识一些人,扩大自己的交际圈。于是,他四处去作自我介绍。有两个人正在聊天,他跑过去就打断别人说话,然后作起自我介绍来,而且一说起来就没完没了,把自己吹得天花乱坠的,也不管别人是否愿意听,走的时候又非要别人把联系方式留给自己。以至于聚会结束时,其他人一见小徐就躲得远远的,大家都觉得这个人自大、很没有礼貌,没有人愿意和他结交,就连带他一起来的朋友也觉得没有面子,之后再也没带他去参加过聚会。

【评析】

小徐本想通过主动的自我介绍来结交朋友,但他的愿望不仅未能实现,还招致别人的厌烦。因为他没有把握好自我介绍的时机,在别人聊天或无心情时前去自我介绍是不妥的。而且他自我介绍又夸夸其谈、啰唆不止,还勉强别人留联系方式。所以他不但没交到朋友,还导致别人的讨厌。

 解读

在社会交往中,当你想结识他人或希望自己被他人认识、了解和接受,而又没有合适的第三者为你引荐时,主动地自我介绍就成为必要。为了使别人非常清楚地了解自己,礼貌恰当的自我介绍应当注意介绍的分寸。恰到好处、不失分寸的自我介绍必须把握好这样几个问题:

一是节省时间。在进行自我介绍时一定要力求简洁,言简意赅,所用时间越短越好,一般以半分钟为佳,如无特殊情况最好不要超过1分钟。在进行自我介绍时,切忌东拉西扯、借题发挥、信口开河、滔滔不绝。那样做,对自己是失态,对他人是失敬,都是出力不讨好的。

二是找准时间。自我介绍应当找准恰当合理的时机进行,方能给人留下良好的第一印象,达到预期目的。若在对方毫无兴趣、无要求、无时间、干扰大、情绪坏、休息用餐或正忙于私人交往的情况下进行,只会自讨没趣、效果不佳。

三是讲究态度。在进行自我介绍时,态度务必自然大方、笑容可掬,既不要畏首畏尾,也不要矫揉造作。在介绍过程中,要语气自然、语速适度、语

音清晰,这对介绍的良好成效都将大有帮助。

四是力求其实。自我介绍时所表述的各项内容,一定要实事求是,真诚可信。既不要过度自谦甚至过度贬低自己去讨好对方,也不要自吹自擂、弄虚作假、夸大其词,否则将会适得其反,得不偿失。

介绍不明致误会

罗明代表学校去某地参加学术会议,他想借机认识一些本领域的学术同仁,于是在会间休息跟别人闲聊时,主动向对方介绍自己:"您好,我叫罗明,来自南大化学系。请问老师贵姓?"对方也饶有兴趣地说:"我叫李刚,来自华师大化学系。"两人的谈话恰巧被旁边的两位老师听到了,两人几乎不约而同地表现出了惊讶,并问道:"嗯,南大的,我也是啊,怎么没见过您?""是啊,我也是华师大的,也没见过您啊?"几个人面面相觑,甚是尴尬。突然一个人叫了起来,"哦,对啦,我们没说具体,到底是哪个南大和华师的啊?"几个人都哈哈大笑起来。

【评析】

几个人笑过之后,应当记住这次的教训吧:在作自我介绍时,若想让对方认识并了解自己,应当采用较为详细具体的"公务式介绍",并且给对方的信息应当准确无误,不应有任何的歧义和误会。诸如"南大"、"华师"之类的简称,就是不合适的。前者应当具体化为"南昌大学"、"南开大学"或"南京大学",后者应具体化为"华东师范大学"、"华中师范大学"或"华南师范大学",这样就不至于出现案例中尴尬的一幕。

解读

鉴于不同场合的交际需要,自我介绍时的表述方法和内容也应具有鲜明的针对性,有所不同。具体来说,可以采取以下几种形式:

一是应酬式。这种形式的自我介绍适用于某些公共场合和一般性的交际场合,如旅途中、宴会厅里、舞场上、通电话等,交往对象属于一般接触式的泛泛之交或早已熟悉。因此这种自我介绍的目的无非是为了确认身份而已,介绍的内容最为言简意赅,往往只有姓名一项即可。例如:"您好,我叫王大卫。"

二是公务式。公务式自我介绍主要适用于各种工作场合,是因工作而会友交际,所以介绍的内容须包括姓名、单位及部门、职务或从事的具体工作等三大要素,通常缺一不可。例如:"您好,我叫王大卫,是杭州日报社的记者。"此时,单位的名称必须是准确的全称,不宜使用易生歧义的简称,如"人大"、"消协"、"南大"之类的称呼,就很容易使对方产生误会。

三是交际式。这是一种在交际场合刻意寻求与交往对象进一步交流、沟通并建立联系的自我介绍。介绍的内容除姓名、工作之外,还应依照具体情况点出与交往对象的某些特殊关系或共同之处。例如:"您好,我叫王大卫,是杭州日报社的记者。听说您是天津人,咱们还是老乡呢。"

四是礼仪式。这是一种对交往对象表示特别的友好、敬意的自我介绍,一般适用于讲座、报告、演出、庆典、仪式等一些正规而隆重的场合。这种自我介绍在所表述的内容上除了包含姓名、单位、职务等基本要素外,还加入了一些适宜的谦辞、敬语。例如:"各位老师、同学,大家晚上好!我是来自天山学院的张小鹏,现在由我代表本院跟大家做一个交流报告,如有不妥之处,还请多多包涵。"

五是问答式。问答式自我介绍讲究"问什么答什么,有问必答,不能答非所问",一般适用于应试、应聘和公务交往等场合。例如,对方问道:"这位先生,您贵姓?"回答:"您好,免贵姓王。"

不同修养,不同形象

某日小王、小李两白领在门口迎候来宾。一轿车驶到,某男士下车。小李上前道:"陈总,您好!"呈上自己的名片。又道:"陈总,我叫李菲,是正道集团公关部经理,专程前来迎接您。"陈总道谢。小王也上前说道:"陈总好!您认识我吧?"陈总点头,小王又道:"那我是谁?"陈总尴尬不堪。

次日小李陪某公司谢总进入本公司会客厅,公司刘总正在恭候。小李首先把刘总介绍给客人:"这是我们公司的刘总。"然后向刘总介绍客人:"这是四方公司的谢总。"被介绍双方愉快握手寒暄。

【评析】

本例涉及了前述的两种介绍类型。首先,小王和小李在作自我介绍时,小王是错误的,因为他不应该认为对方认识他,即使原来有一面之交,也许会忘记,所以,不应该让对方难堪。而小李做得符合礼节,她恰当地介绍自己并递上名片。在为他人作介绍时,小李做得也很好,她先将自己的老总介绍给客人,这是尊重客人优先了解情况权利的表现,符合礼仪要求。

第三节 名片礼仪

名片是我们华夏先人献给世界文明的一件礼物。它最早产生于春秋战国时期,由于当时没有纸,就在竹、木片上刻上名字,作为拜见时通报姓名之用。到了西汉时代,名片已广为流行,当时称为"谒"。东汉时又称为"刺(ci)"。唐代时称"名刺"或"名纸"。宋朝时称为"门状"。到明清时便有了"名片"的叫法。

由于名片印制规范、文字简洁、便于携带、易于保存,且使用方便,所以颇受社会各界人士的欢迎,成为一种自我的"介绍信"和交际的"联谊卡",成为现代交际的一种文化时尚。有人认为"一个没有名片或不能正确使用名片的人,就是一个缺乏现代意识的人"。因此,为了合乎礼规地正确使用名片,我们有必要对名片的规格、类别、用途和交换时的礼节等问题做一了解。

一、名片的规格

另类名片,让人咋舌

在一次宴会上,某打扮入时的女士正给别人发名片。只见她纤纤玉指从手提包里抽出一张名片,顺手递给对方。好家伙,这名片可是货真价实啊!首先是该名片比较大,而且空间利用合理,双面印制,能写字的地方全写满了,还在反面印上了一个类似"大头贴"的头像;其次是色彩缤纷,白底粉字,金色镶边,再加上"大头贴"的彩色相片,难怪别人拿着她的名片足足看了三分钟,且有些咋舌地笑着连连摇头。

【评析】

现代社会,国内外流行的所谓超个性、概念、前卫的名片越来越多,但这种名片在较为正式的社交尤其是公务场合不合规范,给人一种华而不实、有失庄重的感觉。

解读

　　名片的设计制作要符合规范。首先就规格来说，现今国内最通用的名片规格为 9×5.5，即长 9 厘米，宽 5.5 厘米。这是订制个人名片时应当首选的规格。另外，境外人士使用的名片规格为 10×6，女士专用的名片规格为 8×4.5。

　　其次，名片的色彩讲究淡雅端庄，以白色、乳白色、米色、淡黄色、浅蓝色、深灰色为宜，切忌色彩鲜艳、花哨，更不要使用黑色、红色、粉色、紫色和绿色等有失庄重的颜色。名片上允许出现的图案包括企业标识、企业蓝图、企业方位、企业主导产品等，越少越好，不提倡在名片上出现人像、漫画、花卉、宠物等华而不实的图像。名片使用的文字以汉语简体字为宜，采用清晰、标准的印刷体，尽量不用行书、草书、篆书或花体字印制。另外，尽管我们主张印制一张体现个人风格和魅力的特色名片，但是如果没有特殊需要，名片不应制作过大，更不应过分花哨，否则会给人一种虚张声势、华而不实之感，影响交往的成效。

二、名片的使用与收藏

乱改名片，影响业务①

　　一位外经贸委的处长王女士奉派随团出访，前去欧洲开展招商引资工作，因为出国之前她忙于其他事务，忘记重新印制一套名片，所以，每到送名片的时候，为了让对方能找到自己最新的电话和住址，赶紧在名片上临时用钢笔加注了几个有用的电话号码和地址。半个月跑下来，王女士累得筋疲力尽，却未见有外商与其有实质性接触，后来经人指点，才明白问题出在哪儿，原来是她自己奉送给外商的名片不合规范。为了图省事，王女士临时用钢笔在自己的名片上加注了几个有用的电话号码，本想这样联系起来更方便和更有效，可是在外商看来，名片犹如一个人的"脸面"，对其任意涂改、冲减，只能表明她为人处世敷衍了事、马马虎虎。

---

① 资料来源：月季．名片礼仪．摘自《公共关系》，2002 年第 7 期。

【评析】

名片被视为自我"介绍信",应该慎重整理和收藏,不论是自己还是他人的名片都不应该乱涂乱画、胡乱改动。自己的名片不整洁规范,代表个性的欠缺,也体现为人处世的敷衍和不庄重。乱改他人的名片,更是极其失礼的行为。

且莫滥用名片

某次参加朋友婚宴,宴会桌上人们互送名片。在吃饭的时候,一老兄吃得忘乎所以,大汗淋漓,不时地拿起手边的名片煽风乘凉。并且竟因找不到牙签下意识地把名片拿到嘴边,用名片的尖角上上下下地剔着牙。

【评析】

名片作为交际的"联谊卡",可以用来自我介绍、留址留言、交友会友、保持联系以及用作短信留言等特别的用途,而这位老兄竟然拿名片当扇子,还当牙签剔牙,实在是有失礼节和风度。

解读

名片是人际交往的财富,我们应当妥善管理,充分运用。随身携带的名片,不论是自己的还是他人的,都应保持干净、整洁,所以最好放在专用的名片包或名片夹中,男士也可以放在自己的上衣口袋里,而不应把名片放在裤袋、裙兜、公文包、抽屉,或随意夹放在书刊里,因为那样既不正式也不方便。对于所收到的名片更应及时、仔细地存放,最好按一定次序分门别类地进行整理、收藏,以备不同之需。不要一大堆乱起八糟地放在一起,需要时东找西翻,耽误时间,更不应使名片污损、破旧,或者滥用名片。

三、名片交换的礼节

不懂礼节,失去商机

2000年4月,新城举行了春季商品交易会,各方厂家云集,企业家们济济一堂。

华新公司的徐总经理在交易会上听说衡诚集团的崔董事长也来了，想利用这个机会认识这位素未谋面又久仰大名的商界名人，并有意合作一笔大生意。午餐会上他们终于见面了，徐总彬彬有礼地走上前去，"崔董事长，您好，我是华新公司的总经理，我叫徐刚，这是我的名片。"说着，便从随身带的公文包里拿出名片，递给了对方。崔董事长显然还沉浸在之前的谈话中，他坐在座位上，一手端着酒杯，一手接过徐刚的名片，说了声"你  好"，草草地看过后，便放在了一边的桌子上。徐总在一旁等了一会儿，并未见这位崔董有交换名片的意思，便失望地走开了。

【评析】

规范的名片交换是良好交往的开始，接过名片在认真看过之后应当仔细地放入自己携带的名片盒或名片夹中，这些恰当的一言一行都体现着对对方的尊敬和重视。而这位崔董事长对于名片交往方式太心不在焉了，他没有认识到他的举动对别人是非常不礼貌的，从而使自己失去了多认识一个朋友的机会，也失去了许多潜在的商机。

忽视名片，失去生意

某公司新建的办公大楼需要添置一系列的办公家具，价值数百万元。公司的总经理已做了决定，决意向A公司购买这批办公用具。

这天，A公司的销售员打电话来，要上门拜访这位总经理。总经理打算等对方来到就在订单上盖章，定下这笔生意。不料对方比预定的时间提前了两个小时，原来对方听说这家公司的员工宿舍也要在近期内落成，希望员工宿舍需要的家具也能向A公司购买。为了谈这件事，销售负责人还带来了一大堆的资料，摆满了台面。总经理没料到对方会提前到访，刚好手边又有事，便请秘书让对方等一会。这位销售员等了不到半小时，就开始不耐烦了，一边收拾起资料一边说："我还是改天再来拜访吧。"这时，总经理发现对方在收拾资料准备离开时，将自己刚才递上的名片不小心掉在了地上，对方却并没发觉，走时还无意从名片上踩了过去。这个不小心的失误令总经理改变了初衷，A公司不仅没有机会与对方商谈员工宿舍设备购买，连几乎到手的数百万元办公用具的生意也告吹了。

【评析】

A公司销售员的失误看似很小,其实是巨大而不可原谅的失误。名片在商业交际中是一个人的化身,是名片主人"自我的延伸"。弄丢了对方的名片已经是对他人的不尊重,更何况还踩上一脚,顿时让这位经理产生反感。再加上对方没有按预约的时间到访,不曾提前通知,又没有等待的耐心和诚意,丢失了这笔生意也就不是偶然的了。

在现代社会,名片交换是重要的交际渠道,它可以向对方表示尊重,也可以增进双方了解,在任何时候都应引起重视。参加工作的人,一般都应该有自己的名片,并且应放在适当的地方以便随时取用。外事交往中,一般不宜向人索要名片。自己应在递送本人名片时,面带微笑,用右手或双手执名片,注意使名片正面朝着对方,以齐胸的高度,不紧不慢地递送过去,同时可以说明"请多关照"、"今后常联系"等。在接受他人名片时,更应体现出对他人的尊重。若对方站立,接受者也应起身,双手或以右手郑重地接过对方的名片,并口中称谢。然后,应将对方的名片浏览一遍,有时需要小声读出。最后,应将名片仔细地收藏在名片夹或上衣口袋内。以左手接名片,或接过名片并不看且随手乱放或随意玩弄,以及接过他人名片却并不交换自己的名片,都是非常失礼的。在自己没有名片时,可以婉言"对不起,我的名片刚用完"或"抱歉,今天没有带名片"等等。

第四节 致意行礼

一、多姿致意

以礼还礼,敬重彼此

《林肯传》中有这样一件事情:一天,林肯总统与一位南方绅士乘坐马车外出,途遇一位老年黑人深深地向他鞠躬,林肯点头微笑并摘帽还礼。同行的绅士问道:"为什么你要向黑鬼摘帽?"林肯回答说:"因为我不愿意在礼貌上不如任何人。"

【评析】

在交际应酬中,为了表示尊重、友好、关心与敬意,交往对象都要在适当的时刻彼此致意和行礼。不论何种形式的礼节,都是传达礼貌与尊敬的信号。可见,林肯能够及时地以礼还礼是礼貌敬人之举,这也正是林肯深受美国人民热爱的原因。1982年美国举行民意测验,要求人们在美国历届40位总统中挑选出一位"最佳总统"时,名列前茅的就是林肯。我们需要了解并把握好各种约定俗成的致意与礼节形式,以便在交往中得心应手、游刃有余地以礼还礼,敬重彼此。

解读

致意是一种常用的会面礼节,主要是以简单动作问候朋友,通常用于相识的人之间在各种场合打招呼。致意的基本规范是,位卑者应当首先向位尊者致意。具体来说就是:男士应当首先向女士致意;年轻者应当首先向年长者致意;学生应当首先向教师致意;下级应当首先向上级致意。不过,当年轻的女士遇到比自己年龄大得多的男士时,应当首先向男士致意。致意包括起立致意、欠身致意、举手致意、点头致意、微笑致意和脱帽致意等。这些致意方式在现实生活中大多是合并使用的,如欠身、点头时微笑,脱帽时亦欠身微笑等等,并且这些动作举止无一不体现着对他人的敬重。

起立致意常用于比较正式的场合,当长者、尊者到来或者离去时,在场的人应起立致意表示尊敬。如正坐着的下级、晚辈看到刚刚进屋的上级、长辈,就应当起立表示自己的敬意。欠身致意适用范围较广,如敬烟、敬茶、互送名片时都可以通过欠身对他人表示恭敬。行此礼时,全身或身体的上部微微向前一躬即可。

举手致意适于向距离较远的熟人打招呼,一般不必出声,只将右臂举起伸直掌心朝向对方,轻轻摆一下手即可。举手致意时,切忌反复摇动手臂和

第二章 问候寒暄

大声喧哗。

点头致意适用于不宜交谈的场合，如会议、会谈进行中遇到熟人或跟人相识，都可以点头来招呼或问候。点头致意的正确做法是头向下微微一动，不可幅度过大，更不必点头不止。

脱帽致意，指的是当朋友熟人见面戴着有檐的帽子时，则以脱帽致意最为适宜。其方法是微微欠身用距对方稍远的一只手脱下帽子，将其置于大约与肩平行的位置，同时与对方交换目光。若与朋友在路上相遇，可以一只手轻轻地掀一下帽子，不必将帽子脱下来。如果戴的是无檐帽，则不必脱帽，只需欠身致意。脱帽致意时要注意不能以手插兜。

二、规范握手礼

印象来自握手

纽约一家大公司要招聘一位重要的工程师，开价年薪为60万美元。该公司有关部门经过再三努力，最终筛选出两名候选人，这两名人选各方面的条件"旗鼓相当"，难以定夺。于是，经办人就向老板作了汇报。老板当即说："下星期一上班时，请他们两位来，让我面试。"周一刚上班，经办人员就将这两位候选人的两本详细材料呈送给了老板。老板喝完咖啡，没看材料就让经办人传唤候选人来面试。经办人颇感惊讶地提示老板："您是否先看一下材料再……"老板果断地说："不用了，你就去叫吧！"两位候选人先后进来，都经过握手后，简单地聊了几句。然后，老板当即表态，决定录用第一位面试者。事后，经办人问老板："您连材料都没看，怎么这么快就作出决定了呢？"老板回答说："我是通过'握手'的感觉来作出选择的。"老板看到手下人都感到诧异，就作了说明："第一位和我握手时，我感到他的手比较温暖，握手时用力适当，再加上他的谈吐自然，给人一种充满自信、具有亲和力、身体健康的感觉；而第二位和我握手时，他的手冰凉、且略出冷汗，握手时无力，稍带颤抖。给人的感觉显得拘谨矜持，身体不够健康，可能患有高血压病。"经办人再翻阅这两人的材料，果然发现，第一位身体健康，性格开朗，而第二位确实患有高血压症，而且性格内向……据说，从此以后，一本"如何握手"的书在美国特别畅销，竟然位于新书排行榜前列。

【评析】

现代社会，握手是人与人交际的一个重要组成部分，也是一种无声的动作语言。它虽貌似简单,却承载着丰富的交际信息。握手的力量、姿势与时间长短往往能够表达出不同的礼遇和态度,显露出不同的个性,给人留下不同的印象。因此握手时我们要细心留意很多细节,也可通过握手去了解对方的个性,从而赢得交际的主动。

解读

握手是交际场合中使用最多、也是国际上最为通用的礼节。它发源于古老的西方,据说,当人类还处于原始狩猎和战争时期,没有敌意的双方为了彼此表示自己的友好,一见面就放下手里的棍棒、石块等武器,并摊开手掌让对方摸摸手心,以表明"我是可以信赖的、友好、和平的"。后来,摸手心就逐渐演变为现今的握手礼了。所以,在绝大部分国家,握手除了表示问候和祝贺外,更传递着一种信赖、保证、和平与友好的信息,成为世界上最通用的礼节。

不过,尽管握手在社会交往中司空见惯,但并不是人人都能够做到合乎规范、恰到好处,其实还有许多细节问题需要我们关注和学习,因为行握手礼是一个并不复杂却十分微妙的问题。现实生活中,我们常常看到,有些人因不懂握手的规则而遭遇尴尬,有些人握手时则很随意,由着自己的性子来,给对方或别人留下一个不好的印象。

1. 握手的场合和顺序

如此握手,不敬无礼

一次会议上王先生看见一位他很敬重的学者,但这位学者正和其他人谈话。王先生想,在这么多人面前,应该更加表示对学者的尊敬,于是他主动上前与学者握手。在握手时,他用左手盖在对方的右手背上,以示亲密,并长时间地握住学者的手不放,寒暄了几分钟。

【评析】

王先生此举有四处失礼之处:一是不该在学者与人交谈的时候过去握手;二是最好不要主动找尊者握手;三是不能随意地与人实施双手相握;四是不能长时间地握住对方的手不放,更不能握着手寒暄不已、点头哈腰甚或长篇大论。

第二章　问候寒暄

握手也须男女有别

林平陪夫人在大商场购物,走得烦了,索性让夫人自己逛去,他坐在椅子上休息。猛抬头看见大学同学英子姗姗而来,多年不见,英子依然非常漂亮,富有朝气。林平高兴得连忙迎上去,激动地去握英子的手。英子的一双小手被握在林平的一双大手里,动弹不得,脸上立刻浮起红云。

【评析】

男子与女子握手时,不应太主动,一般应由女士先伸手,且不宜用双手去握,不宜力度太大、时间过长,一般只宜轻轻握女士的手一下。

 解读

行握手礼时,首先要注意判断适宜握手的场合。适宜行握手礼的场合通常取决于交往双方的关系、现场的气氛以及当事人个人的情绪等多种因素。一般来说,当久逢故人、与人道别、迎送宾客、初次与人相识、与人言谢、表示祝贺和慰问的时候,很有必要与交往对象互行握手礼。而当对方手部负伤或负重,对方手中忙于事务(如打电话、用餐、喝饮料、主持会议、与他人交谈等)、对方距自己较远以及所处环境不适合握手时,就应当免行握手礼。

其次,行握手礼时,"谁先伸手"是极为重要的礼仪问题。行礼双方只有做到"该出手时才出手",才能恰到好处地礼敬对方,避免产生某些尴尬和不快。根据礼仪规范,握手时双方伸手的先后顺序应当遵循"尊者决定"的原则,即尊者先行,由位尊者首先伸出手来。位卑者只能在此后予以回应,绝不可贸然抢先伸手,否则就是违背礼规之举,且失敬于对方。因为"尊者决定"的原则就是为了体现对位尊者的尊重,为了维护位尊者在应酬中应有的主动权。这里的尊者包括女士、年长者、职位高的人、先到者、已婚者。

另外,握手时间不可过短或过长。一般来说,只需上下晃动三四次,约3秒钟后便可松开手,不可长时间握住不放。而对于双手相握,特别适用于亲朋故友或至交之间,用以表达彼此的深厚情感,最好要慎用,如对于初识者或异性来说就不要使用,否则会被理解为有意讨好或想占便宜。

2. 握手的姿势

规范握手,方能胜出

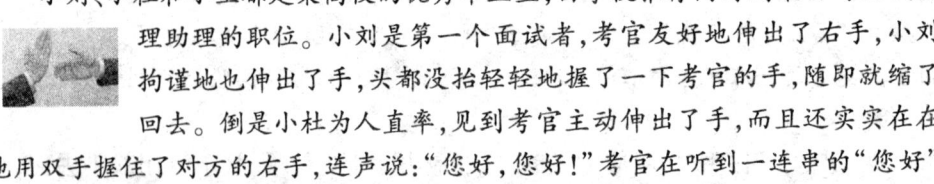

小刘、小杜和小王都是某高校的优秀毕业生,由学校推荐同时到某公司面试经理助理的职位。小刘是第一个面试者,考官友好地伸出了右手,小刘拘谨地也伸出了手,头都没抬轻轻地握了一下考官的手,随即就缩了回去。倒是小杜为人直率,见到考官主动伸出了手,而且还实实在在地用双手握住了对方的右手,连声说:"您好,您好!"考官在听到一连串的"您好"之后,见小杜依然不放手,表情有些变化,礼貌地说了一句:"小伙子,手很有劲儿。"听了考官的话,小杜仍没有放手,而是一边上下晃动一边说:"您过奖了!"小王最后一个面试,当考官友好地伸出手后,小王马上伸出右手,非常有礼貌地看着对方,谦恭地握了一下考官的手,并说了一句"您好"。结果可想而知,小刘、小杜被淘汰了,小王被成功录取。

【评析】

对于握手有人概括了形象生动的五句口诀:大方伸手,虎口相对;目视对方,面带微笑;力度七分,男女平等;抖动(三)两下,时间(三)两秒;有事要说,放开手吧!可是案例中的前两位应聘者都各自违背了口诀中的某一条:小刘不够大方,拘谨羞涩;小杜力度过大,时间过长,而且轻率地使用了双手相握;只有小王规范完美的握手赢得了成功。

 解读

恰当规范的握手姿势,应当注意下面五个方面的问题:

一是表情。跟人握手时,神态要专注,目视对方。表情要自然、大方、面带微笑,并热情问候寒暄。切忌握手时傲慢冷淡,或一边握手,一边东张西望,甚至招呼他人,显得漫不经心、敷衍了事,这都是对对方的不敬和无礼。

二是体姿。跟人握手时,应当起身站立,除非有特殊情况如年迈、身残等。起身后应当主动向对方靠拢,行至距离对方约1米处的最佳地方,距离太远双方难以相握,而太近又难以伸直手臂,不舒服也不美观。进行握手时,双腿应当立正,上身略向前倾,向自己的侧下方伸出右手,四指并拢,拇

第二章　问候寒暄

指张开与对方相握,形成一个直角。

三是手姿。不论是何种方式的握手,贴切、到位的手姿都是非常重要的,因为它直接反映了双方的关系和彼此的态度。对于单手相握,双方应当伸出右手,手掌垂直于地面最为恰当,这是一种表示不卑不亢的"平等式握手"。若掌心朝上,是一种表示自己谦恭、谨慎的"友善式握手";若掌心朝下,成为一种表示自高自大的"控制式握手"。对于双手相握,正确的姿势是用右手握住对方右手后,再以左手握住对方右手的手背、手腕或手臂,有时还可以按住或拥住对方的右肩。这一方式称为"手套式握手",特别适用于亲朋故友或至交之间,用以表达彼此的深厚情感,最好要慎用。而在西方,这种握手方式常用于政界人士和上层人物之间,所以又被称为"政客式握手"。

四是力度。握手时应当用力适度,一般握力大约在两公斤左右为宜。用力过轻会让人感觉自己不热情,用力过重又让人觉得不文雅。与亲朋故友握手时,用力可以稍大些,而与异性或初识者握手时,应稍许用力,轻轻一握即可。

五是时间。握手时时间不可过短或过长。一般来说,只需上下晃动三四次,约3秒钟后便可松开手,恢复原状。男士若握住异性的手迟迟不放,会被认为是好色之徒;女士若刚碰男士的手便离开,也会显得有些拘谨或假惺惺。

3. 握手的类型

不同的握手,不同的感受

美国著名盲女作家海伦·凯勒曾以独特的感受描写自己与人握手的经验。她说:"我接触过的手,虽然无言,却极有表现性。有的人握手能拒人千里……我握着他们冷冰冰的指尖,就像和凛冽的北风握手一样。而有些人的手却充满阳光,他们握住你的手,使你感到温暖。"

【评析】

从握手的方式显示出对方的性格特征。握手不仅是相互传递情意、联络沟通的手段,而且从握手的姿势中可透露双方的心态及性格特点。海伦·凯勒虽然看不见,但在社交场合,她的手就成了她的眼睛,女人特有的细心让她很容易通过握手感受到对方究竟是什么样的性格类型。

解读

综合看来,握手方式与性格特点大致可分为八种类型:

控制式。用掌心向下或向左下的姿势握住对方的手。这种人想表达自己的优势地位,一般具有说话干净利落、办事果断、高度自信的特点。凡事一经决定,就很难改变观点,作风不大民主。

谦恭式。即用掌心向上或向左上的手势与对方握手。这种人往往性格软弱,处于被动、劣势地位,处世比较谦和、平易近人、不固执,对对方比较尊重、敬仰,甚至有几分畏惧。

对等式。即握手时伸出的手心向着左方。这种人比较友好,也可能是很遵守游戏规则的平等的竞争对手。

双握式。即在右手相握的同时,再用左手加握对方的手背、前臂、上臂或肩部。加握部位越高,其热情友好的程度也显得越高。这种人热情真挚、诚实可靠、信赖别人。

捏手指式。即只捏住对方的几个手指或手指尖部。女性与男性握手时,为了表示矜持与稳重,常采取这种方式。不过这种握手方式存在明显的问题:如果对方是个女权主义者的话,这样的握手会引起对方的反感,认为轻视自己;如果是同性别的人之间这样握手,就显得有几分冷淡和生疏;若换成显贵人物,其意在显示自己的"尊贵"。

拉臂式。即将对方的手拉到自己的身边相握。这种人往往过分谦恭,在他人面前唯唯诺诺、轻视自我,缺乏主见与敢作敢为的精神。

死鱼式。即握手时伸出一只无任何力度、质感,不显示任何积极信息的手。这种人的性格不是生性懦弱,就是对人冷漠无情,待人接物消极傲慢。

落雨式。握手的时候满手心都是汗水,冷冰冰、湿漉漉的,这说明对方心里高度紧张,缺乏自信,或者干脆是一种病态的表示。

4. 握手的忌讳

无心握手,让人生厌

一次,我国有一个代表团访美,回国前东道主特意举行了一个告别宴会。宴会

第二章 问候寒暄

的气氛非常热烈,双方都认为此次访问取得了圆满成功,还签订了一系列的合作协议。但是代表团走了以后,主人却跟一位美籍华裔老朋友讲:"我告诉你实话,我非常讨厌这位团长。"那位朋友十分不解地问:"你们刚才不是谈得很好,双方都很满意吗?你能告诉我为什么讨厌他吗?"主人说道:"当这位团长跟我握手的时候,他的眼睛看着站在我身后的另一个人,竟然还跟他讲话,可是他还握着我的手,却根本不看我一眼。这是对我人格的污辱,他为什么如此蔑视我呢?"

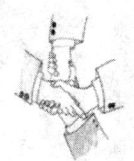
交叉握手

与第三者说话(目视他人)

摆动幅度过大

戴手套或手不清洁

【评析】

团长握手时的左顾右盼、三心二意,会给人随意敷衍、不尊重对方的感觉。这种"东张西望、心不在焉"的握手是非常失礼的表现,更是握手的禁忌。

拒绝握手,遭受批评

1954年4月7日,世界主要国家为讨论和平解决朝鲜和印度支那问题召开了举世闻名的"日内瓦会议",当时美国国务卿杜勒斯代表美方与会,周恩来以外交部长的身份代表中国政府出席会议。一天中午,中美双方成员在会客厅里不期而遇。周恩来非常礼貌地主动向杜勒斯伸出手去,而杜勒斯竟在众目睽睽之下,双手背在身后转身离开了会客大厅。

事后,这起事件引起了世界舆论的哗然。因为杜勒斯这种粗鲁无礼的举动严重违背了国际交往惯例和一般民俗礼规。于是,在1972年2月20日尼克松总统访华时,一下飞机旋梯,便在距离2米多远的地方向周恩来总理伸出了手。尼克松的这一握,既向中国人民表示友好,也对当年杜勒斯之举表示歉意。

【评析】

握手作为一种会面礼节传达着一种平等友好的问候,所以我们说在任何时候都不要拒绝与他人握手,包括你讨厌的人或是敌人,因为那是非常失礼且让人耻笑的粗鲁行为。

握手戴手套,被指无礼貌

2005年2月23日,斯洛伐克电视台直播了本国高官在首都布拉迪斯拉发机场欢迎布什一行的情景。布什戴着一副黑色皮手套与前往欢迎他的斯洛伐克总统和

总理等高官握手。与这些领导人的夫人握手时,布什也没有脱下手套,而布什夫人劳拉握手时也一直没有脱下手套。尽管当晚当地的温度低于零摄氏度,但布什夫妇的举动还是有违斯洛伐克礼节。在斯洛伐克,领导人握手时双手必须裸露。此前,外国领导人戴着手套与斯洛伐克总统和总理等高官握手的事情闻所未闻。因此,布什夫妇违反礼仪之举让斯洛伐克人皱起了眉头。"我不知道这在美国是否平常,但在我们国家不是这样,他们可能没有被告知中欧的习惯。"斯洛伐克礼仪专家德亚娜·路德洛娃说。

【评析】

事实上,从礼仪的角度来说,戴着手套、墨镜或帽子与他人握手,总是很不礼貌的行为,有不尊重对方之嫌,但若在社交场合女士戴薄纱手套或网眼手套握手尚可允许。握手时若因故未能来得及脱掉手套就握手,应向对方说明原因并致歉。

失礼握手,惹恼客人

在某医院内科病房,张医生正乘没病人的空当津津有味地看着一张晚报。这时,一位50岁左右的男子进来,同他打招呼。张医生一看是熟人,连忙站起来相迎,因右手拿着报纸,他就用左手与该男子握手。待男子坐下来后,张医生习惯性地用卫生纸擦着左手掌。男子脸色大变,即起身就走。张医生呆愣半天,不知如何是好。

【评析】

张医生的握手有两大失礼之处:一是不能用左手与他人相握,而且另外一只手不要拿着报纸、公文包等东西不放;二是握完手不宜立刻擦拭手掌,好像嫌别人脏似的。这都是握手的忌讳。

 解读

在交往中,为了恰到好处地礼敬于人,跟人握手时还应当避免以下一些不太合乎规范的失礼做法:一是不要用左手跟他人握手;二是不要争先恐后,应当遵循握手的先后次序;三是不要同时跟多人相握,更不能形成交叉

的十字形握手;四是不要戴着手套握手,除非你是女士,方可戴薄纱手套;五是不要以手插兜;六是不要以手持物,如香烟、报刊、行李等;七是不要面无表情、不置一词,否则就成"死鱼式握手";八是不要东张西望、心不在焉;九是不要点头哈腰,长篇大论;十是不要口叼香烟,嘴嚼食物;十一不要只握手指,有意疏远;十二不要以脏手或病手跟人相握;十三不要握手后即刻擦拭双手,侮辱对方;十四不要拒绝跟他人握手。

三、亲密吻礼

想吻就吻遭批评

2001年布什就任总统后不久首次出访欧洲,就让人领略了他的牛仔风格。到访西班牙时,西班牙国王和王后亲自迎接布什。按照传统,和皇室成员见面一般只能握手,布什却对此浑然不知,一见面就抱住王后亲吻,令在场的人错愕不已。这件事发生后布什收敛了许多,也许他明白了,在女性面前不仅不能动手,连动口也是有讲究的。此后,在他的第一任期内,再没有关于他"祸从口出"的新闻。但是
2005年他成功连任后,似乎又有些得意忘形,接连亲吻女内阁成员,而且接触部位有超出工作礼仪之嫌,结果被美国媒体连呼"住口"。如布什提名赖斯为美国国务卿后,热情地在她脸上亲了两下表示祝贺。由于布什只是亲吻赖斯的脸颊,并未引起人们的注意。但第二天,他再次亲吻了被提名为教育部长的玛格丽特·斯佩林斯女士,还罕见地将亲吻部位移到了她的"双唇",这一举动立刻引起一片哗然。《今日美国报》批评说:"总统热吻玩过了头。"

【评析】

以吻表示礼节是西方人士的专利,但不同的国家也风俗各异。西班牙人的见面礼节一般采取握手、亲吻和拥抱三种方式,通常在正式社交场合与客人相见时,行握手礼。与熟人相见时,朋友之间常紧紧地拥抱。两人初次相识边握手边问候,如对方无握手之意,可点头说"你好"致意。熟人之间、朋友之间、同事之间、亲属之间,大多以亲吻、拥抱为主。吻礼通常出现在同事朋友之间,如久别重逢的亲友、交情不浅的同事等。所以布什总统在第一次见西班牙皇室就行亲吻礼是不妥的。即使在同一个国家里,不同场合、不同关系的人之间行吻礼的部位也是不同的,嘴对嘴的亲热仅限于爱人和情侣之间,所以布什又惹了一个麻烦。

而对于亲吻一事,处理得最为得体的当属法国总统希拉克与俄罗斯总统普京,两人已经到了收发自如、"得心应口"的境界。希拉克总统经常对女宾展示巴黎式的接吻:两次碰碰脸颊,与此同时象征性地用嘴在对方耳朵边发出"吧嗒"一声响。在竞选活动中,他也多次落落大方地接受女性支持者的亲吻。在外交场合,希拉克经常利用亲吻展示他的浪漫与优雅。2003 年,新西兰女总理克拉克和美国第一夫人劳拉先后访问法国,希拉克都礼貌地亲吻她们的手背,显得绅士风度十足。作为俄罗斯女性的"梦中情人",普京总统少不了接受她们的香吻。2000 年他在鞑靼斯坦共和国首府喀山节日庆祝活动上,曾从容地接受几位当地姑娘的拥抱亲吻。2005 年,他在莫斯科大学建校 250 周年纪念日活动中,不仅大方地接受了一位女学生喝交杯酒的建议,还主动亲吻了她的面颊。

吻礼是盛行于西方的一种礼节,随着对外交往的广泛开展,这种礼节也会在涉外交往中使用,应该有所了解和把握。

作为一种西方礼俗,吻礼起源于古罗马。据说,当时罗马帝国的战士在出征期间,对留在家里的妻子要严加约束,包括禁止饮酒。有的战士突然回家,第一件事就是要凑到妻子嘴边闻一闻,检查她是否喝了酒。假如没有酒味,丈夫就要亲昵地吻上一下,以后相沿成习成为夫妻见面时的第一道礼节,并逐渐推广为一般其他对象间的见面礼节。当然,关于吻礼的起源还有其他不同版本的解释:有人认为它起源于婴儿与母亲碰嘴的情感交流方式;还有人认为它源于史前人类互舔对方的脸来吸取盐分的习惯。

吻礼不同于一般的接吻,亲吻时"接触"的具体部位因行礼者相互关系的不同而有所差异。如长辈与晚辈,长辈应吻晚辈的额头,晚辈则要吻长辈的下颌或面颊;平辈亲友、同性之间只能相互轻贴一下脸颊;异性之间应当轻吻一下面颊;嘴对嘴的亲热仅限于爱人和情侣之间。

四、浪漫吻手礼

都是"吻手"惹的祸

2007年1月25日,援助黎巴嫩国际大会在巴黎举行。在会议开幕前的记者会上,希拉克依次与数十个国家的高官相见。鉴于参加会议的部分国家领导人是女性,希拉克按照法国传统礼节,一一与她们进行了颇有绅士风度的"吻手礼"。

接受吻手礼的先后有美国女国务卿赖斯、加拿大国际合作部长乔西·维尔纳女士、奥地利女外长乌苏拉·普拉斯尼克、希腊外长多拉·芭科亚妮等人。据现场记者说:"希拉克在吻赖斯时,无疑显得最亲密和专心。两人的头贴得极近,希拉克先将他的嘴唇按在赖斯的左手上亲一下,然后又换右手再亲。赖斯则笑得合不拢嘴,显得颇为开心。"在轮到英国女外交大臣、现年63岁高龄的玛格丽特·贝克特时,谁都认为贝克特也将得到希拉克的吻手礼。然而希拉克好似忽然不来电一般,没有热情,见到贝克特主动伸出的右手,希拉克根本没动嘴,仅仅冷淡地捏了一下,场面的气氛顿时变得尴尬。第二天,英国媒体立即曝光了此事,希拉克这种做法在英国引发轩然大波。英国人为自己的女大臣遭到的这种"不公平待遇"感到惊讶。一时间,尘嚣甚上,说什么"人老珠黄无人问津啦"等等,更有好事者认为,希拉克是在"借吻发挥",暗示他对英国政府的不满。

【评析】

希拉克的吻手礼堪称完美典范,因"吻手礼"而引发国际风波的确出乎众人所料。希拉克的这种做法或许刺激到英国人最敏感的神经,英法两国历史上成见不少,明争暗斗,结盟少,开战多。一虑及此,英国人有些反应亦属常情。再说,在法国有关"吻"的礼仪中,本就有不能"厚此薄彼"的要求。当然,究竟是何原因,只有希拉克心里清楚。无论如何,但愿这是无心之失。

 解读

吻手礼是流行于欧美上流社会异性之间的一种最高层次的见面礼。英法两国喜欢"吻手礼",不过行这种礼仪的人也仅限于上层人士。吻手的风俗可

以追溯到古代,荷马时代的人们就熟悉它。吻手礼主要受礼者应是已婚女性,男性中只有牧师有权接受吻手礼。历史上,君主们在宫廷舞会上也会接受每个前来谒见人的吻手礼。行吻手礼时,男士应行至女士面前约80厘米处,首先立正欠身致敬。当女士将右手轻轻向左前方抬起约60度时,男士以右手或双手轻轻抬起女士的右手,同时俯身弯腰以自己微闭的嘴唇象征性地轻触一下女士的手背或手指。行吻手礼时,男士要稳重、自然、利索,不能发出"吮"或"啧"的声音,更不能留下唾液的"痕迹"。

另外,行吻手礼一般仅限于室内,而且主要是男士向已婚女士表示敬意的一种方式。在法国、波兰和拉美的一些国家里,向已婚女士行吻手礼还是男士有绅士教养的表现。因此,在涉外场合,如果有外籍男士向中国女士行吻手礼,女士应当礼貌大方地予以接受,不能拘谨、忸怩或拒绝。

五、热情拥抱礼

抱一抱,感情好

刚到加拿大不久,有个朋友领我到教堂去参加主日活动。走进教堂后,我听见有人喊我的名字,扭头一看,一个加拿大女士张开双臂,笑容满面地从走廊尽头向我走来。我认出那是常来我洗衣店干洗衣物的客人,于是也笑着向她打招呼。她走到我面前两三米的地方,犹豫了一下,把胳膊放了下来,继续和我寒暄。我脑子里闪过一个问号:她刚才两臂大张是什么意思?我好像漏掉了什么。正想着,又有人走进了教堂,我的这位女顾客又大张双臂,向另一位女士迎了过去。对方立即张开双臂迎向她,两个女人拥抱在一起,互相拍了拍后背,然后热情地交谈起来。我立即明白。后来,这位女顾客又到我店里来,我冲过去给了她一个大大的拥抱。这位女顾客倒被吓了一跳,估计一定很奇怪,我怎么突然变得这么"加拿大"起来?从此,我对女人和女人之间的拥抱就得心应手了,反正抱比不抱热情,热情比不热情好。可抱可不抱的时候,我就主动伸手抱一下,感情立即加深了好几分。

【评析】

在西方,特别是欧美、中东和南美洲的一些国家,当亲友、熟人见面或告别时,常常使用拥抱礼,并且通常与吻礼并行。我们在涉外交往中,应当了解这种礼节,并且能够以礼还礼,做到不失礼于人。开始这个朋友由于不了解拥抱礼、反应迟钝

第二章　问候寒暄

让顾客不高兴,后来学会之后才加深了情感。可以看出,在西方,拥抱是一个非常好的拉近人与人之间距离的方式。

失礼拥抱,招致祸害

有一个新到美国的留学生,属于比较新潮的那种。他一去就要住学校的宿舍,尽管学校宿舍租金较外面租房更贵,但能更好地融入美国文化。这位可爱的同学来到学校报到,那时候刚来的留学生英语都不太好,他找不到自己的房间。刚好碰到一位热心助人的美国姑娘帮他把行李搬到他房间。这是很平常的事情,美国人常常会那么做,据说大家还聊了一会儿。在美国姑娘离去的时候,他拥抱和亲吻了那女孩一下,表示感谢。但10分钟以后,警察来了,把他铐上就走。原来那女孩报警,说他性骚扰,这下麻烦可就大了,直接就关进了监狱。他在美国也没有亲人,只好向领馆求助。教育领事问他为什么要这样?他说在国内看美国电影,里面美国男女之间不都这样吗?拥抱和亲吻不是很平常的事吗?他一直被关了很久,十分后悔,要求回国。律师说要等女方家长对案件没有兴趣以后才行。同时学校也做那女孩的工作,解释说那可能是对美国文化的误解和语言沟通问题,一个刚到美国第一天的中国新同学不太可能有其他的企图,最终才算无事。

【评析】

即使在美国,拥抱也要看场合和关系。如陌生人或不太熟悉的人之间不能拥抱或亲吻,有时甚至拍拍女同事肩膀也可能会受到警告,而在商务场合也不能施以拥抱礼,只能握手。

当今社会,拥抱不但是人们日常交际的行礼方式,而且也是各国领导人在外交场合中的重要礼节。因为拥抱可以理解为缩短了距离的握手,或者是胸部的"亲吻"。它和亲吻一样,也是通过身体某一部分的接触来表示尊敬和亲热。

根据交际场合和拥抱者关系的不同,拥抱分为礼节性拥抱和热情拥抱。行拥抱礼的标准方式是:两人约距20厘米处相对而立,各自抬起右臂,将右手扶着对方的左后肩,左手扶着对方的右后腰,双方的头部及上身向左前方相互拥抱,礼节性的拥抱到此为止。如果为了表达更为亲密的感情,在向左侧拥抱之后,双方头部及上身再向右前方拥抱,最后再次向左前方拥抱,即一共拥抱三次才算礼毕,这就是热情拥抱。异性之间则应是抱肩拥抱,双方身体不宜贴得太紧,拥抱时间也较短,更不能用嘴去亲对方的面颊。另外,拥抱时不要用力过猛或把对方弄疼。需要注意的是,西方人在商务交往中一般不使用拥抱礼或吻礼。所以,不论是亲吻还是拥抱,我们要注意场合,更不可勉强对方。比如,在亚洲除巴基斯坦外,其他国家都不时兴拥抱礼,在我国也只有某些少数民族地区施以此礼,其他场合较少使用。再如布什访问西班牙时,他给了国王胡安·卡洛斯一个拥抱,这在西班牙是非常受欢迎的礼节。但是如果布什要在英国拥抱女王,那他就错了,英国的礼节中是不允许这样做的,尽管来自澳大利亚或者新西兰的总理们也曾经这样做过,但这总是不合适的。

六、深情鞠躬礼

日本人讲礼貌,行鞠躬礼司空见惯,可是我国某留学生在日本看到的一次日本人鞠躬礼却在脑海中留下了深深的印象。这位留学生来到了日航大阪饭店的前

厅。那时,正值日本国内旅游旺季,大厅里宾客进进出出,络绎不绝。一位手提皮箱的客人走进大厅,行李员立即微笑地迎上前去,鞠躬问候,并跟在客人身后问客人是否要帮助提皮箱。这位客人也许有急事吧,嘴里说了声:"不用,谢谢。"头也没回径直朝电梯走去,那位行李员朝着匆匆离去的背影深深地鞠了一躬,嘴里还不断地说:"欢迎,欢迎!"这位留学生看到这情景困惑不解,便问身旁的日本经理:"当面给客人鞠躬是为了礼貌服务,可那位行李员朝客人的后背深鞠躬又是为什么呢?""既是为了这位客人,也是为了其他客人。"经理说,"如果此时那位客人突然回头,他会对我们的热情欢迎留下印象。同时,这也是给大堂里的其他客人看的,他们会想,当我转过身去,饭店的员工肯定对我一样礼貌。"

【评析】

就鞠躬礼的普遍程度、讲究和要求来说,没有哪个国家或地区能与日本相提并论。对日本人来说,"鞠躬已习惯,弯腰成自然"。在人际交往中,许多日本人一天

第二章 问候寒暄

到晚总在鞠躬。据《现代》周刊统计,一家百货公司的电梯女服务员平均每天要向顾客鞠躬2 500余次。在日本,女子比男子鞠躬的次数要多35%,每次鞠躬的时间也比男子长。

日本传统的鞠躬礼节不仅运用频繁,而且已经形成了其独特的民族特点,有着特别的规范和要求。其中有一项叫做"礼三息"的要领,具体来说就是:首先,吸一口气后弯下上半身或低头;接着,在吐气时间里完成鞠躬礼;最后,在吸气中抬起上半身或头,恢复行礼前的姿势。日本人还规定,鞠躬时要注意三点:一是脖子不要伸得太长;二是不要挺出下颚;三是行礼时耳朵应垂到肩膀的高度。另外根据日本一些社会学家的研究,日本对于鞠躬时上身下弯的幅度也有自己特别的讲究和说法:如同事或同学之间只需躬身15度;营业员或服务员向顾客鞠躬则以30度为宜;下属向上司鞠躬,必须弯腰45度……

从日本人关于鞠躬的这些规范中可以看出,日本人是非常注重礼仪形式的!以致罗兰·巴尔特在《符号帝国》一书中尖锐指出:"这样一种礼貌乃是'空无'的一种体现。"①这一点就连日本人自己也直言不讳。如日本学者松平靖彦先生就曾评价道:"日本的礼仪,在漫长的封建时代业已基本形成……导致了现在日本礼仪中形式重于感情的倾向。"②

事实上,鞠躬礼是源于我国先秦时期的一个传统礼节,后传播到许多国家。不过现在在我国,鞠躬礼主要适用于一些特殊场合,如向他人表示感谢、领奖或讲演之后、演员谢幕、举行婚礼或参加追悼活动等等。

行鞠躬礼时的基本要求是:行至距离受礼者两米左右,起身立正,须脱帽,并目视受礼者,然后弯腰上身前倾。男士双手应贴放于身体两侧裤线处,女士双手则应下垂搭放或自然相握在腹前。上身下弯的幅度在15～90度左右,一般来说,下弯的幅度越大,所表示的敬重程度就越深。

除了日本、韩国和朝鲜,土耳其、马来西亚等伊斯兰国家的人也施用鞠

---

① 参见:罗兰·巴尔特. 符号帝国. 商务印书馆,1994年,第100页。
② 参见:松平靖彦. 现代日本礼仪. 上海翻译出版公司,1988年,第1页。

躬礼,但在行礼方式上有所不同。如土耳其人在送别客人时,先将双手伸平,然后交叉于胸前,深深地鞠躬90度,以示对客人的无比敬重。马来西亚的男子流行"抚胸鞠躬"的见面礼,即先举右手抚于自己的胸前,随之深深地鞠躬,以示敬意。而阿拉伯人见面时,总是先把右手举到额头,再行鞠躬礼,并同时口称祝福语。

七、礼貌合十礼

不懂风俗,闹笑话

某旅游团一行去尼泊尔等南亚国家旅游,刚下飞机,团中几位女士就一起去逛街购物。进入某商店时,店主热情地向她们合十问候欢迎,并伸出火红的舌头。几个人一看,吓得赶紧回头就跑。原来她们认为店主伸出那么长的舌头,可能是个精神病人。

【评析】

在东南亚和南亚信奉佛教的国家以及我国傣族地区,人们见面往往以合十礼表示敬意。在尼泊尔,他们用伸舌合十向客人表明热情的欢迎。在以合十礼作为见面礼的国家里,人们认为合十礼比握手礼高雅,而且要卫生得多。从入乡随俗、尊重他人的角度来说,当有人向你行合十礼时,应当以同样的方式还礼于对方为好。

 解读

合十礼,又称合掌礼,其行礼方式比较正规庄严,基本要求是:身体直立,双目注视对方,面带微笑,两个手掌在胸前约20厘米处对合,五指并拢向上,手掌略向外倾斜,然后欠身低头,并口诵问好或祝福语。

一般来说,行合十礼时的双手举得越高,向对方表示的尊敬程度也就越高;通常,向一般人行合十礼,合十的掌尖与胸部持平即可;如果是平辈之间,

第二章 问候寒暄

掌尖应举至鼻尖;若是晚辈向长辈行礼,掌尖应举至前额。行合十礼是不能戴帽子的,应当先把戴着的帽子摘下夹在左腋下,方可行此礼。另外,行合十礼的先后次序是,地位较低、年龄较轻的人应当主动向地位高、年龄较大的人施礼,且掌尖要与前额相平;地位高和年纪大的人还礼时,手不应高过前胸。

我们知道,不同国家或地区的佛教徒风俗各异,所以行合十礼的方法也形式多样,主要有:"站立合十"、"俯首合十"(印度)、"点首合十"(印度)、"伸舌合十"(尼泊尔)、"躬身合十"(泰国)、"下蹲合十"(拜见父母和师长)、"跪拜合十"(泰国)、"摸脚合十"(印度教女教徒敬尊长的礼节)、"吻脚合十"等等。

八、趣味碰鼻礼

入乡随俗,享受"鼻吻"

去新西兰旅游,必定要去毛利人文化村。在那里我享受到了毛利人无比热情的欢迎仪式,更享受到了他们的最高礼遇——碰鼻礼。

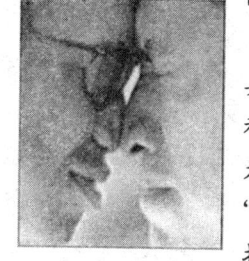

那天歌停舞罢,这些毛利人就一个个走过来同我们行"碰鼻礼"。向我走来的是一位跳舞的毛利姑娘,尽管事前我对毛利女性"示吻"有所准备,但看到毛利姑娘过来还是有些手足无措,毕竟在国内除了我妻子外再没有和其他女性有过这等"礼节"!按照事先被告知的毛利人的礼仪,我主动上前一步,抬起双手,张开双臂,两手轻轻搭上对方双肩,慢慢地,先是鼻尖,后是前额,看准对方的相同点,轻轻地贴靠。我十分标准地完成了与毛利姑娘鼻吻的动作,尽管显得有点拘谨。这时令我想不到的事又发生了,一般"碰鼻礼"鼻尖对鼻尖,互碰两三次就行了,可这位毛利姑娘竟和我碰鼻了五次,可能是为了奖赏我绅士式的礼仪动作吧。这种特殊礼遇让其他驴友羡慕不已,人群中不断发出欢呼声,这既让我受宠若惊又感到无比自豪。

【评析】

碰鼻礼是新西兰毛利人的传统礼节。因为按照毛利人的习俗,碰鼻的次数与时间往往标志着礼遇规格的高低:相碰次数越多,时间越长,说明礼遇越高;反之,礼遇就低。所以此游客受宠若惊,欣喜无比,流连忘返。

 解读

新西兰的最早主人毛利人还保存着一种远古留传下来的独特见面问候方式：碰鼻礼。今天在新西兰居住的毛利人大约有 30 万，他们非常好客，对待客人诚挚而热烈，十分讲究礼节与礼貌。如果有客人来访，毛利人必定要为来宾组织专门的欢迎仪式，安排下丰盛的宴席。最让客人兴奋的是男女老幼倾巢出动，一边引吭高歌，一边兴致勃勃地拉着客人手舞足蹈。这一切过去以后，一定要举行毛利人传统的最高敬礼——碰鼻礼。主人与客人必须鼻尖对鼻尖连碰两三次或更多次数，碰鼻的次数与时间往往标志着礼遇规格的高低。当毛利人向你行碰鼻礼时，也必须学会接受并以同样的方式还礼。

 思考与练习

1. 失礼接待，气走客人

美国某企业总经理阿蒙·德肖恩·约翰逊应邀到中国某公司进行商务洽谈。前往迎接的公司李秘书一见面就说道："您好，阿蒙先生。"阿蒙·德肖恩·约翰逊听后迟疑了一下才回答："你好。"来到公司后，李秘书便为两位总经理作起了介绍："王总，这就是美国××企业经理阿蒙先生。阿蒙先生，这就是我们公司负责人王总。"介绍完毕，王总热情地伸出双手，阿蒙·德肖恩·约翰逊也有礼貌地伸出了手。王总握住阿蒙·德肖恩·约翰逊的手，转头对秘书说："李秘书，快给阿蒙先生倒茶。"看到这样，阿蒙·德肖恩·约翰逊微皱眉头。过一会儿，只见王总匆忙地挣脱握着的手，在衣服口袋里东找西翻起来，最后从裤子口袋里掏出一张皱巴巴的名片递给了阿蒙·德肖恩·约翰逊。阿蒙·德肖恩·约翰逊顿时拉下脸，闷着声音说："不好意思，我想我来错地方了。"

请问：此公司人员在此次接待中有哪些失礼之处？

2. 巧妙握手，以表礼貌

1953 年 1 月，杜勒斯出任美国国务卿，极力推行反共政策。他曾策划和组织了片面对日和约，极力主张将美国第七舰队开进台湾海峡，而且是对华封锁、遏制政

策的积极倡导者。杜勒斯曾经叫嚣,要"以一切可能利用的手段来同共产主义做斗争",并制订了所谓对共产党国家实施"大规模报复"的战略计划。作为美国出席日内瓦会议代表团团长,他在制定与会方针的时候,特别强调要孤立和打击中国代表团,不许跟中国代表团人员接触,包括不许跟中国代表团人员握手。

会议休息期间,大家来到休息厅闲谈。因为中间有二十多天的休会,大家再次见面,相互问候。这时,史密斯主动来到担任周恩来翻译的浦寿昌跟前交谈。周恩来看到后,走过来跟他打招呼,并向他伸过手去。史密斯大概是碍于杜勒斯不许跟中国代表团人员握手的规矩,没好作表示,这当然有失风度和外交礼仪。对此,史密斯感到非常难堪。随后,周恩来过去跟法国外长交谈,史密斯很不好意思地凑上来,插话道:"每次我走近周恩来先生,记者就会说我和周恩来先生握手了。"周恩来答道:"我已经伸出手来了。"史密斯赶紧辩解:"我刚才一手拿香烟,一手拿杯子。下回我会伸得比您快。"周恩来淡淡一笑,没予理会。第二天,日内瓦会议结束,各国代表团来到休息室相互道别,史密斯也来了。当周恩来走进休息室的时候,史密斯赶紧上来搭话:"我刚才怕讨论下去又要发生分歧,这样简短结束很好。"史密斯说着,伸出右手握住周恩来的左臂,这样,既没有破了杜勒斯不准跟中国人握手的规矩,又弥补了昨天的失礼。

请问:史密斯为何要创造这次巧妙的握手?

3. 不懂礼仪,失去机会

2007年3月,在山城重庆召开的全国糖酒会上,三鑫公司的赵总看到了久闻大名的新意集团的刘董事长。晚餐会上,赵总主动上前作自我介绍,并递给了对方一张名片。刘董事长接过名片,用眼睛马马虎虎地瞄了一下,就放在了桌子上,然后继续用餐,这让赵总感到很尴尬。之后两人谈话不咸不淡,匆匆结束,未能达成任何合作。

请问:赵总与刘总行为的失礼之处有哪些?

第三章

言谈交际

ZHONG WAI LI YI
GU SHI YU
AN LI SHANG XI

【学习要点与要求】

1. 从诸多案例中学习交谈的基本要求,把握选择恰当话题、避开不当话题的技巧。

2. 通过案例学习,学会在社交场合选择恰当话题,把握语言表达的艺术与交谈的禁忌方式,成功地与人交谈。

言谈交际是人们沟通情感、交流思想、传递信息、加深友谊的重要渠道,一个人是否善于言谈,将直接影响到与人交往的成效。但能言善辩并不等于善于交谈,善于交谈也并非一定要能言善辩。孔子曰:言之不文,行之不远。在交谈中我们不能只从自己单方的动机出发,想说什么就说什么,想怎么说就怎么说,而应遵从一定的礼仪规范,达到双方交流信息、沟通心灵的效果。交谈的礼仪就是指人们在交谈活动中应遵循的礼节和交谈的原则与技巧等。在交谈中,如果你懂得什么话能说,什么话又不宜说;何时该自己讲话,何时该听别人讲话;对别人的谈话如何反应和应对;等等,那么你就会比较自信地把握整个谈话的节奏和局面,从而使自己成为交谈的赢家。

第一节　交谈礼仪

一、交谈的基本要求

词句不准,让人窃笑

在一家大企业的来年工作计划决策会议上,一位中级职务的管理者引起了高层注意,但见他举止端正、措辞得当,尤其是他的几点"补充建议"更是令到会者心悦诚服。大家给他以热烈的掌声,他谦恭地说:"抛砖引玉之谈,谢谢大家厚爱。不过最后几点建议确实有一定的可行性,尤其是其中关于……我觉得这同三十六计中的'掩耳盗铃'之计有异

第三章 言谈交际

曲同工之妙……"会场死一般地沉默,接着传出几声窃笑。决策者的脸上露出失望……

【评析】

孙子兵法中的三十六计妇孺皆知,却无"掩耳盗铃"之计。此人不懂还装懂,在各位高层面前班门弄斧、故弄玄虚,惹得众人窃笑失望,由此可以看出言辞准确对于交谈的重要性。

沟通不畅,交易难成

从前有个秀才,一次到集市上去买柴,他远远看见有一个卖柴的人,就大声喊道:"荷薪者过来!"卖柴的人听着莫名其妙,但"过来"两字还是听懂了,又看到秀才招手,便担着柴走过来。秀才问:"其价几何?"卖柴的人糊涂了,但"价"字还是听懂了,于是说了价钱。秀才嫌贵,便说:"外实而内虚,烟多而焰少,请损之。"卖柴的人听了这句话,不知道秀才说的是什么,只好挑着柴走了。

【评析】

人际交往中,语言交谈是人们沟通情感、交流思想、传递信息、加深友谊的重要渠道。若在语言交流中,言辞不正确、不明晰,不能让对方准确地理解你,那么双方就难以顺利沟通,彼此的事务就难以顺利解决了。这位秀才对一个老农之乎者也、咬文嚼字,也就只能"望柴兴叹"了。

语言不通,吓走老外

一家陕西人在纽约唐人街开了一家面馆,儿子当服务生,老妈管收钱,老爸做大厨。一天,店里来了个老外,点了套餐,吃到一半,"咣当"把汤碗打了。儿子大声说:"碗打了",老外想:"one dollar"。老妈走过来问"谁打的?"老外想:"three dollar?"儿子说"他打的"。老外想:"ten dollar?"老妈说"还得扒一碗",老外想:"hundred and one?"老爸正在厨房切菜,听见声音急忙跑出来,慌乱中忘记把菜刀放下,老外一看心跳加速血压升高,而老爸的话最让他崩溃。老爸对着正舀汤的儿子说:"烫,少盛点儿"! 老外想:"ten thousand?!"于是掏出钱包里所有的钱,放在桌子上,然后像刘翔一样狂奔出去!

【评析】

在国内,方言土语都会给不同地域的人带来语言交流的不便,更不用说是对外交往了,因此陕北人的"漫天要价"定会吓跑这个"刘翔"。

用语无礼,气走客户[1]

一个刚刚工作的小秘书奉命来接待一个公司客户。客户来到公司大楼,小秘书看见了,迎面就说:"陈先生,我们经理叫你上去。"这位陈先生一听,心想:我又不是你们下属,凭什么你叫我上去我就上去。于是生气地对秘书说:"你们要想做生意,就让你们经理去宾馆找我吧,不想做就算了。"

【评析】

"坐,请坐,请上坐"有着不一样的敬重程度,而这里的"叫"与"请"更有明显不同了。前者就是一般的语言表达,毫无敬意,后者却是礼貌的表达。不同的词语展示出不同的态度,所以客人生气就很自然了。

 解读

语言是交谈的载体,是双方进行信息沟通的桥梁。言为心声,一个人的思想、品德、情操、志趣、文化素养以至人生观、世界观等,都可以通过语言得到一定的表现。美国前哈佛大学校长伊立特曾经说过:"在造就一个有教养的人的教育中,有一种训练必不可少,那就是优美、高雅的谈吐。"所以,跟人交谈时对于自己的词语表达应当予以高度重视,精心斟酌,做到文明、礼貌、准确。

语言文明,就是用词说话要文明优雅,讲究语言美,不能出言不逊,动辄说粗话、脏话、黑话、荤话、怪话、气话,否则都将有失个人的身份品位和教养。语言礼貌,就是要善用一些约定俗成的、表示谦恭的专用语言,包括"您"、"您好"、"请"、"谢谢"、"对不起"、"没关系"、"再见"等常见的礼貌用语,一些用于热情问候、致意寒暄的谦辞、敬语,一些表示谦恭和尊敬的雅语等等,使自己成为知书达"礼"的现代人。语言准确,就是要发音清晰正确、语速适中、音量适度、内容简明,少用方言土语、慎用外语。恰如高尔基

---

[1] 资料来源:羽西. 听礼仪专家讲故事. 当代世界出版社,2008年。

第三章 言谈交际

所言:"作为一种感人的力量,语言真正的美,产生于言辞的正确、明晰和动听。"只有做到语言准确,才能够让人清楚地理解自己。我们应尽量用与对方一致的语言交谈,如果对方讲普通话,就尽量使用普通话与之交谈。交谈中还应注意根据对象选择不同的表达方式,例如:对待普通市民适宜用通俗易懂、用最接近生活的日常语言与之交谈,不宜用深刻的哲理性的语言,或者枯燥生硬的逻辑推理;对待学问较高深的人适宜用提纲挈领、逻辑严密的方式进行交谈,而不宜用简单无聊、杂乱无章的语言进行交谈。

说话嗓门儿大,处处让人怕

刘鹏天生是个大嗓门儿,不但说话大声,而且爱讲话,尤其是在人多的场合。有时谈到陈年旧事,他便进入忘我的境界,说得唾沫星子乱飞,旁若无人地口若悬河、滔滔不绝,惹得众人侧目而视。朋友好心纠正他大声说话的毛病,他却当场指责朋友:"我天生就这样,为什么要改?"每次与朋友发生争执时,他也总是大声地吵嚷。朋友总是无奈地说:"你这哪里是讲道理啊,声音这么大,分明是教训人!"于是朋友们有聚会都不愿意请他参加了,就是害怕他的大嗓门儿。

【评析】

每个人音域范围的可塑性很大,有的高亢,有的低沉,有的单纯,有的深厚。说话时,你必须善于控制自己的音度。高声大嗓意味着紧张惊恐或者兴奋激动,会干扰周围的人。低沉无力,会让人感觉你缺乏热情、没有生机,或者过于自信、对他人不屑一顾,或者让人感到你根本不需要他人的帮助。所以我们要合理平衡自己说话的音调,善于美化自己的声音。如不要声音过尖、过高或过低,不要鼻音太重,不要嗲声嗲气、娇滴滴等。刘鹏音调过高,又无自知之明,执迷不悟不改正,导致朋友们敬而远之。

音调不适,难被提升

小苏是一家广告公司的资深业务经理,她最关心和留意客户的销售问题,并总是乐于帮助他人解决,赢得客户好评,但迟迟未能得到提升。原因是她说话的声音让人听起来不舒服,那尖叫的声音就像一个小女孩发出的叫声。她的老板私下说,我很想提升

她当销售部经理,但她的声音又尖又孩子气,让人感到她说的话缺乏认真考虑,我不得不找一个声音听起来成熟果断的人担任经理。结果苏珊就因为自己说话的音调不合适失去了提升的机会。

【评析】

人说话的语气、语速、语调和音质都影响着语言交流的效果。这位经理由于语质让人感觉不够沉稳、舒适而影响了个人的形象,尽管业绩突出,但也终究难以被提升。

 解读

20世纪70年代,美国心理学家阿尔培特通过研究,给友好合礼的谈话下了一个定义,立了一个公式,他认为:"谈话的友好=7%的说话内容+38%的声调+55%的表情"。通过他的这一公式,我们不难看出谈话中的副语言以及表情的重要性。在社会交往场合,有的人总是力图用语言来掩饰自己的真情实感,他们的语音、语调、语速、姿势、表情、动作等等这些无声的东西又将他们的真实心态暴露无遗,甚至即使他们的嘴保持缄默,他们的眼睛也往往会多嘴多舌。当然对于一个训练有素的人来说,声调、语气和表情等都可以自己控制,他们可以用此来调控自己的外在表现,给人以假象或产生意想不到的效果。如意大利著名的歌剧家罗西有一次应邀为外宾表演,他在台上用意大利语念起一段台词,尽管外宾听不懂他念的是什么内容,但却为他那满脸辛酸、凄凉、悲怆的语音、声调、表情所感染,大家禁不住泪如泉涌。当罗西表演结束后,翻译解释说,刚才罗西念的根本不是什么台词,而是大家面前桌子上的菜单!

事实上,即使是普通的人,声音、语调等东西也有可塑性和稳定性,也需要多加思考,才能作出准确的判断。作为公关人员更应多加注意,综合观察、分析,去伪存真,由表及里。例如:说话速度很快,可能是因为紧张,也可能是因为精力充沛;说话速度缓慢,可能是因为老成,也可能是没有兴致,或者力不从心;说话音量大,可能是身体好、中气足,也可能是因为激动、愤怒;说话结结巴巴,语无伦次,可能是因为缺乏自信,也可能是因为言不由衷;说话痛痛快快,无停无顿,可能是因为坦诚、真实,也可能是在毫无根据地胡编乱造。

交谈也需要距离

在一次谈判结束后的鸡尾酒会上,一位日本谈判代表端着一杯鸡尾酒和美国谈判代表在随意闲谈着,日本人总是喜欢贴近跟美国人说话,所以身体不自觉地向着美国人移去。美国人却不喜欢人家靠着他说话,于是就不自觉地往后退,就这样一个往前移、一个往后退,结果就变成了日本人追着美国人在大厅里转圈子。

【评析】

这个故事尽管有点夸张,但却说明谈话的距离是很重要的。从礼仪角度来说,如果是一般的交往对象,离得很近跟人交谈,会让对方产生被侵犯、被施压的感觉,况且稍有不慎还会把唾沫溅到别人身上乃至脸上,这是非常令人讨厌的。有些人因为有凑近别人交谈的习惯,又顾及别人被自己的唾沫溅到,于是就先知趣地用手掩住嘴巴,这样做形同"交头接耳"、"窃窃私语",样子难看也不够大方。然而说话时与对方离得过远,会使交谈者误认为你不愿意向他表示友好和亲近,这显然也是失礼的。因此,交谈时根据双方的亲疏关系保持恰当的距离非常必要。这位日本朋友没有遵守这一交往礼规,才上演了上述搞笑一幕。

 解读

美国社会心理学家霍尔曾经针对人与人之间的物理距离作过调查研究,他发现人们之间存在着四种类型的人际距离:第一种是公众距离,范围是在360~760厘米之间,它属于人际交往中的正式距离。处于该距离的人,可以比较容易地采取躲避或防卫行为,它多出现在陌生人之间或正规场合。第二种是社交距离,较近的社交距离是120~210厘米,多出现在非正式的个人交往中,如谈判和商业接待;较远的社交距离为120~360厘米,一般正式的公务性接触中是这种距离。第三种是个人距离,范围大约在44~120厘米之间,这个距离通常是与朋友交谈或日常同事间接触的空间距离。第四种是亲密距离,在0~44厘米的范围内,这种空间距离只出现在特殊关系的人之间,如父母与子女、夫妻、恋人。对关系亲密的人来说,这个距离可

以感受到对方的气味和体温等信息。

所以就一般的交谈对象来说,应当保持一到两个人的距离比较合适。这样既让对方感到有种亲切的气氛,同时又保持一定的"社交距离",在常人的主观感受上,这也是比较舒适的交谈距离。

二、交谈的话题

善找话题,方能投机

同事为小李介绍对象,对方是一位当警察的男青年。见面介绍后,同事就有意走开了。两人初次见面一时找不到话题,有些冷场和尴尬。

这时小李急中生智,装作漫不经心地说:"你们当警察的工作很辛苦吧?而且还时刻面临着生命危险,家庭、亲人也会受连累,一般人难以接受吧?"男青年一听就急了,立即接过话头,从事业与抱负、人生与追求、奉献与索取等方面阐述了自己所从事的警察职业的伟大和骄傲。于是,两个多小时的约会便围绕此话题在谈笑风生中度过。最后,两人还彼此含情一笑。

【评析】

俗话说:"酒逢知己千杯少,话不投机半句多",话题是双方能否愉快开启交谈以及能否顺利交谈下去的前提。小李正是通过结合对方的职业进行适时提问,找到了合适的话题,才使得两人能够顺利交谈,彼此了解,加深认识。

不同性别、不同年龄、不同职业、不同地位的人,情趣爱好亦有所差异。所以,跟人谈话时要有强烈的对象意识,要针对谈话对象的特点选择合适的话题,正所谓"到什么山上唱什么歌,见什么人说什么话",因人而异,看人说话。提问他人事宜是一个开启话题的好方法,交谈开始,不妨先巧妙地提出某些问题让对方回答,从而抓住对方的兴趣,开启恰当的话题。这里要注

第三章　言谈交际

意运用提问的艺术,提问有一定的模式,即陈述语句+疑问语句。比如,"听说您来自海南,那里的风景肯定很美吧?"随后从对方的回答中判断其兴趣所在。如果你碰巧坐在一位陌生人身边,你不妨先作自我介绍,尔后也采用提问的方式进行试探。比如:"你好,我叫×××。听说你来自上海?"无论你问得对不对,总可以引出对方的话题。当社交场合出现"冷场"的时候,可以通过"提问"的方法急中生智地打破沉寂。如就刚才别人提到的某个话题巧妙提问,无疑是最有效的方法。在内容上,可以是"为什么是这样?""现在怎样?""将来会怎么样呢?"在形式上,可以就你想了解的问题进行发问,还可以从相反的方向提出反问,可以旁敲侧击地探问,也可以穷根究底地追问。

除了通过提问他人事宜找到合适的话题之外,还有以下几类比较适宜的话题:

一是比较简单的话题。人们往往有一个误解,认为只有那些不平凡的或者深奥的、能显示学问高深的话题才值得谈。其实那些话题未必很多,而且若谈不清楚出现差错反倒让你出丑,若是过于深奥而对方不懂,更显得你在那里炫耀、卖弄,所以比较简单的话题往往是比较安全的话题。比如,天气、当天的新闻、四周的环境、房屋的摆设等等。这类话题不仅不会引起误会和不快,而且大家都能参与一起来谈。也许有人感觉这些话题太陈词滥调了,但事实上,越是简单的话题说不定越是能够引出非常有意义的、甚至是精彩的谈话。比如:关于天气冷暖、阴晴的随意话题就会引出有关环境污染、生态保护、可持续发展的话题;周围的一件小摆设,可能就会引出有关瓷器、工艺品、古董收藏等方面的话题;当天的一条简单新闻,可能会引出关乎社会政治经济发展的热门话题。所以,看似简单、无关紧要的"废话"恰恰是跟人开启交谈的好话题。

二是向对方请教其擅长的话题。向人请求赐教是一种十分有效的开场白,因为这给对方一个表现的机会,符合对方的心理需要和特点,正所谓"知人善谈,循趣入题"。你可以就对方可能熟悉的任何问题,真诚地向对方请教。比如,"听说您是一位电脑行家,我正打算买一台手提电脑,请问您有何高见?"这种请教就会引导对方跟你大谈特谈电脑方面的常识,可以交谈一段时间。

三是寻求双方共鸣的话题。大千世界,芸芸众生,尽管个性千差万别,但总有某些共知、共爱、共有的,如在年龄、地域、经历、兴趣爱好等方面都可能有着共同或类似之处。所以通过寻求共鸣的方式寻找双方共同感兴趣的话题，可以顺利开启一段默契的交谈。有一次，相声演员姜昆到某市演出，市属几家新闻单位的记者纷纷前去采访。不料，姜昆一一婉言拒绝，令记者们大失所望。这时，有位爱好相声的女记者却再次叩响了姜昆的房门，说道："姜昆同志，我是一个相声迷，我对您的演出有些意见……"。就这样，姜昆便十分热情地接待了她。这位女记者正是利用了她与对方"对相声的爱好"这一共同兴趣做文章，使对方产生了共鸣，接受了她的采访，开始了成功的交谈。

四是赞美他人的话题。真诚地赞美对方及其所属的事物，都会引出对方的兴趣所在，不失为社交聚会上的一种开口妙法和得体恰当的话题。比如，赞美她的服饰漂亮、赞美他养的花好看、赞美他的藏书丰富等等，都是有效开启交谈的话题。

五是格调高雅的话题。即内容文明、优雅，格调高尚、脱俗的话题。例如天文、地理、哲学、历史、文学、艺术、数学、建筑等等，都是高雅的知识性话题。这类话题适用于各类交谈，但面对行家里手时不能不懂装懂，班门弄斧。

六是轻松愉快的话题。即谈论起来使人感到身心放松、积极向上的话题。例如电视电影、娱乐节目、体育运动、流行时装、烹饪小吃、民俗旅游、风土人情、名胜古迹等等。这些都是众人津津乐道、易生情趣的事情，颇受许多交谈场合的欢迎。

七是时尚的话题。即以国内外、社会上、本地区所发生的热门事件或流行事物作为谈话的主题。比如当今房地产市场的行情及走势等等。这些都是大家颇为熟悉，且热衷交谈的事情。

都是聊天惹的祸

小杨被安排全程接待来自美国的一对外宾夫妇。她的细心周到、热情负责获得了外宾夫妇的好评，于是双方就熟了起来。有一天，外宾夫妇俩外出整日很晚才回来，小杨就如同对待老朋友那样，随口便问："你们去哪里玩了一整天啊？"外宾夫妇迟疑良久才吞吞吐吐地说："我们去建国门外大街了。"小杨又接着笑呵呵地说："哦，去逛街了呀。你们逛

了什么商店,买了什么东西啊?"对方无奈地说:"友谊商店,一点生活用品。""你们怎么不去国贸大厦和赛特购物中心看看啊,秀水街的东西也很不错的哦……"小杨仍在好心好意地向对方建议。然而,她的话还未说完,外宾夫妇却已转身离开了。几天后,小杨接到公司通知她被辞退了。

【评析】

我们从小杨身上看到了中外言谈礼仪的不同,那就是要时刻注意外国友人的隐私权、"热情"有度。小杨过于随意和热情的聊天侵犯了对方的隐私,导致服务失礼,故被解雇。

 解读

在与人交谈选择话题时,要时刻注意不能侵犯对方的隐私权。隐私是个人的隐秘之事,是不愿意公开、更不愿意让别人谈及的。我们知道,西方人士特别注重和保护个人的隐私。中国人尽管在传统上隐私观念比较淡薄,但随着国际交往的增加和西方文化的渗透,人们的隐私意识也逐渐加强,尤其是年轻人,越来越看重自己的隐私。

所谓个人隐私,是指一个人出于个人尊严或其他某些方面的考虑,不愿为别人所知道的个人事宜。在人际交往中,人们普遍讲究尊重个人隐私,并且将尊重个人隐私与否作为衡量一个人是否有教养、是否尊重他人的重要标志之一。中国人习惯把一些为外国人视为隐私的问题看做是普通家常,并常常以此为话题拉近距离。在国际交往中,为了同国际接轨,我们应该了解哪些属于个人隐私方面的问题。一般而言,在国际社会中,以下八个方面被视为个人隐私:

首先是私人收入和支出。人们认为一个人的收入反映着他的能力和地位,关系着自己的脸面,因而十分忌讳别人打听。如果一个人探听别人的收入,则可能有炫耀之嫌。此外,个人的支出,如纳税数额、银行存款等与收入相关的问题都不应该在与外国人交谈时提及。其二,年龄大小。外国人不论男女都希望自己永远年轻,永不言老。尤其是外国妇女,最忌讳别人知道她的实际年龄。其三,恋爱婚姻。如果向异性打听婚姻、爱情问题,难免会被认为别有用心。其四,身体健康状况。国外的人十分反感他人对自己的

健康状况关注过多。其五，家庭住址。外国人视自己的私人居所为私生活领地，不喜欢别人干扰，除非至交，否则一般不会邀请外人去自己家里做客。其六，个人经历。如曾经在哪里工作过等等问题。其七，信仰政见。在交往中，切记不要把宗教信仰、政治见解作为谈资。其八，所忙何事。外国人不喜欢别人询问最近忙什么等等的问题。以上八点在国内外交往中应避免主动提及，才是尊重他人隐私的表现。总之，交谈时若随意询问或谈论他人的隐私之事，正所谓"哪壶不开说哪壶"，会让人感到尴尬或难堪。因此，诸如个人的收入、财产，以及衣服、首饰的价格、女性年龄、家庭住址、工作单位、个人不体面的经历和现状等等属于个人隐私的事情，都应当避免作为交谈的话题。如果别人向你问起这些难以回答或下不了台的话题，你不妨巧妙地转移或者简单地搪塞过去。

除了他人的隐私不能作为话题外，还切记以下几类避讳的话题：一是他人的是非。"来说是非者，必是是非人"，好说别人闲话的，必是搬弄是非之人。在交谈中不能传播闲言碎语或造谣生事，不能拿别人的隐私和有损他人利益的事情当做谈资来消遣，不能随意挖苦或捉弄对方，让人当众出丑，不能议论他人的品行和人格，更不能非议不在场的人士，制造是非。否则既会有损双方关系，又会有失个人体面。二是他人的生理缺陷。有的人总有着自己的缺憾或隐痛，诸如耳聋、眼瞎、脸麻、背驼、腿短、秃顶、五官不正、过胖、过瘦、过矮等生理缺陷或不足。对此，我们在交谈中应当避开，尤其在陌生人面前。万一非说不可，则可以找委婉之词替代。如对腿跛的人说："您腿脚不便"，对眼瞎的人说"您眼神不好"，对过胖的人说"富态"，对过瘦的人说"精干"等等。切忌口无遮拦，伤及他人自尊。三是他人忌讳的风俗习惯。不同国家、不同地域、不同民族、不同职业的人都有自己特定的风俗习惯或禁忌，我们都应予以尊重，不能有意或无意冒犯。比如西方人有"七忌"，忌问年龄、问婚姻、问收入、问住址、问工作、问经历、问信仰，这些都被西方人视为自己的隐私和底牌，不能随意询问。再如，四川的生意人忌讳听到"舌"、"折"之类的词语；广东的生意人忌讳"茉莉"之词；等等。跟人打交道，我们也要注意这类避讳，免生不快。四是疾病、死亡等不愉快的事情。人们都喜欢轻松、愉快、积极的话题，而不喜欢沉闷、悲观和消极的话题。因此，在交谈中诸如亲属死亡、父母离异、子女不孝等家庭不幸之事，若当事人不主动提起，切不可贸然发问；也不要随意张扬个人的难处，或者总是将自己的不幸或烦恼向他人倾诉，惹得大家一起伤心不快；而诸如偷盗抢劫、强奸、凶杀等社会阴暗之事，在晚间、女士面前或用餐之时也尽量不要谈论。

曾经听到这样一个例子:几位朋友一起吃饭,有人谈到一起骇人听闻的凶杀碎尸案,说是丈夫将妻子杀害后,将尸体切成数块,还将肉块放入锅中炖煮烹烧,最后吃掉……最后听得几位朋友胃口大失,有的还呕吐不止,一场饭局被其搅乱,不欢而散。五是国家机密、公司内部事务。你若是国家公务人员、企业职员,对于应当严守秘密的国家和公司内部事务,不应当口无遮拦地随意乱说。这不仅体现了你的人格诚信与政治立场,更关乎国家和公司的命运及利益。六是容易引起争议的事情。比较容易引起争论的话题,往往会使争论双方情绪激动,容易失去冷静和理智而变得偏激,最后很可能会伤及双方的和气。所以,若选择有争议性的话题,必须首先考虑到它的安全性,应该既有利于各抒己见、交流思想,又不至于争得不可开交。若是已经引发了激烈的争议,双方一定要相互尊重,不能有意抨击,恶语伤人。七是荒诞离奇、耸人听闻和黄色淫秽的事情。在社交场合,谈论一些荒诞离奇、耸人听闻的事情,会让人觉得不可信,而谈论黄色淫秽等低级趣味的事情,会让人觉得反感,更会降低自己的人格品位,有失自己的身份和素养,所以都应当予以避讳。

三、失礼的交谈

随意插话,终被逐客

推销员:"科尔先生,经过我仔细观察,我发现贵厂自己维修花费的钱,要比雇佣我们来维修花的钱还多,对吗?"

科尔:"我也计算过,我们自己干确实不太划算,你们的服务也不错,可是,毕竟你们缺乏电子方面的……"

推销员:"噢,对不起,我能插一句吗?有一点我们想说明一下,没有人能够做完所有事情的,不是吗?修理汽车需要特殊的设备和材料,比如……"

科尔:"对,对,但是,你误解我的意思了,我要说的是……"

推销员:"您的意思我明白,我是说,您的下属就算是天才,也不可能在没有专用设备的情况下,干出像我们公司那样漂亮的活儿来,不是吗?"

科尔:"你还是没有搞懂我的意思,现在我们这里负责维修的伙计是……"

推销员:"科尔先生,现在等一下,好吗?就等一下,我只说一句话,如果您认为……"

科尔:"我认为,你现在可以走了。"

【评析】

这位推销员被科尔下逐客令,原因是他表现得非常急躁:随意插嘴,多次抢接话头,打断顾客科尔的讲话。在现实生活中,经常随意打断对方讲话的人,也只能让讲话者生厌。

俗话说:会说话的人想着说,不会说话的人抢着说。在交谈过程中,有的人总在担心没有说的机会,或者说害怕自己说得太少而有失面子,于是,就总是想抢先发言、见机插话。可是由于缺乏深思熟虑,往往词不达意,逻辑很乱,当发现后来讲的人比我们讲得更全面、更深刻,而这些全面的、深刻的东西自己稍加考虑,也可能讲出来时,我们就感到追悔莫及。总结类似教训,我们还是觉得三思后言为妙。因此全神贯注聆听对方讲话时,不要轻易打断对方,不论怎样都要等人说完你再说。如果想参加他人的谈话,应事先打一声招呼征得对方的同意,如"请允许我打断一下"或"请让我提个问题好吗"等等。但即便使用如此礼貌的语言,随意或是经常打断对方的谈话也是很不礼貌的。若别人正在进行个别私下交谈,不可凑上去旁听。如果有事要找正在谈话的人,应站在一旁稍等,让别人把话说完,在表示歉意后再讲话。

在有些特定场合、特定情景之下,我们可能不得不终止对方的谈话:如果是必须表达自己的立场的时候,可在对方说话告一段落或出现停顿时;如果是有别的事急待处理,则需说"对不起,这次我还得办点急事,下次谈行吗?"之类的话;如果对方态度过于强硬,甚至出言不逊时,亦可用"好了,谈话就到此为止"来中止谈话。

不善倾听,失去生意

乔·吉拉德向一位顾客推销汽车,交易过程十分顺利。当客户正要掏钱付款

第三章 言谈交际

时,另一位推销员跟吉拉德谈起昨天的篮球赛,吉拉德一边跟同伴津津有味地说笑,一边伸手去接顾客的付款,不料顾客突然掉头而走,连车也不买了。后来他才知道,原来客户在付款时,同他谈起了小儿子考上大学一事,可是他一点也没有听见,只顾跟同伴谈篮球赛。这件事让吉拉德明白,生意失败的根本原因是自己没有认真倾听顾客与自己谈论的事情。

【评析】

乔·吉拉德说:"世界上有两种力量非常伟大,其一是倾听,其二是微笑。你倾听对方越久,对方就越愿意接近你。上帝给我们两个耳朵一张嘴,就是要让我们多听少说。"这句名言也许正来自他自己的这次教训。

 解读

成功与人交往的秘密在哪里?斯迈尔斯说:一点秘密也没有……专心致志地听人讲话是最重要的,注意倾听是对谈话人的最好恭维。人们往往倾向于向倾听者打开心扉,因为人们渴望被关怀,而且真诚的倾听者也确实能做到这一点。所以当你在倾听他人谈话时,要像韦恩一样有耐心,要抱有一种开阔的心胸,当然还要表现你的真诚,这样,无论你走到哪里,都会大受欢迎。要记住,与你谈话的那个人,他对自己事情的感兴趣程度比对你的事情感兴趣超过百倍。你如果想成为受人欢迎的人,请记住这条准则:要善于注意倾听他人讲话并鼓励其讲话。做一个好的听众要专心倾听对方的每一句话,不要轻易打断对方,听话时要适时地给予评价,如一个表情、手势或是点头微笑,都表明你在设身处地专心致志地聆听对方。

追根究底惹人烦

在开往美国西部的一列火车上,发生了这样的一幕。一位男士与同行的一位旅客在聊天:"你从哪里来啊?"对方给了一个简洁的答复。"要到哪里去呢?"对方再次说出了一个地名。"请问你贵姓啊?"对方隐忍地道出了自己的名字。"看起来好像你是个单身汉吧?"对方冷冷地回答说:"不是。""哦,这么说你已经结婚

了。""不,我不是。""啊,那你"短暂的沉默之后,不知疲惫的追问者并没有意识到自己的自讨无趣,反而变本加厉地问道:"如果你既不是一个光棍,也不是一个已婚男子,那你到底是一个什么样的人呢?""如果你一定想知道的话",对方不耐烦地说道:"我可以告诉你,我是一个离婚的男人。"说完就走开了,再也没有回来。

【评析】

在这极其夸张的一幕里,无知男士一直在喋喋不休追问对方隐私的内容,不顾同行旅客的感受,最终导致对方愤愤而去。谈话时,对于对方不愿回答的问题不要继续追问或刨根问底,以免难为对方,若问到对方反感的问题要立即道歉。

 解读

人们谈话的目的不是为了愉悦自己,而是为了愉悦那些听他谈话的人,这就需要我们考虑谈话的内容是否值得他人倾听。因此在谈话中我们要时刻注意交谈对方的态度及神情反应,一旦对方出现了不耐烦或者不自然的神色,就应立即停止这个话题。你要知道那可能是对方不愿意谈及或不愿意让别人知道的隐私,若还死缠着那个话题追溯到底,只能引起对方的厌恶和反感。

语气生冷,怎会成功

在一次大型高校招聘会上,一个高大英俊的小伙子双手抱肩,衣袖捋到胳膊肘上,与一家乡镇企业局的公司经理交谈中。大学生问道:"你们局有大学生吗?"经理说:"有一些。""我想应聘经理助理,我是五年制大学毕业,知识面很广,学过×××课程,是搞软科学的……"。经理笑而不答,大学生尴尬地待了一会儿就悻悻走开了。

【评析】

语气生冷、咄咄逼人的语气会令人感到厌恶,是一种极具代表性的"伤害性语言"。这位大学生与人说话的体态和语气,都表明了他的高傲与无礼,是对这位乡镇企业局经理的歧视和不尊。孔子曰:博学于文,约之以礼。即便

你有再多的学识和能力,无礼傲慢的态度也不会让对方欣赏和接受你。

  与人交谈时除了随意插话、打断对方和追问对方、语气生冷这类失礼行为之外,我们还要切忌以下种种不良表现:
  一忌说话东拉西扯,漫无边际,使人不得要领。跟人交谈切勿主题过多或飘浮不定,会让人摸不着头绪,不知该怎样插话搭话。而不注意语言的条理性,语无伦次,也会让人疑惑不解,最后失去与你交谈的兴趣。
  二忌信口开河,不懂装懂,表现轻浮狂妄。谈话时,要注意自己的语气和态度,切勿自我吹嘘、目中无人或不懂装懂、班门弄斧。不论任何时候,谦虚总是必要的。
  三忌居高临下,装腔作势,表现傲慢自大。跟人讲话尽量少用"我认为"这个词,更要避免尖酸刻薄、挑衅的口吻或语气。应当先向对方请教,然后自己再说。
  四忌口若悬河,一人独白,不给对方说话机会。交际言谈是一种双向交流,而不是一人独白,所以切忌滔滔不绝,忽视对方的反应。交谈主要是在两个人之间进行的,为了礼貌,任何人都不可能也不应该"想怎么说就怎么说",说话人必须顾及对方的情感和因自己的谈吐而激起的对方的反应。有时因为情绪差异太大、修养背景不一、处事标准有异、思维水平不等的原因,说话者所表达的文字虽然被听话者全部接受了,但谈话者实际表达的思想却很难全面准确地被听话者所理解,甚至有可能你所讲的和他所听的大相径庭或完全相反。因此,这就要求我们在交谈中必须谦虚一点、谨慎一点,防止"祸从口出",无意伤人。交谈的过程,只有把它看做既是自己说话表达的过程,又是自己倾听理解的过程,才可能是懂礼貌、有修养的。在一般的交谈活动中,听往往比说更重要。我们要牢记"停、看、听"的原则,多听少说,如果我们能在别人需要用语言表达、宣泄思想情感的时候,能自我克制一下,就能有效地满足别人的自我表现欲求;一旦我们把这种表现机会给予了对方,对方会因此宣泄而使自己的心理压力得到一定的缓解与解脱,反过来会更加自觉地尊重和感谢我们。因此交谈中要多给对方发表意见的机会，做个善于倾听的忠实听众更能赢得对方的好感和信任。

五忌听人讲话，左顾右盼，东张西望，注意力分散。"问起对，视勿移"，当跟人讲话的时候，我们不能害羞而低头或眼睛看别的地方。若眼睛看地，或左顾右盼，或死盯住对方某一部位，显然极不礼貌，还可能弄得对方惶恐不安，哪还有什么兴致交谈。因此倾听对方说话时，神态要专注，目视对方，并且对谈话内容积极地作出反应。注意力不集中或者不注视对方，甚至做小动作都是非常失礼、令人困窘的行为。当然，也不能长时间盯着对方或审视对方，让对方感到不舒服。

六忌对待他人话题漫不经心、表情冷漠。听对方谈话要通过眼神、表情、语言等反应给以反馈，心不在焉或表情呆滞都是不礼貌的。当对他人所谈之事不感兴趣或反感时，要委婉表示或坦诚相告，不能直接反对或立刻走开，以免使人难堪、下不了台。比如，若有人在你面前对某人、某一组织或某一民族发表侮辱性的贬义评论，你可以简单地表示："咱们不谈这个问题，好吗？"然后转换话题。

七忌先人为主，匆忙结论，不让别人把话说完。当你还没有听完对方的谈话，不要轻易做归纳、下结论。即便对于对方所谈之事有相反意见，或对他人所提问题有较深刻见解，也要等对方把话说完，并在慎重三思后再说。谦虚谨慎、三思后言还可以为我们自己提供机会，它可以使我们显得更成熟，更稳重，减少在交谈中的错误。切忌不要随便下断言、匆忙下结论，以免冒失出错、贻笑大方。

八忌公共场合高声谈论，手舞足蹈，旁若无人。跟人在公共场合交谈时，声音大小要适度，切忌旁若无人地高声谈笑，或者我行我素地高谈阔论，以免影响他人的谈话和思考。

九忌谈话啰嗦，重复不止。即使再有趣的事情也经不住重复，所以说过的事情就不要再次提及。对于爱重复叙述的人也应该委婉、坦率地阻止他旧话重提。比如，使用感兴趣的语气打断他的重复："哦，你已经向我提过那件事，它倒是蛮有意思的。"

十忌男士参与女士之间的"闺房"谈话。男士不要随意参加女士圈内的谈话，也不要与个别女性长谈不休，以免有损绅士的稳重形象，引起他人的反感。

第二节　交谈艺术

不会说话，惹尴尬

主人有一天请客,早早备好了酒菜。三位客人来了两位,还有一位左等右等也不来。主人一着急,说了一句:"该来的还不来。"他说这句话的原意是:"怎么搞的,是时候了,怎么还不来呢?"可是这句话引起其中一位客人的不悦:"莫不是我不该来?"于是起身告辞:"对不起,我还有点事,失陪了。"主人送走这位客人后回来叹息道:"哎！这是怎么搞的,不该走的倒走了。"他的本意是"哎,我是诚心诚意请他来吃饭,他不该没吃饭就走啊！"哪知,剩下的这位客人听了心里很不是滋味:"莫不是我该走吗!"于是愤怒地说:"我该走了！"便拂袖而去。

【评析】

尽管我们要少说话而多干事,可如今的社会里哪里行得通、吃得开？所以有俚语讲:"会想不如会干,会干不如会说"。这个故事再次说明,不会说话确实不行呀。主人不能用恰当的言辞表达自己的想法,结果气走所有客人,如此尴尬,所以还是要学会说话。

自古就有对于能言善辩的表述:文学家能把一句话说成一百句,这叫文采飞扬;出家人却能将一百句话说成一句,这叫不泄天机;政治家会把十句话压缩成一句话,这叫工于心计;教授却能将一句话扩展成十句话,这叫学问深厚;律师出庭有一句话就说一句话而不多言,这叫严谨慎重;外交官回答问题时总喜欢说一句话再留一句不说,这叫留有余地;情人相见,有一句话能挤出一万句来说,这叫温柔缠绵;朋友见面,有一句话也能说上十句话来,这叫情深谊重……有的人说话喜欢直截了当,有的人说话喜欢拐弯抹角,有的人说话吞吞吐吐,有的人说话虚

虚实实,有的人说话盛气凌人,有的人说话低三下四……有的人话一出口令人心悦诚服、大受欢迎,有的人话一出口令人心生失望而嘘声一片。这就说明,有的人会说话,有的人却不会说话。会说话之人说话,让人百听不厌、受益匪浅,句句透出人生睿智,闪烁着思想光芒,哪怕到最后证明说错了、说过了,当时都会让人感觉舒心而有理。不会说话之人说话,让人一听即厌,匆忙躲闪,时时让人难以接受,处处感觉生冷倔强,纵然结果也应验了他没说错、有道理,但当时却会让人不愿接受,甚至有种被忽悠或下不来台的感觉。

美国前国务卿鲍威尔在接受记者采访时曾总结自己成功的秘诀:急事慢慢地说,大事想清楚再说,小事幽默地说,没把握的事小心地说,做不到的事不乱说,伤害人的事坚决不说,没发生的事不要胡说,别人的事谨慎地说,自己的事怎么想就怎么说,现在的事做了再说,未来的事未来再说。这些均是对讲究说话技巧和艺术的表述。

百日宴祝语

古时,有三个人同去赴朋友给儿子举办的"百日宴"。他们来到朋友家,看到刚过百天的孩子,一个恭贺道:"这孩子天庭饱满,以后定能当大官",朋友大喜。第二个恭祝道:"这孩子印堂发亮,以后定能发大财",朋友亦大喜。接着,最后一个人也上前一步说道:"这孩子长大以后命大,将会慢慢的老死而不是病死呀",结果众人大怒,他不但没喝上喜酒,反倒赔上两颗门牙。

【评析】

其实细想,最后这个人的话是最实在的,可为何却挨打?!这说明:说话要讲究技巧和分寸,需要有智慧甚至幽默,需要揣摩和度量听话人的心理感受。否则,轻则会让彼此尴尬、气氛紧张,重则便会"吃不完兜着走",吃尽苦头。所以要时刻记住"话有三说,巧说为上",注重交谈的艺术。

一、善于投其所好

皇帝解梦

曾经有个皇帝梦见自己所有的牙齿都掉了,他吓出了一身冷汗,立刻召来一个

第三章 言谈交际

解梦家,问他这个梦是不是暗含着什么意义或者预示着将来。解梦家说道,每一个掉落的牙齿,都代表着您的一个亲人的死亡!皇帝愤怒地对着他大喊,你竟敢对我说这种不吉利的话,给我滚出去!并责令给这个家伙五十大板。不久,另一个解梦家被传召来了,他听完皇帝讲述的梦境后说道:皇帝,我很荣幸能为您解梦,您真是洪福齐天!您将活得比所有亲人都要长久!皇帝听后,立即眉开眼笑,他说:你的解梦之术实在是高明啊!然后,又安排侍从盛情款待他,临走时还赏赐给他50个金币。

【评析】

俗话说:"一样话,十样说","一句话让人笑,一句话让人跳"。交谈中,同样一句话由于语气、面部表情、表达方式的不同而出现不同的含义,产生不同的交际效果。因此,交谈的成功与否不仅取决于交谈的内容,还取决于交谈的方式、方法,以及表达的技巧和艺术。如这个故事,同样一个梦,同样的寓意,第二个人由于能够摸透皇帝的心思,能将同一个梦境解释得让皇帝眉开眼笑,善于投其所好,迎合对方的心理需要。

见人减岁,让人悦

我跟刘健到一家公司推销产品,在门口就让看门的老先生给拦住了。刘健不急不躁,笑着跟那老爷子聊天:"您老高寿?今年有六十了吧?"嗨,我心里想:"什么眼神儿啊,这人怎么看也快七十了吧。"可是刘健仍然笑眯眯地说着。不过只见那老头儿呵呵一笑:"早过六十了,今年都六十九了。""哟,还真看不出来,瞧您这身板,这精神头儿,一点儿都不显老。哎呀我到了您这岁数,肯定难有您这么好的身体……"这几句话一说,老爷子满脸都乐开了花,又闲扯一会儿,便挥手让我们进去,还偷偷告诉我们,公司里的事张秘书就能做主,只要她点头了,经理一准儿会同意,我们连连点头道谢。我禁不住用崇拜的眼光看看刘健,他得意地说:"我们做营销的必须让人家喜欢我们,这里面有一个秘诀就是见人减岁,最好是减去十岁。"

【评析】

能说会道在人际交往中有很大作用,什么叫做会说,不是你要能言善辩,而是要说到对方心里去,让对方感觉到你了解他的心理需要,这就叫做迎合对方、投其所好。

 解读

"遇物加钱"与"逢人减岁"是言语交际中针对人们的普遍心理而采用的两种投其所好、讨人喜欢的说话技巧。

第一,加法——遇物加钱。买东西是我们这些凡夫俗子再平常不过的一种日常生活行为。在我们的心中,能用"廉价"购得"美物",是善于购物者所具有的品格,是精明人的一种象征。虽然我们不会也不可能都是善于购物者,但我们还是希望我们的购物能力能得到别人的认可。因此,当我们买了一件物品之后,如果自己花了 50 元、别人认为只需 30 元时,我们就会有一种失落感,觉得自己不会买东西。但当我们花了 30 元、别人认为需要 50 元时,我们则有一种兴奋感。正是这种购物心态的存在,"遇物加钱"这种说话技巧也就有了用武之地。遇物加钱是指在品评别人所购物品时,对其价格故意高估,从而使对方高兴,求得更好的心理相容。比如,甲买了一套样式挺不错的西服,乙知道市场行情,这种衣服两三百元完全可以买下。于是乙在品评时说:"这套西服不错,恐怕得四五百元吧?"甲一听笑了,高兴地说:"老兄说错了,我 220 元就买下啦!"这里乙的说法就很有技巧性,在他不知道甲花了多少钱买下这套衣服的情况下故意说高衣服的价格,使对方产生成就感,当然也就使得对方高兴。遇物加钱法很能讨得对方欢心,操作起来也很简单:对其价格高估就行了。当然"价格高估"也需注意,一要对物价心里有底,二不能过分高估,否则就收不到良好效果。

第二,减法——逢人减岁。芸芸众生,诸色人等,都不过是大千世界的匆匆过客。然而谁都希望自己永远年轻,不愿过早老去,因此成年人对自己的年龄非常敏感。如一位三十出头的小伙子被看做中年人,他能自在吗?由于成年人普遍存在这种怕老心理,所以"逢人减岁"就成了讨人喜欢的说话技巧了。这种技巧特征在于把对方的年龄尽量往小处说,从而使对方觉得自己显得年轻、保养有方,产生一种心理上的满足。比如一个三十多岁的人你说他看上去只有二十多岁,一个六十多岁的人你说他看上去只有四五十岁,这种"美丽的错误",对方是不会认为你缺乏眼力,对你反感的,相反,他会对你产生好感,形成心理相容。"逢人减岁"这种方法只适用于成年人(特别是中老年人),相反,对于幼儿、少年,用"逢人添岁"(年龄往大处说)

第三章 言谈交际

的方法效果较好,因为他们有一种渴望成年的心理。

上面我们所说的言语加减法:遇物加钱,逢人减岁,说穿了就是一种投其所好。但是只要我们的目的光明正大,这种投其所好,于自己、于对方、于社会都会无害,相反能给对方、给社会带来欢乐,至多只能说它们是"美丽的错误""无害的阴谋",我们何乐而不为呢?

二、善于机智幽默

幽默机智,掷地有声

有一次,周总理在日内瓦参加国际会议时,一个美国记者伸出手来主动和周恩来握手,周总理出于礼节没有拒绝。但没有想到,这个记者刚握完手,忽然大声说:"我怎么跟中国的好战者握手呢?真不该!真不该!"然后拿出手帕不停地擦自己刚和周恩来总理握过的那只手,然后把手帕塞进裤兜。这时很多人都在围观,看周总理如何处理。周恩来略略皱了一下眉头,他从自己的口袋里也拿出手帕,随意地在手上扫了几下,然后走到拐角处,把这个手帕扔进了痰盂。他说:"这个手帕再也洗不干净了!"

【评析】

幽默是一种智慧,幽默风趣的言谈能够显示一个人的才智,巧妙解决棘手问题。培根曾说:"善于谈者必善幽默"。幽默是智慧与灵感的结晶,是人际交往不可缺少的润滑剂。社交言谈中加入幽默的艺术,可以使交谈锦上添花、魅力无限。从幽默的功效来说,其形式有多种,既有愉悦式幽默、哲理式幽默,还有解嘲式幽默、讥讽式幽默。为了达到幽默的礼仪效果,对同志朋友宜多用愉悦式幽默和哲理性幽默;对待自我、对待友人也可以根据情况适当运用解嘲式幽默;对待敌人、恶人则要用讽刺性幽默,以便在用幽默讥讽、鞭挞对方的同时,给周围的同事、朋友以愉快。

幽默机智,顺水推舟

朝鲜战争刚刚结束后不久,周恩来总理主持中外记者招待会,桌子上放了一支派克笔。一个美国记者问道:"总理先生,贵国是一个泱泱大国,为什么还要用我们美国生产的笔呢?"总理微微一笑,拿起桌上的笔说:"说到这支笔,就要提到朝鲜战争。这是在战场上缴获的战利品,一个朋友送我的。因为是战利品,我就收下了。"

【评析】

与人交谈时,若遇某些难以回答的问题,可以使用机智幽默的言谈巧妙化解,以免尴尬。周总理面对刁难和歧视侮辱,采用幽默、机智的方式,不仅回答巧妙,而且柔中带刚,挫败了对方的阴谋。

胡乱幽默,教训深刻

一位年轻人到一家公司应聘,公司办公室负责人问:"你怎么知道我们这里正好有空缺的职位啊!"年轻人想把气氛调节得轻松些,就故作神秘的说:"昨晚,我在梦里听到有人对我说的。"说完自己先笑起来,结果他没有被录用。

【评析】

幽默是一种语言的智慧,可以拉进彼此间的距离,缓和紧张,融洽交际气氛。但幽默既不是毫无意义的插科打诨,也不是没有分寸的卖关子、耍嘴皮。幽默要在入情入理之中,引人发笑,给人启迪,这就需要一定的素质和修养。另外,幽默的使用也要具体情况具体分析,尤其是在正式的场合,对于长辈、女性、初次相识的人,幽默一定要慎用。同时,幽默要注意"度",一旦过了头,就可能被对方误解为取笑与讥讽,那就是无礼了。

三、善于欣赏赞美

由衷赞美,拉近距离

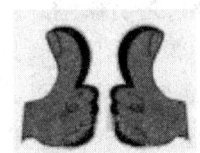

艾克到邮局去寄信,排队的人很多。他在排队等候时发现,柜台内的女职员工作态度很冷漠,心情看起来也不太好,且极不耐烦。艾克心想,其实这也是可以理解的,年复一年像个机器人般卖邮票、开收据、称信件、找零钱,难免会心生厌倦。他想,我一定要赞美她,让她高兴起来。艾克观察了片刻,发现这个职员有一双漂亮的眼睛。于是,当轮到他寄信时,就立刻真诚而友善地说:"您的眼睛真漂亮,我真希望我的女儿也能拥有和你一样漂亮的眼睛,特别迷人。"邮局职员诧异地看了艾克一眼,但马上露出笑容:"哪里,哪里,和以前相比已经差远了!"接着,职员非常愉快地为艾克寄了信。她最后还说道:"很多人都称赞过我的眼睛。"看起来她心情愉快了许多,对后面顾客的态度也和善起来。

【评析】

著名心理学家威廉·詹姆士认为:"人类本质中最殷切的需求,是渴望被肯

第三章 言谈交际

定。"无论是国家元首还是普通百姓,无论是白发老人还是幼小顽童,人人都渴望被肯定、被接受和赞美。在与人交往中,适当地恭维与赞美可令对方无限喜悦。有人说:恭维是谈话的润滑剂,这话十分传神、贴切。因此我们在人际交往中,当发现对方在外貌、气质、体能、工作、学习、作风、爱好等方面的长处或优点时,就应当将自己欣赏、钦佩、羡慕的感受表达出来,不要吝啬你的赞美。艾克正是把握住了适时真诚地赞美这一点,才感化了那位职员,改变了她的心情和服务态度。

每个人都喜欢听赞美之词,它是照在人们心上的一束灿烂的阳光,它能带给你情感的温馨,能带给你生活的自信,还能带给你前进的动力。在你穿新衣服时,别人说"这衣服穿在你身上真漂亮!"你会因此更喜欢穿这件衣服。在你理完发后,别人说"这发型真好看!在哪儿理的?"你会因此而经常光顾那家理发店。在你打篮球时,别人说"你篮球打得真帅!"你会因此而特别钟爱这项运动。赞美包含着欣赏、鼓励、理解和尊重。父母的赞美,能让儿女更加健康自信;老师的赞美,能让学生更加勤奋努力;朋友的赞美,能让友情更加深厚坚固;陌生人的赞美,能给你带来一张张笑脸和融洽和谐的人际关系。所谓"士为知己者死,女为悦己者容",就是对赞美力量最直观的描述。由衷地给身边的人多一点赞美吧!他们脸上绽放的笑容会比任何一朵花儿更加鲜艳迷人,它的芳香也会带给你无限的快乐。

不过,恰当适宜地赞美他人还需把握一定的艺术和规则,否则也会弄巧成拙、适得其反。

一是赞美要真诚。真诚是赞美最根本的要点。赞美要实事求是,切忌虚情假意,乱给别人"戴高帽子"。梁实秋先生曾经说:"你不实的夸奖和赞美,只会起到反作用。因为阿谀奉承等于伪币行贿,而真诚赞美才是无本的投资。"真诚且恰到好处的赞美才可以打动对方的心。若是毫无诚意地胡乱赞美,只会令人尴尬和反感,而胡乱瞎吹滥捧更会伤害对方自尊心。

二是赞美要有分寸。赞美别人在切合实际的情况下小小的夸张一些不妨,若是天花乱坠,硬要将一个花甲老人说成"矫健青年",或者将一个工作平平者说成"业绩杰出",所产生的只能是反效果。因此,赞美要适可而止,恰到好处,多用滥用只会令其流于形式、流于虚伪。

三是赞美要明确、具体。赞美既要简洁明了,又能具体有物,将赞美内容量化、具体化,不能空泛、含混或模棱两可。

四是赞美要因人而异。针对不同性别、不同年龄、不同职业的人,赞美要有所区别,不能"一视同仁,千篇一律"。

五是赞美要因时、因地而异。赞美要选准时机,注意场合。赞美他人不能毫无根据地任意盲行,遇到他人动辄就夸未必奏效。在别人取得进步、获得成就或者"改头换面、修饰一新"的时刻,及时献上你的赞美肯定有效。另外,即便是我们与他人平日接触中的随机赞美,也要注意在场人数的多寡,选择恰当的赞美话语。当被赞美者单独在场时,不管哪方面的赞美之词,都不会引起对方的不自在。但如果有许多人在场,你的赞美就要注意分寸,否则会引起他人的反感。比如:面对几个女士而夸奖其中一人漂亮,不仅会让那位女士不自在,而且还会被误认为是有意贬低其他几位;在众人群集的场合称道领导精明能干,也会被别人说成是溜须拍马、阿谀奉承。

四、善于委婉拒绝

不会拒绝,惹尴尬

王先生是位性格直率但不多说话的人。每当别人邀请他参加某种活动或是聚餐时,他的回答总是:"让我看看我的行程吧——没问题,可以"。或是简单的一句话,"对不起,我没空"。当别人提出建议时,他也是干脆的一句"这不行,我已经想好了。"而当别人请求他帮忙时,有时就爽快地答应,有时却也很无情地回绝:"对不起,这个忙我帮不了。"总之,他从不多说话,更不会委婉含蓄地表达自己。了解他的朋友不以为过,但不太熟悉的人却往往觉得难堪之极,几乎没有勇气和他聊下去。

【评析】

性格直率、不拖泥带水是交谈的良好方式,但有时说话过于直接可能会伤害别人的自尊心,所以提议或是批评、拒绝时要学会采用委婉含蓄的方式。

第三章　言谈交际

 解读

　　委婉含蓄的语言就是运用迂回曲折、间接婉转的技巧来表达自己想法或意见的言谈技巧。这种表达艺术不仅有助于显示自己高雅的修养与风度，也有助于使他人在接受不同意见的同时仍感到是受尊重的，故能从理智上、情感上接受自己的看法、意见或批评。日常生活中人们之间的许多冲突往往来自不得体的拒绝，主要表现在拒绝的语言太没有"人情味"，太不给对方情面。这种粗心的拒绝可能会伤害对方的自尊心，导致交谈失败、关系破裂。事实上，拒绝是一项高难度的艺术，只有深刻理解拒绝的作用，掌握恰当的技巧，才能合乎拒绝的礼仪。例如，对于对方的过分要求，可以用提问拒绝法："请您是否再考虑一下，怎样的条件使我们双方都能接受。您看如何？"对于过去曾帮助过你，但现在与你纠缠不休的人，你可以运用借口拒绝法："这件事情我回去再跟老总商量一下，好吗？"当对方的意见有一定的合理性，但现在还不能接受对方的全部条件时，你可以用赞赏式拒绝法："你的想法很有创意，如果条件允许的话我会考虑采纳的。"当面对自尊心强或者爱挑别人毛病的人时，可以用预言拒绝法。举工作中的一个例子：有的上司对下级递审的报告、计划等材料总喜欢提出自己的意见，以显示自己的高明，但这种高明有时把"精华"尽去。此时，不妨采用预言拒绝法对上司说："我的报告肯定有不少需要修改的地方，尤其是第三部分中的一些建议和看法，希望您能重点修改一下。"实际上，他最担心的是这位上司对第三部分"动手术"。当时，这位上司可能只是淡淡地说一句："先放在这里吧。"几天后，报告返还，下级一看，第三部分一字未动。其原因就在于，人们都想看透别人，但又都怕被别人看透。当被别人看透时，就会用矫饰的行为来证明别人的看法不对，证明自己自由意志的存在。当下级预言上司将修改第三部分时，上司的理智和潜意识都在提醒自己，不能让别人牵着鼻子，于是审阅中只要第三部分还过得去就不愿再去动笔了，而这也正是送报告的职员所渴望的。

五、善于含蓄批评

学会批评,事半功倍

约翰·柯立芝发现,他的女秘书虽然长得非常漂亮,但工作经常出错。一天早晨,当这位女秘书穿着漂亮的衣服走进办公室时,柯立芝对女秘书说:"今天你穿的衣服真漂亮,适合你这样年轻漂亮的小姐。"女秘书听了喜形于色。柯立芝接着说:"我相信你处理的公文也能和你一样漂亮。"从那天起,女秘书处理公文时很少再出错。一位朋友知道了这件事,好奇地问柯立芝:"这个方法很妙,你是怎样想出来的?"柯立芝回答道:"这很简单,你看过理发师给人刮胡子吗?他要先给人的脸上涂肥皂水。这是为什么呢?就是为了刮起来使人不疼。"

【评析】

这个故事对我们如何含蓄地给他人提出建议和批评具有很好的启发意义。在人际交往中,面对着他人的过失或不足,一方面我们必须明确地表达自己的意见、建议、批评和不满,另一方面又必须注意协调好与交往者之间的关系。这就要求我们具备良好的人际关系技能和语言表达技巧。当面对他人的错误时,首先要冷静,先用比较温和的态度肯定对方的努力和优点,然后再坦陈地表达自己的想法。要体谅和照顾别人的感觉,了解对方的态度和动机,使其在脉脉温情中发现自己的错误,接受我们的观点。这就是所谓的"肥皂水"效应,它可以把给对方造成的可能伤害降到最低。在管理学上,这也被称为"三明治法",即将对他人的批评夹裹在前后肯定的话语之中,减少批评的负面效应,使被批评者愉快接受对自己的批评和建议。需要注意的是:"涂肥皂水"并不是要我们无原则地忍气吞声,回避矛盾和冲突,而是为了提高批评效果。这种批评的艺术讲求沟通效果的"坦陈",坦陈的沟通方式是柔中带刚,既要保持平静的情绪,又要明确表达和坚持自己的观点。它要在平和中给人以震撼,在友善中给人以启示,在温情中促人思考,在真诚中施以激励。

在批评心理学中,人们把批评的内容夹在两个表扬之中从而使受批评者愉快地接受批评的现象,称之为三明治效应。这种现象就如三明治,第一层总是认同、赏识、肯定、关爱对方的优点或积极面,中间这一层夹着建议、批评或

第三章 言谈交际

不同观点,第三层总是鼓励、希望、信任、支持和帮助,使之后味无穷。这种批评法不仅不会挫伤受批评者的自尊心和积极性,而且还会积极地接受批评,并改正自己的不足方面。如批评某人迟到旷课,常见的方式是:"你怎么老是这样,你什么意思呀?看来我不记你还不行了。"若使用"三明治"法则应是"你一向表现都不错,最近怎么啦,老是迟到?(听他解释)拜托以后别让我太难做了,好不好?(微笑、鼓励、信任的眼神,拍拍对方的肩膀,多帮帮忙)如果有什么困难,请尽管向我提出来,我一定尽力帮你。"这种方式尽量用表扬或鼓励结束你的批评。就像吃药,目的都是为了治好病,但为了让病人更容易吃下去,药的外面常常先裹上一层糖衣。

  运用三明治式的批评之所以能产生如此大的效应,主要原因有如下几点:一是三明治法的去防卫心理作用。在批评之前,先说些亲切关怀、赞美之类的话,就可以制造友好的沟通氛围,并可以让对方平静下来进行交往、对话。如果一开始就是直接的批评,语气又十分严厉,那么,对方就会产生一种自然的反射状的防御反应以保护自我。一旦产生了这种防卫心态,那就很难再听得进批评意见了。哪怕批评是很对的,都将徒劳。可见,三明治的第一层就起到了去防卫心态的作用,使受批评者乐于接近批评者。二是三明治法的去后顾之忧作用。许多破坏性的批评总是一而再、再而三地进行批评,批评结束时还让人心有余悸,让人感到是在受批评还是受罚搞不清楚,因此,总会有后顾之忧。而三明治法的最后一层就起到了去后顾之忧的作用,它常常给予挨批评者鼓励、希望、信任、支持、帮助,使受批评者振作精神,重新再来,不再陷于泥潭之中。三是三明治法给受批评者以面子。批评不是目的,只是手段,批评的目的在于改善行为。因此,如何批评就特别讲究。三明治式的批评,既指出了问题,同时也易于让人接受,而且不留下后遗症。这主要归功于这种批评不伤人的感情、不损坏人的自尊心,能激发人向善的良心,使人的积极性始终维持在良好的行为上。例如批评某人上班迟到,三明治式的批评会如此进行:你一向表现不错,最近是否身体不佳?要不然你是不会迟到的。迟到按单位规定要给你一点惩罚,你说对不?身体不好的话要早点去看的,如果家里有事,你可以跟我打个招呼,我们大家都可以帮助你。小伙子,好好干吧!而破坏性的批评就会从头到尾都是火药味,同样是上班迟到,这种破坏性的批评就会如此进行批评:臭小子,你看看现在是几点了,就你迟到,你要不要岗位了,请你给我记住,以后别再给我碰着,要不然,你就别再来上班了!臭小子!这样的批评怎能不使对方大失面子呢!

 解读

人非圣贤,谁能无过。每个人的一生中都难免会犯下这样或那样的错误。谈话同做人一样,谁都不可能洋洋万言、行云流水而毫无差错。

在社交场合,当你发现对方言语有误时首先要看当时在场各位的反应,如果大家都没有听出"问题"而谈话者又谈兴正浓,那么你千万不要急于纠正,可以等谈话结束后,再悄悄地指出对方的错误。如果每个人都发现了"问题"却无人敢于纠正,那你可以写一张小纸条传给谈话者,将他的错误写出来告诉他,他自然会懂得如何"自我纠正"。如果谈话时只有你与对方两个人,而你们又不是很熟悉,你当然不便直接纠正他的错误。这时,你可以使用"重复纠错法",即有意识地重复他说错的部分,在重复时当然是用正确的发音或措辞,这样,他自然会心照不宣地接受你的"正确信号",从而改正错误。如果是亲朋好友说错了话,你可以当即委婉地指出,不采用旁敲侧击的方法。当指正别人的错误或提出不同的看法时,不妨采用"先肯定再否定"的方式委婉表达,如"你刚才说的展览方案很新颖,但是那里的条件可能不太适合"。总之,在纠正别人的错误时,切忌采用说教和命令式的口气,温和委婉的态度才是纠正别人错误的"最有效武器"。

思考与练习

1. 铁嘴钢牙的船长

我国从国外一批买了四条船。保修期内,发现冷藏舱上有缺陷,容易浸湿货物。外国船厂的总经理要赖,不予修理,因为一条船返修要花20多万美元。在这种情况下,想说服那位总经理是不容易的。船长贝汉廷经过仔细的分析,找出了那位总经理的思想特征和当时的心情、处境——担心损失这笔修理费。于是,贝汉廷针对他一心只想赚钱的想法,对那位总经理说:"我们知道四条船索赔,贵厂的损失是很大的。但是,如果不修好的话,那几条船在全世界航行,等于给你们做活广告,那么,你们的损失不就更大了吗?"那位总经理听后先摇头,后点头,最后不得不同意了,他赞叹贝汉廷是第一流的头脑,外加一副铁嘴钢牙。

请问:船长的"铁嘴钢牙"采用了怎样的交谈艺术和技巧?

2. 机智答记者

美国原总统罗斯福在当海军军官时,一天有位好友向他问及有关新建海军潜艇基地的情况。罗斯福不好正面拒绝,就问他:"朋友,你能保守秘密吗?"那人回答:"当然能。"罗斯福笑着说:"那么,我也能。"

请问:罗斯福是通过怎样的方式回答棘手问题的?

3. 幽默的益处

马克·吐温有一次到某地旅店投宿,别人事前告知他此地蚊子特别厉害。他在服务台登记房间时,一只蚊子正好飞来。马克·吐温对服务员说:"早听说贵地蚊子十分聪明,果如其然,它竟会预先来看我登记的房间号码,以便晚上对号光临,饱餐一顿。"服务员听后不禁大笑。结果那一夜马克·吐温睡得很好,因为服务员也记住了房间号码,提前进房做好灭蚊防蚊的工作。

请问:马克·吐温先生为何能享受到如此特殊的服务?

第四章
餐饮应酬

ZHONG WAI LI YI
GU SHI YU
AN LI SHANG XI

【学习要点与要求】

1. 结合案例了解并把握餐桌基本礼仪、中西餐礼仪常规,学会文明礼貌地用餐。
2. 从案例中了解西餐餐具种类及其摆放,学会使用西餐餐具。
3. 通过学习案例掌握西餐菜序及其吃法,学会吃西餐。

俗话说:"民以食为天"。在人际交往中,不论是一般社会交往,还是公务交往,"食"总占有一席之地。人们在交往中不仅可以通过餐饮活动(如请客吃饭、朋友聚会、正式宴请客人、参加宴会等)来招待亲朋好友,加强往来联系,而且还可以将之作为社交活动的一种具体形式,以解决实际问题,展示个人的良好修养,表现对交往对象的敬重、友好和诚意。可以说,不同形式的餐饮活动是每个人在人际交往中必有的一项应酬或需要。这样一来,在餐饮活动中注重自己的表现、遵守餐饮礼仪也成为每个人自觉、自愿的行动,因为它直接涉及社交活动的成功与否。所谓餐饮礼仪,就是人们在餐饮活动中所要讲究的一些约定俗成的习惯做法和传统习俗,它们是人类饮食文化中的重要组成部分。现实生活中,人们不仅追求吃得舒服,还要追求吃得有风度、有意义,符合吃的行为规范,并通过吃来塑造个人风范与形象,以沟通感情、加强联系、解决问题。

第一节 餐桌礼仪

进食无礼,尽失形象[①]

一天傍晚,巴黎的一家餐馆来了一群中国人,老板安排了一位中国侍者为他们服务,交谈中得知他们是东北某县的一个考察团,今天刚到巴黎。随后侍者向他们介绍了一些法国菜,他们不问贵贱,主菜配菜一下子点了几十道,侍者担心他们吃不完,何况菜价不菲,但他们并不在乎。点完菜,他们开始四处拍照,竞相和服务小姐合影,甚至跑到门外一辆

[①] 资料来源:国英. 公共关系与现代商务礼仪案例. 机械工业出版社,2004年。

第四章 餐饮应酬

凯迪拉克汽车前面频频留影，还不停地大声说笑。用餐时杯盘刀叉的碰撞声乃至嘴巴咀嚼食物的声音始终不绝于耳，一会儿便搞得杯盘狼藉，桌子、地毯上到处是油渍和污秽。坐在附近的一位先生忍无可忍，向店方提出抗议，要他们马上停止喧闹，否则就要求换座位。

【评析】

为了让用餐人的进餐不受阻碍和破坏，得以顺利流畅地进行，每个人都应遵守餐桌礼仪，尤其在公共场合，"整齐、清洁和安静"是餐桌礼仪的基本规则。因此这些中国同胞在餐馆内外大声喧哗，用餐时杯盘刀叉碰撞、咀嚼食物发出声音、不注意用餐卫生等不良行为，都是不符合用餐礼仪要求的，也违背了公共道德和礼仪规范，更破坏了国际形象。

餐饮形象，令人欣赏

郭先生是某外贸公司的业务经理。一次他因工作需要，特意在本市最好的餐馆设宴招待来自英国的一位客商。有意思的是，一顿饭下来，令对方最为欣赏的不是郭先生为其准备的丰盛菜肴，而是郭先生在陪客人吃饭时细微的举止表现。因为临别时，那位英国客人说的一句话是："郭先生，您在吃饭时一点声响都没有，让我觉得您的确是有良好修养的人。"

【评析】

用餐虽不是严肃的公务活动，但吃饭时的细节形象同样涉及个人的修养与素质，乃至餐桌交往的成败，所以更要时刻注重个人的举止行为，做到轻松愉快但不懒散放纵。这位郭先生能够注重不出声响这样的进餐细节，是个注重餐饮礼仪的公务人士。

解读

餐桌进餐时的基本礼仪细节，具体来说要注意以下几点：

一是要有良好的坐相。要遵守入座离座礼仪，遵守尊卑次序，不抢座、不乱坐。入座后姿势端正，手肘不得靠桌缘或将手放在邻座椅背上，以免懒洋洋或贪婪地趴在餐桌上。脚踏在本人座位下，不可任意伸直，更不要把脚抬到座位上或在座位下乱动等等。

二是要有良好的吃相。用餐时须温文尔雅，从容安静，不能急躁，不能吃得过快或过慢。必须小口进食，不要大口地塞，食物未咽下不能再塞入口。吃进口的东西不能吐出来，如系滚烫的食物，可喝水或果汁冲凉。送食物入口时，两肘应向内靠，不能向两旁张开，碰及邻座。用餐的时候，不要吃得摇头摆脑、宽衣解带、满脸油汗、汁汤横流、响声大作，这样不但失态欠雅，而且还会败坏别人的食欲。取菜的时候，不要左顾右盼、翻来覆去，不要在公用的菜盘内挑挑拣拣，要是夹起来又放回去，就显得缺乏教养。取菜要注意相互礼让，依次而行，取用适量，不要好吃多吃、争来抢去，而不考虑别人。够不到的菜，可以请人帮助，不要起身甚至离座去取。在餐桌上不能只顾自己，也要关心别人，尤其要招呼两侧的女宾。吃饭时可以劝别人多用一些，或是品尝某道菜肴，但不要不由分说，擅自做主，主动为别人夹菜、添饭，这样做不但不卫生，而且还会让人勉为其难。

三是要有良好的举止。用餐时切忌用手指掏牙，应用牙签，并以手或手帕遮掩。用餐期间，不要敲敲打打、比比划划。用餐时避免在餐桌上咳嗽、清嗓子、擤鼻涕、吐痰、打喷嚏、嗝气，若需要应尽早去洗手间解决，万一忍不住，应说声"对不起"。用餐的时候，不要当众修饰，比如不要梳理头发、化妆补妆、宽衣解带、脱袜脱鞋等，若有必要可以去化妆间或洗手间。用餐的时候不要离开座位，四处走动，如果有事要离开，也要先和旁边的人打个招呼，可以说声"失陪了"、"我有事先行一步"等。

四是要有良好的谈姿。要遵守交谈礼仪，如吃饭时既不能只顾闷头吃饭抢菜而不跟别人交谈，也不能忘了吃饭，只顾口若悬河、手舞足蹈还唾沫星子满桌飞，让人饭菜难以下咽。要选择一些符合餐桌的轻松话题，不能乱讲而搅了大家的胃口。口内有食物，应避免说话，自己手上持刀叉，或他人在咀嚼食物时，均应避免跟人说话或敬酒，须放下餐具，不能碗筷、刀叉挥舞，不仅不雅更吓得让人咋舌。

五是要有良好的心态。这主要是指在餐桌上发生了什么意外，要做到不惊不扰，处事不惊。比如不小心餐具摔到地上了、饭菜滴到衣服上了或是看到不卫生的小菜虫等等，遇到此类事应当冷静地低声叫来服务员处理，不能打扰了其他客人。

第二节 中餐礼仪

一、餐具礼仪

吮筷还夹菜,客人真无奈

同事的父亲生病,小张拎着补品去探望。老人见到小张非常高兴,热情留他吃个便饭。吃饭时,老人不停地用自己的筷子给小张夹菜,一筷子接一筷子的,弄得小张应接不暇,碗里堆满了菜。但是小张发现,老人吃饭时特别爱用嘴吮筷子头,几乎每吃一口就吮一下,想到老人用自己的筷子给他夹菜,小张顿时不停地反胃,食欲皆无,但哑巴吃黄连——有苦说不出。

【评析】

中国人热情好客,喜欢在餐桌上给客人夹菜以尽地主之谊。但是要注意方式,并且要适时适度。这位老人正在生病,有吮吸筷子的不良习惯,还给客人夹菜实在不宜,更是不雅和不妥。正如莎士比亚所言"在宴席上最让人开胃的就是主人的礼节",这位主人如此失礼,弄得客人食欲皆无。

筷子是中餐中最主要的进餐用具,中国的筷子是十分讲究的,形成了一些礼仪上的忌讳:一忌敲筷。即在等待就餐时,不能坐在桌边,一手拿一根筷子随意敲打,或用筷子敲打碗盏或茶杯。二忌掷筷。在餐前发放筷子时,要把筷子一双双理顺,然后轻轻地放在每个人的餐桌前;距离较远时,可以请人递过去,不能随手掷在桌上。三忌叉筷。筷子不能一横一竖交叉摆放,不能一根是大头、一根是小头。筷子要摆放在碗的旁边,不能搁在碗上。四忌插筷。在用餐中途因故需暂时离开时,要把筷子轻轻搁在桌子上或餐碟边,不能插在饭碗里。这在民间是亲人去世祭祀送葬时才出现的情形,所以是民间用筷子最为忌讳的。五忌挥筷。在夹菜时,不能把筷子在菜盘里挥来挥去,上下乱翻,遇到别人也来夹菜时,要有意避让,谨防"筷子打架"。六忌舞筷。在说话时,不要把筷子当做刀具,在餐桌上乱舞。也不要在请别人用菜时,把筷子戳到别人面前,这样做是失礼的。七忌吮筷。不要在吃饭间不时地把筷子放进嘴里吮吸或舔舐,给人一种不卫生和猥琐的感觉,后再去夹菜,更让人难以忍受。八忌泪筷。就是夹带汤汁的菜时,不用餐碗接住,滴滴答答。民间认为这意味着有泪要流,即有不幸的事会发生。尽管是民间风俗,但总会给人不洁净的感觉,应当避讳。九忌截筷。就是夹菜时不会观察,当有人夹菜时要慢待一会儿,以免两双筷子碰在一起,显得很不礼貌。十忌碗筷。就是不要把筷子架在碗上,民间认为若冲向客人,那是奚落客人蹭饭;若是冲向主人,那是抱怨主人"招待不周"。十一忌签筷。就是不要把筷子当牙签,在嘴里戳来戳去,这种不雅的动作同样会给人一种猥琐、不洁的感觉。

二、席位礼仪

位次不适,气走演员

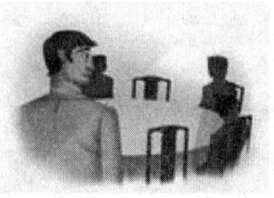

我国武汉与日本某市缔结友好,在某饭店举办大型中餐宴会,邀请本市最著名的演员助兴。这位演员到达后,费了很长时间才找到自己的位置。当她入座后发现,同桌的许多客人都是接送领导和客人的司机,演员自尊心受到了伤害,没有同任何人打招呼就悄悄离开了饭店。当时宴会的组织者并未觉察到这一点,直到宴会主持人拟邀请这位演员演唱时,才发现演员并不在现场。幸好主持人头脑灵活,临时改换其他节目,才算没有出现"冷场"。

【评析】

宴会餐饮礼仪中有一个重要的礼仪就是席位与座次的尊卑问题。中餐的席位排列,关系到来宾的身份和主人给予对方的礼遇,所以在宴会中按照宾客身份的尊卑高低来安排相应的位次是一项重要的内容。中餐位次尊卑的一般原则是:"面门

第四章 餐饮应酬

为上,右高左低,中座为尊,观景为佳,临墙为好",本着能体现尊者地位、进餐舒适的原则来安排席位尊卑。由于这次宴会上,组织者将专请的演员贵宾与一般的客人安排在一起就餐,使得演员未能享受到应有的礼遇,故一生气就走掉了。

中餐席位的排列,在不同情况下有一定的差异,可以分为桌次排列和位次排列两方面。

一是桌次排列。在中餐宴请活动中,往往采用圆桌布置菜肴、酒水。排列圆桌的尊卑次序有两种情况:第一种情况是由两桌组成的小型宴请。这时又可以分为两桌横排和两桌竖排的形式。当两桌横排时,桌次是以右为尊,以左为卑。这里所说的右和左,是由面对正门的位置来确定的。当两桌竖排时,桌次讲究以远为上,以近为下。这里所讲的远近,是以距离正门的远近而言。第二种情况是由三桌或三桌以上的桌数所组成的宴请。在安排多桌宴请的桌次时,除了要注意"面门定位"、"以右为尊"、"以远为上"等规则外,还应兼顾其他各桌距离主桌的远近。通常,距离主桌越近,桌次越高;距离主桌越远、桌次越低。在安排桌次时,所用餐桌的大小、形状要基本一致。除主桌可以略大外,其他餐桌都不要过大或过小。为了确保在宴请时赴宴者及时、准确地找到自己所在的桌次,可以在请柬上注明对方所在的桌次、在宴会厅入口悬挂宴会桌次排列示意图、安排引位员引导来宾按桌就座,或者在每张餐桌上摆放桌次牌(用阿拉伯数字书写)。

二是位次排列。宴请时,每张餐桌上的具体位次也有主次尊卑的分别。若是圆桌,则正对大门的为主客,右手边依次为2,4,6……左手边依次为3,5,7……直至会合。若为八仙桌,如果有正对大门的座位,则正对大门一侧的右位为主客。如果不正对大门,面东的一侧右席为首席。然后首席的右手边 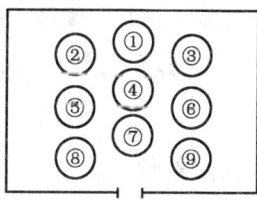 坐开去为2,4,6,8,左手边为3,5,7。如果为大宴,桌与桌间的排列讲究首席居前居中,右边依次2,4,6席,左边为3,5,7席,根据主客身份、地位、亲疏分坐。排列位次的基本方法有四条,它们往往会同时发挥作用:方法一,主人大都应面对正门而坐，并在主桌就座。方法二，举行多桌宴请时，每桌都要有一位主桌主人的代表在座，位置一般和主桌主人同向，有时也可以面向主桌主人。方法三，各桌位次的尊卑，应根据距离该桌主人的远近而定，以近为上，以远为下。方法四，各桌距离该桌主人相同的位次，讲究以右为尊，即以该桌主人面向为准，右为尊，左为卑。另外，每张餐桌上所安排的用餐人数应限在10人以内，最好是双数。人数如果过多，不仅不容易照顾，也可能坐不下。根据上面四个位次的排列方法，圆桌位次的具体排列，可以分为两种具体情况，它们都是和主位有关。第一种情况，每桌一个主位的排列方法。特点是每桌只有一名主人，主宾在右首就座，每桌只有一个谈话中心。第二种情况，每桌两个主位的排列方法。特点是主人夫妇在同一桌就座，以男主人为第一主人，女主人为第二主人，主宾和主宾夫人分别在男女主人右侧就座，每桌从而客观上形成了两个谈话中心。如果主宾身份高于主人，为表示尊重，也可以安排在主人位子上坐，而请主人坐在主宾的位子上。为了便于来宾准确无误地在自己位次上就座，除招待人员和主人要及时加以引导指示外，应在每位来宾所属座次正前方的桌面上，事先放置醒目的个人姓名座位卡。举行涉外宴请时，座位卡应以中、英文两种文字书写。我国的惯例是，中文在上，英文在下。必要时，座位卡的两面都书写用餐者的姓名。

排列便餐的席位时，如果需要进行桌次的排列可以参照宴请时桌次的排列进行。位次的排列可以遵循上述的原则。如两人一同并排就座，通常以右为上座、以左为下座，这是因为中餐上菜时多以顺时针方向为上菜方向，居右坐的因此要比居左坐的优先受到照顾。中座为尊原则，三人一同就坐用餐，坐在中间的人在位次上高于两侧的人。面门为上原则，用餐的时候，按照礼仪惯例，面对正门者是上座，背对正门者是下座。特殊原则，高档餐厅里，室内外往往有优美的景致或高雅的演出，供用餐者欣赏，这时候，观赏角度最好的座位是上座。在某些中低档餐馆用餐时，通常以靠墙的位置为上座，靠过道的位置为下座。

三、饮酒礼仪

不雅劝酒，让人恐怖

某公司的业务员小陈有一次去北方的一个城市出差，事情谈完后，对方在城内一家有名的餐厅请小陈吃饭。小陈一进餐厅，主人便殷勤地将他带到"上座"坐

第四章 餐饮应酬

保守的主人认为将客人安排在"上座"是他义不容辞的最大礼貌与义务。然而时值炎热的夏季,此"上座"是离冷气最远的座位,小陈为了满足主人招待周到的愿望,不得不坐在"上座"忍受着高温的煎熬,虽难受也不好说。很快酒菜上来了,这里的人招呼客人有劝酒的习惯,像北方很多地方一样,只要主人敬酒,你就不能不接受,不管客人的酒量如何,凡是有敬就必须喝,才算是符合传统的礼节。酒量是因人而异的,过量了人就受不了。小陈一再解释自己不会喝酒,却抵不过热情主人相劝,不得不一杯又一杯,忍受痛苦喝下去,足足半斤"五粮液"下肚,刚一出餐厅的门口,就趴在路边的栏杆上"喷涌而出",回去后胃病发作,休息了好几天才缓过劲来。之后再回想起这次做客,小陈只觉得是一场活受罪,丝毫谈不上什么愉快的享受。

【评析】

现代社层的待人接物礼节中有一个重要的前提条件,那就是使对方感到轻松愉快。如果违背了这一前提,即便你的出发点是好意的,也可能让对方觉得勉强、拘束,甚至受罪。作为主人,光有热情好客的心还不够,要能让客人在感受到你情意的同时,觉得轻松舒服、不受拘束,这才是真正尽到了主人的责任和义务。这个案例中,所谓的"上座"和"敬酒"都让客人感到"活受罪",实属不宜。

我国的酒文化源远流长,在餐饮聚会场合特别讲究斟酒、敬酒与饮酒的礼仪。斟酒的顺序是先主后宾,然后才是其他客人。斟酒时酒杯应放在餐桌上,酒杯不要碰到瓶口。关于斟酒,中国有句土话叫"酒满情深",就是说斟酒以满为敬。因此,酒桌上不论是什么酒,一律以斟满为敬。主人斟酒时,客人可行"扣指礼"表示感谢主人斟酒。行"扣指礼"时,客人把右手弯曲,用食指、中指轻轻在桌上叩几下。

敬酒既能表示对客人的尊敬,又可增添席间的热情气氛。敬酒不但是我国人民的传统风俗习惯,也是世界各族人民增进友谊的一种方式。在正式宴会上,通常由男主人向客人提议,提出某个事由而饮酒。通常在饮酒时

要讲一些祝愿、祝福之类的话,甚至主人和主宾还要发表一篇专门的祝酒词。作为主宾参加宴会,应了解对方祝酒的习惯(即为何人祝酒、何时祝酒等)以便做必要的准备。祝酒时还应注意不要交叉碰杯。在主人和主宾祝酒时,应暂时停止用餐、停止交谈,注意倾听,不要借此机会抽烟。主人和主宾讲完话,与贵宾席人员碰杯后,往往要到其他各桌敬酒,遇此情况,应起立举杯、目视对方致意。若需要碰杯,要切记自己的杯口低于对方的杯口表示尊敬。

饮酒时要注意酒忌,不可强人所难,要文明敬酒、饮酒。不可故意灌醉他人,或在酒席上出现争执、佯醉等不良之风,不可失言、失态。尤其作为女性,在饮酒的时候更要特别注意举止优雅,浅尝辄止,不要因为自己的酒量大就不顾礼仪、失了风度。

四、点菜礼仪

点菜违忌,合作泡汤

1999年在给某集团内训的时候,该集团老总跟我们说了一件非常遗憾的事。那年5月,新疆某著名企业要和他们进行合作,一切准备就绪后,对方派来了全权代表。既是远道的客人,又是将来的合作者,礼遇可想而知。在欢迎晚宴上,他们特别安排了东北名菜"猪肉炖粉条"和朝鲜族的特色菜狗肉来招待几位远道的客人。本来气氛和谐而热烈的晚宴,在压轴菜"猪肉炖粉条"和狗肉上来后,客人们的脸色一下子变了,就用本民族语言叽叽咕咕地说了几句后,便气愤地甩袖而去。两天后,他们发来一份声明,郑重地说,他们是伊斯兰人,居然用猪肉和狗肉来招待,这是对他们民族的不敬、对伊斯兰教的轻蔑、对神灵的亵渎!就这样,这桩合作彻底泡了汤。

【评析】

请客点菜要注意礼仪与技巧。首先,要主随客便,礼让客人。入席后,要先请客人点菜,其余的客人也要一一让到。客人往往不好意思点名贵的菜肴,于是,客人点完之后,全靠主人布局了。点菜既要突出本地、本店的特色,又要照顾主宾的口味、喜好,这一切在让菜时可以表达出来,如主人说:"这个菜,您一定喜欢,请多用一点!"客人心领神会,会格外高兴。其次,要注意尊重客人在饮食方面的个人

第四章 餐饮应酬

口味和习俗禁忌,如案例中触犯客人禁忌的情况。最后,要遵守菜序菜类的一般搭配原则,讲究搭配技巧。比如中餐,一般来说先冷盘、热炒,再主菜,后点心、汤和水果拼盘。注意这些问题才能让客人感到你的热情与周到。

五、以茶待客

不守茶道,生意毁掉

某单位领导与刚来的客商正在会客厅里寒暄,秘书前来泡茶。他用手指从茶叶筒中拈了撮茶叶,放入茶杯内,然后冲上水……这一切,领导和客商都看到了。领导狠狠地瞪了秘书一眼,但碍于客商在场而不便发作。客商则面带不悦之色,把放在自己面前的茶杯推得远远的,同时说:"别污染了我的肠胃!"领导知道自己属下做事欠妥,所以只得忍气吞声。谈判时,双方讨价还价,领导一时动怒,与客商发生争执,秘书觉得自己作为单位的一员,自然应该站在领导一方,于是与领导一起共同指责客商,客商拂袖而去。领导望着远去客商的背影,气得脸红脖子粗,冲着秘书嚷:"托你的福,好端端的一笔生意,让你给毁了,唉!"秘书丈二和尚摸不着头脑,还为自己辩解:"我,我怎么啦?客商是你得罪的,与我何干?"

【评析】

酒有酒风,茶有茶道。中国人习惯以茶待客,并形成了相应的饮茶礼仪。以茶待客时,也要注意礼仪细节。案例中,秘书用手取用茶叶,一下子毁掉了客商的胃口和心情,接下来的谈判怎能愉快?再加上后来的争执,生意肯定泡汤,而秘书因不懂茶道仍不觉醒。

解读

中国是茶的故乡,有着悠久的种茶历史,又有着严格的敬茶礼节,还有着特定的饮茶风俗。一般来说,以茶待客要注意以下礼仪细节:第一,将茶筒中的茶叶放入壶或杯中时,应使用竹或木制的茶匙摄取,不要用手抓。若没有茶匙,可将茶筒倾斜对准壶或杯轻轻抖动,使适量的茶叶落入壶或杯中,这是讲卫生、讲文明的表现。第二,上茶应在主客未正式交谈前,双手端茶从客人的右后侧奉上。要将茶盘放在临近客人的茶几上，然后一手拿着茶杯的中部，一手托着杯底，如有杯耳应朝向客人，双手将茶递给客人或放在桌子上。将泡好的茶端给客人时，最好使用托盘，若不用托盘，注意不要用手指接触杯沿。并且讲究上茶的方位，一般来说，从客人的右后方上茶。端至客人面前，应略躬身，说"请用茶"。也可伸手示意，同时说"请"。第三，上茶时讲究顺序，一般而言先宾后主，先主宾后次宾，先女后男，先长辈后晚辈。也可以上茶者为起点，由近而远依次上茶；或以进入客厅之门为起点，按顺时针方向依次上茶；或者以客人的先来后到为先后顺序。第四，给客人斟茶时，讲究"茶满欺人，七茶八酒"的习俗，不能使茶溢满出来，并且不宜劝茶，这是不敬和无礼的表现。第五，要切忌用不清洁或有破损的茶具；不要用一只手上茶，尤其不能用左手；切勿让手指碰到杯口；把握好续水的时机，以不妨碍宾客交谈为佳。第六，客人在主人请自己选茶、赏茶或主人敬茶时，应在座位上略欠身，并说"谢谢"。如人多、环境嘈杂时，也可行叩指礼表示感谢。品茶后，应对主人的茶叶、泡茶技艺和精美的茶具表示赞赏。告辞时要再一次对主人的热情款待表示感谢。

第三节　西餐礼仪

进餐无礼，影响交往

武小姐和一位赵先生在一家西餐厅就餐。就座时，赵先生没有招呼武小姐，直接就坐在椅子上。就餐时，赵先生发现有根鱼骨头塞在牙缝中，他觉得用手掏不雅观，就用舌头舔，发出啧啧喳喳的声音，吐出来后就随手放在餐巾上。喝汤时，赵先生觉得汤很热，不停地用嘴吹，后来干脆端起碗来就"咕噜咕噜"喝起来。刚开始，两个人谈得还比较愉快，但慢慢地，武小姐的话少了许多，饭也没怎么吃。

【评析】

伴随着涉外交往的不断增多，在中国大地上西餐厅也数量增多，越来越多的中国人会去享用西餐。由于中西方礼仪存在着诸多差异，如果不了解西餐的进食之

第四章 餐饮应酬

礼,就会出现赵先生的失礼表现。比如没有照顾和礼让女士;进餐声响过大,不注意卫生;不会喝汤等。这种现象目前在生活和商务活动中比较常见。在现代社会,随着商业和市场经济的繁荣,私人交往和公务交往中宴请是其中一个极重要的方面,不同地方不同形式的宴请都会有不同的礼仪规范。要做到合乎规范,就必须对餐饮礼仪有一定了解。

一、餐具礼仪

如此进餐,形象尽失①

小陈在一家跨国贸易公司工作。有一次偶然的机会,小陈的外国老板让他带着一些客户吃西餐,地点是在一家五星级饭店。可小陈此前从来没吃过西餐,此时只能临场发挥了。他坐下后首先拿起桌子上一块叠得很精致的布仔细地擦了自己的刀叉。用餐时使用刀叉既费劲又辛苦,他使劲地切割食物,刀盘摩擦发出阵阵刺耳的响声,没办法他只得切成一大块后就放进嘴里狼吞虎咽起来,并将鸡骨头、鱼刺吐在洁白的台布上。中途,小陈随意将刀叉并排、餐巾往餐桌上一放,就起身去了趟洗手间,回来后发现还没吃完的饭菜已经被端走了,餐桌已经收拾干净。他非常生气,就与服务员争吵起来。

【评析】

由于不熟悉西餐的进食之礼,小陈闹出了这样的笑话,影响到商务形象。小陈闹了七个笑话:一是他不应该用"很精致的布"(餐巾)擦餐具,那只是用来擦嘴或擦手的;二是不能出现摩擦声响;三是不能将食物切得过大,只能一次切一小口大小;四是不能狼吞虎咽;五是将垃圾吐在桌子上;六是中途离席刀叉应摆成八字形,餐巾要放在座位上;七是不要跟服务员争吵。小陈如此缺乏西餐礼仪和技能,丢尽了商务形象,客户怎能对他们感兴趣。

公公见洋媳,丢人又失礼②

老张的儿子留学归国,还带了位洋媳妇回来。为了讨好未来的公公,这位洋媳妇一回国就诚惶诚恐地张罗着请老张一家到当地最好的四星级饭店吃西餐。用餐开始了,老张为在洋媳妇面前显示出自己也很讲究,就用桌上一块

---

① 资料来源:羽西.听礼仪专家讲故事.当代世界出版社,2008年。
② 资料来源:华阳.世界名人给你上的80礼仪课.金城出版社,2009年,第229页。

"很精致的布"仔细地擦了自己的刀、叉。吃的时候,学着他们的样子使用刀叉,费劲又辛苦,但他觉得自己挺得体的,总算没丢脸。用餐快结束了,吃饭时喝惯了汤的老张盛了几勺精致小盆里的"汤"放到自己碗里,然后喝下。洋媳妇先一愣,紧跟着也盛着喝了,而他的儿子早已是满脸通红。

【评析】

由于不熟悉西餐的进食之礼,老张也闹出了笑话,影响到个人形象。老张闹了两个笑话:一个是他不应该用"很精致的布"(餐巾)擦餐具,那只是用来擦嘴或擦手的;二是"精致小盆里的汤"是用来洗手的,叫做"洗指水"。老张头一次见洋媳,真是又丢形象又失礼,儿子怎能不脸红。

约会吃西餐,失礼又生气

小李和小王谈恋爱,一天两人相约去吃西餐。可是由于两人不太懂西餐,刚吃了一会儿,问题就来了。小李把刀叉弄得叮当作响,牛肉切得乱七八糟。小王见状就尖叫起来:"你这是怎么吃西餐啊,真丢人。""还说我呢,你看你拿着个刀叉对着别人乱指乱划,才真丢人呢。"两人你一言他一语地吵了起来……

【评析】

两位年轻人想浪漫时尚一回,没想到由于不懂西餐礼仪,不仅吃不好西餐,还惹了一肚子

气:小李不会使用餐具,叮当作响实属无礼;但小王对着别人挥舞刀叉,更是没有礼貌;两人在餐厅公共场合大声吵闹更是没有修养了。

滥用餐巾,遭人厌恶

有一次我和妻子自助到瑞士旅行,瑞士消费很高,但难得来一次,因此我们选择了一家还不错的饭店住宿。正好遇上中国某省一个旅行团,也住在同一家饭店。这个团20多个人,几乎都是上了年纪的爷爷奶奶。第二天早上用餐时,20多个人嘈杂的声音自不待言,早已经有无数的眼光关注他们了,他们还一点感觉也没有。

第四章　餐饮应酬

更甚的是，不一会儿我就看到有一个奶奶顺手拿起餐巾布擦起了她爱惜的皮包。这一来就不得了了，其他奶奶也纷纷效仿用餐巾布擦起化妆镜、眼镜来。那些爷爷们见状也不示弱，就拿餐巾擦起鞋子、拧起鼻涕来，真是"物尽其用"啊！我看到旁边的外国朋友们早已受不了了，注视的目光已经变成了嫌恶的白眼。但即便如此，也未能阻挡阿公阿婆们的行为，他们依然故我，自在地继续着各种举动。

【评析】

如此夸张的行为让人大跌眼镜，漂亮整洁的餐巾怎可以这样滥用，一切都因没有学过西餐礼仪。

　　用餐时要规范正确地使用餐具，遵守西餐餐具礼规。要规范使用西餐的刀、叉、匙等餐具，还要正确使用西餐餐巾。首先，要注意餐具的排列和置放位置，不可随意乱取乱拿。正规宴会上，每一道食物、菜肴即配一套相应的餐具(刀、叉、匙)，并以上菜的先后顺序由外向内排列。进餐时，应先取左右两侧最外边的一套刀叉。每吃完一道菜，将刀叉合拢并排置于碟中，叉齿朝上，刀刃朝内，表示此道菜已用完，服务员便会主动上前撤去这套餐具。如尚未用完或暂时停顿，应将刀叉呈八字型摆在餐碟上，叉齿向下，刀刃向内，意思是告诉服务员，我还没吃完，请不要把餐具拿走。

其次，吃西餐要左手持叉，右手持刀。左手食指按在叉子把上，右手食指按在刀背上，切东西时左手拿叉按住食物，右手执刀将其切成一小口大小，用叉子送入口中。使用刀时，刀刃向内或向下，不可向外，叉齿要朝下。进餐过程中，若要说话，要放下刀叉，不可刀叉挥舞，否则既不礼貌也不安全。

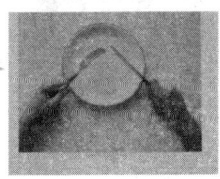

再次，要注意餐巾应放在并拢的双腿上。从餐桌上拿起餐巾，先对折，再将褶线朝向自己，摊在腿上。绝不能把餐巾抖开，如围兜般围在脖子上，或塞在领口，把餐巾的一角塞进扣眼或腰带里，都是错误的方法。假如衣服

的质地较滑,餐巾容易滑落,那应该以较不醒目的方法,将餐巾的一角塞进腰带里,或左右两端塞在大腿下。餐巾当然是为了预防调味汁滴落,弄脏衣物,但最主要的还是用来擦拭嘴巴。吃了油腻的食物后满嘴油渍,若以这副尊容与人说话,委实不雅。况且喝酒时还会把油渍留在玻璃杯上,更是难看。口红也同样要用餐巾略擦一擦,避免唇印沾在酒杯上。不能用餐巾擦拭刀叉、杯盘、桌子或其他物品,那是对饭店或主人的不敬和无礼,如果看到餐具不太干净可以让服务员换一套即可。

另外,宴席中最好避免中途离席。暂时离席时,应把餐巾随意叠好放在椅子上、搭在椅子扶手上,或者用盘子或刀子压住餐巾的一角,让它从桌沿垂下,当然脏的那一面朝内侧才雅观。用餐完毕要站起来,首先将腿上的餐巾拿起,随意叠好,再把餐巾放在餐桌的左侧,然后起身离座。如果站起来后才甩动或折叠餐巾,就不合乎礼节了。餐巾用完后无须折叠得太过整齐,但也不能随便搓成一团。如有主宾或长辈在座,一定要等他们拿起餐巾折叠时才能跟着动作。

二、西餐的吃法

不懂礼仪闹笑话

袁小姐是大四的学生,在一家外贸公司财务部实习。日前,为替外国客户庆祝"圣诞节",公司举办了大型西式自助餐会,邀请了不少客户及公司全体员工。因为很少吃西餐,袁小姐在餐会上出了不少洋相。餐会一开始,袁小姐从面前的盘子去取菜,之后却发现那是装食物残渣的盘子。为节省取食的路途,袁小姐从面前最近的水果沙拉开始,而此时同事们都在吃冷菜,袁小姐只得开玩笑地说自己"减肥"。因为刀叉位置放得不正确,她面前的菜还没吃完就被服务员给收走了……一顿饭下来,袁小姐浑身不自在。

【评析】

吃西餐得了解西餐餐具使用、西餐菜序以及它们的吃法,而袁小姐对此缺乏认识,才闹出了这么多笑话,因此急需补课。

第四章 餐饮应酬

  品尝西餐,首先要弄明白西餐的菜序问题。西餐的菜序,在此指的是西餐用餐的先后顺序问题。与中餐、日餐等餐式相比,西餐的菜序明显不同。比如,享用西餐时,通常要先上汤,而在中餐里,汤大都是用来演奏用餐的"结束曲"的。了解西餐的菜序,至少有两大好处:一是在用餐时成竹在胸,能够量力而行,依据个人食量吃好。二是在自己点菜时,能够加以比照,进行适当的组合、搭配。

  严格地讲,西餐的正餐、便餐和自助餐的菜序是有很大差异的。具体来说,一顿正规的西餐正餐,大体上应当依次包括开胃菜、汤、海鲜、主菜、甜品、水果、红茶或咖啡等几道菜式。一顿正规的西餐便餐,大体上应当依次包括头盆(开胃菜)、汤、主菜和甜品等几道菜式。享用自助餐时,其正规的用餐顺序依次应当为:冷菜、汤、热菜、点心、甜品和水果。

不会吃西餐,破坏旅游形象

  一中国旅行团在欧洲旅游时到一家西餐店用餐,游客们坐下后就开始东张西望并叽叽喳喳地大声交谈起来。有些男游客要求先上酒并使劲喝起来。服务员把面包端过来的时候,由于盘子上有一把刀,有人就用这把刀把面包横切,然后把整块黄油夹在中间像汉堡包一样吃起来。也有人直接用叉子叉着面包往嘴巴里面送,还有人把黄油涂满整个面包,然后开始咬面包吃,咬了几下就把面包解决掉。汤上来的时候,由于太热,有的人就不停地吹或者大声地搅拌。因为西餐汤盘比较浅,有人觉得一口口舀着喝不过瘾,就直接端起盘子叽里咕噜地喝上一番。也有的人虽用汤匙喝,但最后剩下的汤舀不起来了,也端起来喝或者舔干净。最后满桌杯、盘、刀、叉、匙狼藉一片的时候,有的游客还拿出相机拍起照来。

【评析】

  不提前了解西餐的吃法,往往就如这些朋友们一样吃得不伦不类:一是不注意用餐时安静、整洁、规范;二是不了解西餐餐具也不遵守西餐菜类的吃法。这种种表现都破坏了我们国民的国际形象。

解读

随面包一起送上的是黄油刀而不是用来切面包的。面包一律手取，注意取自己左手前面的，不可取错。一般将面包掰成小块送入口中，不要拿着整块面包去咬。取面包时，左手拿取，右手撕开，再把奶油涂上去，一小块一小块撕着吃。不可用面包蘸汤吃，也不可一整块咬着吃。抹黄油和果酱时也要先将面包掰成小块再抹。取用奶油时，要用黄油刀，由内向外取用，不能将整个黄油块一次都拿起来吃。吃面包可蘸调味汁，吃到连调味汁都不剩，这是对厨师的礼貌，但注意不要把面包盘子"舔"得很干净。

喝汤时不要啜，吃东西时要闭嘴咀嚼，不要舔嘴唇或咂嘴发出声音。如汤菜过热，可待稍凉后再吃，不要用嘴吹。

喝汤时，用汤勺从里向外舀，汤盘中的汤快喝完时，用左手将汤盘的外侧稍稍翘起，用汤勺舀净即可。吃完汤菜时，将汤匙留在汤盘（碗）中，匙把指向自己。

吃鱼失礼，惹恼教授

有一个留学生在德国留学，一次他的德国教授邀请他到家里吃饭。饭桌上看到了自己最喜欢吃的鱼，于是他就手指大动，大大咧咧地吃了起来，就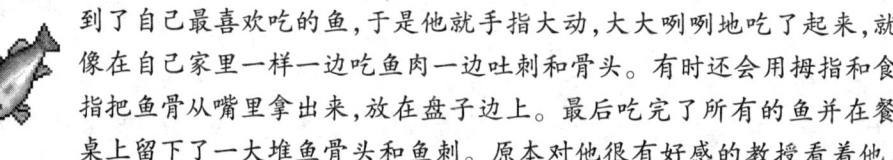像在自己家里一样一边吃鱼肉一边吐刺和骨头。有时还会用拇指和食指把鱼骨从嘴里拿出来，放在盘子边上。最后吃完了所有的鱼并在餐桌上留下了一大堆鱼骨头和鱼刺。原本对他很有好感的教授看着他，用十分失望地语气对他说："你太不文雅了，希望你以后多学点礼仪"。这位留学生当时就懵了，不知教授何出此言，更不知哪里冒犯了教授，于是一直追问教授，惹得教授更加不高兴了。

【评析】

西餐吃鱼也要讲究方法，文雅而得体。这位留学生的吃鱼仪态实在不雅，故而惹恼教授。

第四章 餐饮应酬

西餐吃鱼也要刀叉并用。吃鱼时先将头切掉，刀切叉吃。不要将鱼翻身，要吃完上层后用刀叉将鱼骨剔掉后再吃下层。吃肉时，要切一块吃一块，块不能切得过大，或一次将肉都切成块。吃剩的鱼骨头、鱼刺等残渣放在自己盘子的外缘，不要放在桌上，更不能丢在地上。

三、咖啡礼仪

饮用咖啡，也有讲究

王先生与外商相约在咖啡吧商谈事务。王先生正在品尝咖啡，他先用咖啡匙舀几口尝尝，再以右手端起杯子，左手托在杯底，接着转动几次杯子，试图让糖充分溶解。然后吹几口气，再嘶嘶作响吸进浓褐色的液体。和他一起喝咖啡的外商认为王先生是个非常没教养的人。

【评析】

近年来，咖啡文化越来越受到重视，了解咖啡文化已不仅仅是时尚的需要，更是成功开展商务交流的要求。王先生不了解咖啡的礼规和讲究，因而影响了自己的个人形象。如喝汤时要用匙，而喝咖啡不要用匙。喝咖啡时如愿意添加牛奶或糖，添加后要用小勺搅拌均匀，将小勺放在咖啡的托碟上。喝时应右手拿杯把，可以左手端托碟，直接用嘴喝，不要用咖啡匙一勺勺地舀着喝。

西餐餐宴的最后一道不是咖啡便是红茶，只要依自己的喜好选择即可。

如果选择喝咖啡需注意以下几类事项：一是咖啡杯的正确拿法。咖啡通常是小杯的，即半杯的量。这种杯子的杯耳较小，手指无法穿过去。但即使用较大的杯子，也不要用手指穿过杯耳再端杯子。咖啡杯的正确拿法，应是拇指和食指捏住杯把再将杯子端起。二是糖、奶要轻轻加入。喝咖啡的服务方式通常是在桌上摆好咖啡杯，再倒入咖啡。饮用咖啡时可以加入牛奶和糖，称为牛奶咖啡；也可以不加牛奶和糖，称为清咖啡。如果要加糖，为避免咖啡溅出，添加时要把糖轻轻放入杯内，位置要尽量低。三是咖啡匙放置的位置。咖啡匙是专门用来搅拌咖啡的，饮用咖啡时应当把它取出来。用咖啡匙一勺一勺地舀着喝，以及用咖啡匙捣碎杯中方糖的做法都是失礼的。搅过咖啡的汤匙，上面会沾有咖啡，应轻轻顺着杯子的内缘，将汁液擦掉，绝不能拿着咖啡匙甩动，试图将咖啡甩落。拌好方糖的咖啡匙，应横放在托盘的内侧。若放在靠己侧，在端起咖啡杯时，极易碰落。一般来说，喝咖啡时只需端起杯子，原则上托盘不能端起来，端起托盘、用手托住杯底喝咖啡都是违反礼节的行为。四是咖啡太热怎么办。刚刚煮好的咖啡太热，可以用咖啡匙在杯中轻轻搅拌使之冷却，或者等待其自然冷却，然后再饮用。用嘴试图去把咖啡吹凉，是很不文雅的动作。另外有些国家和地区还有特别的咖啡礼仪，如在拉丁美洲，商务会谈中所上的咖啡一定要喝，哪怕只抿一小口也行，不喝咖啡会被视为对人的污辱，特别是在那些以咖啡为主要收入来源的国家。在中东，咖啡不止是饮料，也是好客的象征。在阿拉伯国家，一顿饭包括三部分：咖啡、食物和水果，会品尝咖啡会被当做礼貌的行为，否则视为无礼和教养低下。

思考与练习

1. 王女士是某公司经理，发现有两个安排在周五的约会时间冲突，就让秘书打电话重新安排其中一个约会的时间。王女士被邀请到一家公司的老板家吃晚饭，由于事先知道老板夫人非常喜欢花，于是在赴宴的途中买了一束红玫瑰，送给老板夫妇。路上塞车，迟到了10分钟。进餐时感到有点热，王女士脱下外衣搭在椅背上。餐后女主人为大家端上咖啡，王女士右手持咖啡杯，左手端碟子，一边喝咖啡一边对主人夫妇的菜肴作了由衷的赞美。

【问题】请分析王女士行为的失礼之处。

2. 彭小姐是某公司秘书，一日和经理陪客人吃饭。彭小姐把客人安排在经理右边的位置，并帮客人把外套搭在椅背上。落座后，彭小姐抽出杯中的餐巾纸，把杯盘餐具仔细擦拭了一遍，然后示意服务生上菜。进餐时，彭小姐在沙拉中发现了一只小菜虫，她马上告诉同桌的客人暂不要取食，并招呼服务生，告诉他沙拉中有虫，重新换一道菜。经理不慎把调味汁打翻，彭小姐忙起身帮经理擦拭，并一再向客人表示抱歉。席间，彭小姐一会儿向客人敬酒，一会儿向客人敬烟，极尽主人之礼。

【问题】请分析彭小姐的行为有无失礼之处。

3. 深圳某公司林老板欲同北方某城市达发公司建立业务代理关系，达发公司经理非常重视这一机遇，林老板到达后，经理设宴款待，参加宴会的人员除公司经理、副经理外，还有各主管部门的负责人。人们热情寒暄后，宴会开始。林老板见服务员手拿一瓶茅台酒欲为自己斟倒，便主动解释自己不能喝白酒，要求来点啤酒，但主人却热情地说："为我们两家的合作，您远道而来，无论如何也应喝点白酒。"说话间，白酒已倒入林老板杯中。主人端起酒杯致祝酒词，并提议为能荣幸结识林老板干杯。于是带头一饮而尽，接下来人人仿之。林老板只用嘴沾了沾酒杯，并再次抱歉地说自己的确不能饮白酒。林老板的白酒未饮下，主人仿佛面子上过不去，一直劝让，盛情难却之下林老板只好强饮一杯，然而有了第一杯，接下来便是第二杯……林老板提议酒已喝下，大家对合作一事，谈谈各自的看法。主人却言："难得与林老板见面，先敬酒再谈工作。"于是又带头给林老板敬酒，接下来在座的都群起效仿。尽管林老板再三推托，无奈经不起左一个理由、右一个辞令的强劲，林老板又是连饮几杯。林老板感到自己已承受不住了，提出结束宴会，但此刻大家却正喝在兴头上，接下来又是一番盛情，林老板终天醉倒了。待林老板醒来时，发现自己躺在医院的病床上，时间已是第二天的傍晚了。次日早晨，当主人再次来医院看望林老板时，护士告诉他，林老板一大早出院回深圳了。

【问题】林老板为什么不辞而别？结合案例找出主人宴请失败的原因。

4. 在一次宴会上，某教授的台湾学生做东请教授和其他学生一起吃饭。吃饭时，教授面门而坐，做东的台湾学生坐在教授的对面，其他学生随便坐。在吃饭的过程中，有一位同学突然站起来出去了，没有人问他到底去干什么了，大家继续关于中国大陆与中国台湾地区局势的话题。饭桌上，大家互赠名片，还谈论其他一些问题。

【问题】请指出宴会上正确和失礼之处。

第五章
互通联络

ZHONG WAI LI YI
GU SHI YU
AN LI SHANG XI

【学习要点与要求】

1. 结合案例了解并把握电话、馈赠、送花礼仪规范。
2. 从正反两方面的案例中学会文明礼貌地打电话、接电话。
3. 结合案例认识和把握信件礼仪的重要性和具体内容。
4. 学会礼尚往来,了解各类花语,学会在恰当的时机选送时尚之花。

在人际交往中,人们往往会利用通讯、互赠礼物等手段与交际对象互通往来、联络情感,并加强联系。交际联络礼仪,就是人们在人际交往中进行通讯联络、馈赠礼物时所应当遵守的礼仪规范。遵守联络礼仪,是通过各种联络手段来维持良好人际关系的重要前提和基础。

第一节 电话礼仪

一、电话一般礼仪

接电话有礼,得企业桂冠

某市举行最佳管理企业的评比,最后两家合资企业脱颖而出。一家是中日合资企业,一家是中德合资企业。专家们几番研究斟酌后决定将桂冠颁给前者。德国企业经理闻讯后,很是不服气,找到专家讨说法。专家们找到一部电话,分别打给了两家企业的电话总机。打到德国合资企业时,电话铃响了五六次,才有一个人气喘吁吁地接听,语气粗鲁地说:"喂!喂!你哪位,有事吗?"而打到中日合资企业时,电话铃刚响第二次就有人接听,语调亲切谦和:"喂,您好,这里是中日合资企业×××公司,请问有什么需要帮助的吗?"德国企业经理听后,只得心服口服地离开了。

【评析】

在现代人际交往中,电话日益成为人们沟通的重要桥梁,人们通过电话进

第五章 互通联络

行信息沟通和情感的交流。在现代社会,人们的许多交往都是通过电话进行的,电话交往已成为社会交往的重要形式。打电话看起来很容易,对着话筒与对方交谈,和当面交谈一样简单。其实不然,打电话大有讲究,可以说是一门学问、一门艺术。如果缺乏使用电话的常识,不懂打电话接电话的礼仪,那么电话所传递的信息就可能产生障碍。使用电话传递信息时通话双方彼此不见面,直接影响通话效果的是通话者的声音、态度表情和使用的言词。这三者一般被称做"电话三要素",它们既与通话内容相关又直接影响通话者之间的相互关系。一位名人曾经说:不管是在工作单位还是在家里,凭一个人在电话里讲话的方式就可以判断出其修养水准。所以,专家们最后通过两家公司电话形象的不同作出了决定。

语言文明礼貌是重要的电话礼仪要求。不论是打电话还是接电话,开头第一声很重要,首先应向对方恭恭敬敬地问一声:"您好!"然后再说其他。具体做法是:先问候对方,然后自报家门,报出自己的姓名或单位。

另外,及时得体是接听电话的礼仪要求之一。在电话礼仪中,有一条"铃响不过三"的原则,就是指接电话以铃响三次左右为最合适。如果是工作电话,最好在铃声三次之前去接,否则会让人怀疑你单位的工作效率,进一步影响单位的形象。若在电话铃响了五次后才去接,应向对方说:"很抱歉,让您久等了",这是一种应有的礼貌。如果是在家里接电话,也应尽快去接,这是对对方的尊重,不要让对方等待太久。在工作和生活中,我们都应注意遵守这一原则,不要故意拖延接电话的时间。当然,也不要第一声铃声还没响完,就立即去接,这样也不得体。

电话礼仪,树立形象

有一次,××公司举行庆祝会,员工们集体在一家宾馆住宿。会务组深夜临时决定变动第二天的某项活动。为此,前台的服务小姐必须深夜打电话一个一个地通知到房间里的员工们。第二天,前台的服务小姐惊奇地告诉她的同事:"你们知道吗？昨晚我给145个房间打电话,起码有50个电话的第一句是'你好,××公司!'在深夜里迷迷糊糊地接电话,第一句话依然是这样。这个公司电话礼仪的职业水平真是了不起啊!"

【评析】

打电话的态度要热情、诚恳,语气谦和有礼,举止得体有度。这个公司员工的电话礼仪已习惯自然,故能在半夜也会以礼相待,赢得服务小姐的钦佩。

电话无礼,丢掉客户

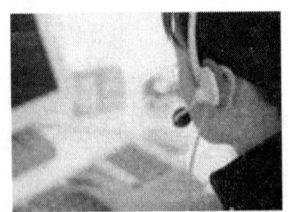

某公司的业务主管打电话给甲公司,想要谈一笔业务,但在拿起电话后却不小心误说成了找乙公司。甲公司的员工一听对方要找的是自己的竞争对手,没好气地说:"你打错了",然后"啪"的一下就挂断了电话。这位主管回过神来,发现是自己口误说错了,但同时他觉得心里十分不舒服,他之前跟接电话的这位员工联系过几次,对方一直都是温文尔雅的,现在看来,那些表面功夫都是装出来的,于是这位主管打消了再打电话给甲公司的念头,不想再和这个公司合作了。

【评析】

接电话一定要注意礼节,要自始至终耐心相迎、礼貌待人。如果对方不小心拨错了电话也要保持应有的礼貌和尊敬,切勿出言不逊或恶语伤人,更不要用力将电话挂断。甲公司的员工正是犯了这样的错误,不仅破坏了公司形象,更加影响了其商业利益。

 解读

准确及时地自报家门是接听电话的基本礼仪之一,尤其是在工作场所接电话,首先应问候对方,然后自报家门,或是先自报家门再问候对方。接电话先问候对方是礼貌的表示,自报家门则是为了让对方验证一下是否拨错了电话,万一打错电话就可以少费许多口舌,节省时间。在工作场合,效

第五章　互通联络

率总是被优先考虑的。规范的电话应对不仅体现了对对方的尊重,也是本单位高效率工作作风的体现。此外,接听电话时态度要谦和礼貌,不要因为对方身份低就拿腔拿调、冷淡对方,或者对方是老板、上司就另一副面孔。如果接到对方打错的电话,不要因不耐烦而失去礼貌,要耐心地告诉对方拨错电话了,如:"对不起,这里不是你要的电话""对不起,你可能拨错电话了",不要口气很凶或冷冰冰地说"你打错了",把电话用力挂上,更不要恶语相加、出口伤人。如果对方道了歉,也要宽容地说句"没关系",切忌破口大骂。如果对方要拨的电话你正好知道,还可以告知他正确的号码,举手之劳的帮助可以提升自己以及单位的良好形象。

如此致歉,愈让人烦

小李在某公司担任秘书工作。一天,由于某事受到了老总的批评,但那其实不是他的错,只是个误会。小李感到很委屈,晚上回到家他心里很不安,特想跟老总解释一下,并就这次误会向老总深深致歉。他怕夜长梦多,第二天也不好意思面对老总,于是他立即拨通了老总的电话。可没想到老总还没等他张口,就很生气地说道:"难道你不知道现在是下班时间,况且都10点多了吗?"说完便挂断了电话。小李听后目瞪口呆,心想真是欲速则不达,事与愿违啊!

【评析】

小李本想快刀斩乱麻,及早地处理好当天的事,没想到由于没注意选择打电话的时间,结果不仅解释与道歉没成功,反倒使事情愈发糟糕。

 解读

需要给别人打电话时,如果想给对方留下良好的印象,同时取得满意的通话效果,就要注意选择适宜的时间。一般情况下,不要选择过早、过晚、对方忙碌或休息的时间打电话。

工作电话应该选择在8:00或8:30以后打,如在国外应考虑时差。比如:中国同美国时差12个小时,北京下午3点却是美国人睡得正香的后半夜。如果忽视时差,把人从睡梦中惊醒是十分不礼貌的。中午吃饭、午休时间、节假日不宜给对方打电话。假如你的电话延误了别人用餐或惊醒了对方的午觉,对方往往会感到不愉快。往办公室打电话,最好避开临下班的时间,如果你的电话耽误了对方按时下班,也会使对方不愉快。最好不要在星期一或放假后的第一天打电话到办公室,双休日或节假日后的第一天,大多数单位往往有很多事要处理,所以有经验的人往往不选择此时打电话,尽量避开对方忙碌的时间。如果一定要打,也应该选在下午打比较好。如非特殊情况,不要在节假日给对方打电话以免打扰对方休假。打私人电话同样要讲究合适的时间,应尽量避开对方休息、吃饭的时间。一般来说,上午7点以前、晚上10点以后打电话到对方的家里都是不合适的,除非有很紧急的事情。半夜或清晨被电话吵醒,很容易引起对方的反感。在对方非常忙碌的时候最好也不要打电话,如在对方上班前几分钟打电话到家里,很可能会使对方上班迟到。家庭主妇烧饭时打电话给她,很可能会使对方的厨房出问题。为工作上的事,尽量不要打电话到对方的家里,尤其是在晚上休息时间,应该在第二天往办公室打。

打电话的风波

一位总经理在电话里与他的一位客户商谈一项买卖合同的制定,经理使用的是扬声电话,并且礼貌地告诉对方自己用的是扬声电话、还有两位助手在旁边听着。这位经理在谈话的中间发现缺了一些资料,所以,向那位客户建议稍等一会儿给他打过去,对方同意了。这位经理到销售经理那儿去拿资料,销售部的经理要求与他一起去商谈这件事情,进入办公室后,总经理又用扬声电话打给那位客户,告诉他自己没有找到要找的资料,希望客户原谅,客户有点儿不高兴,说着将话题转到销售部,并开始批评这个合同,批评销售部的一些行为。此时,销售部的经理实在忍不住了,直接通过这部扬声电话来解释事情的来龙去脉。

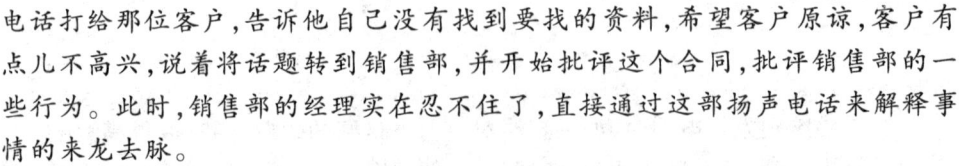

【评析】

总经理打电话出现了两大失误:一是打的是扬声电话,所以在第二次拨通电话

时应该告诉客户,销售部的经理也随他一起来到了办公室,也在听电话。这样的话,客户就不会在电话里批评销售部和这份合同了。二是总经理打电话之前,应准备好需要的资料,不应在打电话途中再去找资料。

　　打电话还要节约时间,做到精简效率,所以应事先做好一些准备,这也是尊重对方的一个礼仪细节。另外,对于开放式办公室一般不用扬声电话,若使用应当事先告知对方,并告知还有其他人在一起听电话,以免引起不必要的麻烦和误会。

二、手机使用规范

尴尬铃声,失礼于人

　　一位刚毕业的大学生陪经理去约见客户,双方正热烈商谈重要事宜时,大学生的电话突然传出了娇滴滴的铃声:"妈妈,来电话了!"此时,大学生尴尬得满脸通红,客户们忍俊不禁,经理责备的眼光死死看着她。

【评析】

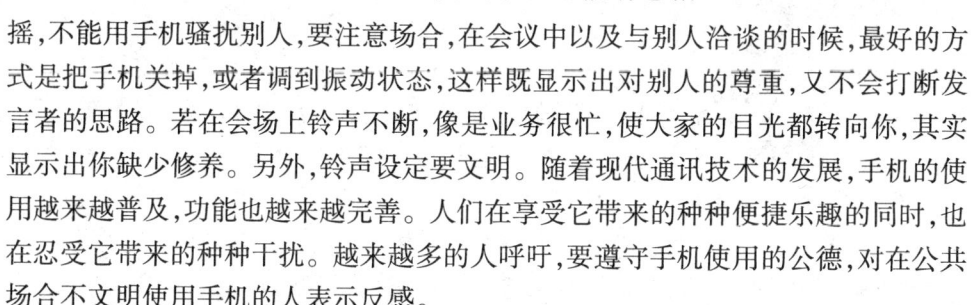

　　手机作为一种联络工具给我们带来了诸多便利,但是使用手机要注意遵守一些礼节。如使用手机不能有意招摇,不能用手机骚扰别人,要注意场合,在会议中以及与别人洽谈的时候,最好的方式是把手机关掉,或者调到振动状态,这样既显示出对别人的尊重,又不会打断发言者的思路。若在会场上铃声不断,像是业务很忙,使大家的目光都转向你,其实显示出你缺少修养。另外,铃声设定要文明。随着现代通讯技术的发展,手机的使用越来越普及,功能也越来越完善。人们在享受它带来的种种便捷乐趣的同时,也在忍受它带来的种种干扰。越来越多的人呼吁,要遵守手机使用的公德,对在公共场合不文明使用手机的人表示反感。

　　手机是传递信息必不可少的传输工具,也是青年人的时尚玩具,随着手机和电脑的日益普及，给我们的工作带来了很多方便，但是也带来了职场礼仪方面的新问题。所以，掌握手机与电脑使用的礼仪，将是职场新式礼仪的必修课。使用手机和电脑的人多为受过教育、有一定层次和档次的人，如果不懂使用礼仪，会让人反感和讨厌，使自己的形象受到损害。

管好手机，敬重于人

小王是一名职场丽人，她平时特别注意手机礼仪，在开会或跟客户谈话时，她总是习惯地把手机调成静音，如有重要的事情，总是微笑地说声："对不起！"然后发条短信给对方，继续刚才的谈话。王丽经常说："当你正在出席会议时，接听一连串的电话肯定会让他人反感，同时你也不想让你的谈话被人听到。如果真碰到了什么急事，最好是能及时挂断电话，然后安静迅速地离开会场回复电话。"

【评析】

注意手机使用礼仪的人，不会在会议上、洽谈中、开车中、飞机上、剧场里、图书馆和医院里、公交车上接打手机。小王不仅能够适时适度地使用手机，而且非常有礼有节对待交往对象，树立了良好的电话和公务形象。

 解读

在使用手机时，应注意文明、安全、规范三个环节的礼仪：

一是文明。在公共场合使用手机时，应尽量找一个不影响他人的地方，以示对公共场所安静的尊重。不论是接听还是拨打电话，讲话的声音都要适度，不能旁若无人、大声嚷嚷，引起别人的反感和侧目。在一些需要保持安静的场合，如开会、上课、听报告、看电影，或是在图书馆、音乐厅、展览馆、剧院等公共场所，应主动关机。如有必要，也应设置在"静音"或"振动"状态上。有来电时，应迅速离开现场，到不妨碍他人的地方接听；如果实在不能离开，又必须接听，则要压低声音，一切动作应以不

第五章　互通联络

影响在场的其他人为原则。

二是安全。使用手机要注意和维护安全。不要在驾驶汽车时使用手机,以防止发生车祸害人害己;不要在医院使用手机,以免影响仪器正常工作,妨碍病人的治疗;不要在飞机上使用手机,以免干扰飞机导航系统,影响飞行安全;不要在雷雨天气时在露天使用手机,以免引发雷击危险;等等。

三是规范。手机通话的整个过程,不管你是打电话还是接电话,其实跟座机的使用一样,礼貌用语要有,电话该谁挂就是谁挂,该说道别就要说道别。

第二节　书信礼仪

无名来信,沟通不畅

一位政治课老师在期末考试后收到一位学生的 Email 来信,信件短暂而急切:"老师,我政治课考了多少分,好担心啊,请速回!!"。老师一看,怎么没署名,那怎么查他的成绩啊,赶紧查看此学生的电子信箱:philip2003。"啊,是一外籍学生。没印象班里有个这样的学生啊"。查过名单未果,于是老师回复:"philip2003 你好,对不起,我班没有你的记录!! ××老师"

【评析】

严格地说,电子邮件作为一种信件,也应遵守信件的一般礼仪,如言辞表达要体现礼貌、规范、清楚、正确、简洁等特点。此学生的来信既没有对老师的礼貌问候和祝福,也无自己的姓名落款,可以说既无礼貌又不规范。语言倒是简洁,但是很不完整,所以怎能让老师查到他的成绩呢?

邮件规范,沟通顺畅

王君是某公司的业务经理,最近她正与国外一家公司商议合作事宜,双方每次都是通过电子邮件来沟通。因为与国外存在着时差,所以有时半夜对方的电子邮件就传来了,王君总是早上一上班就及时地回复邮件给对方,保证 24 小时内回复邮件,哪怕是简单的一句话。对于每封邮件,王君都会用一个比较明确的主题,让收件人能对整个电子邮件一目了然。电子邮件的内容也是简明扼要,特别注意大

小写字母的正确使用,节省对方的时间。在邮件的开头和结尾,王君总是用上一些礼貌用语,如"您好"、"祝您健康"之类的问候祝福语。这次项目的商议共收发了100多封电子邮件,王君对每一封的态度始终如一,挑剔的外国人对王君得体的商务电子邮件表示赞赏,合作得以成功。

【评析】

王君的电子邮件严格遵守了信件礼貌、规范、清楚、正确、简洁的礼仪要求,并且能够在24小时内及时回复,字里行间显示了礼仪修养和良好的公务形象,故能取得成功。

 解读

信件作为与交际对象的良好联络方式,要做到沟通有效、体现修养,必须遵守信件的一般礼仪:

一是主题要明确。信件主题要提纲挈领,切忌使用含义不清、胡乱浪漫的标题,例如:"嘿!"或是"收着!"。添加邮件主题是电子邮件和信笺的主要不同之处,在主题栏里用短短的几个字概括出整个邮件的内容,便于收件人权衡邮件的轻重缓急,分别处理。尤其是回复的信件,要重新添加、更换邮件主题,这是要格外注意的环节。最好写明这是来自公司的邮件,年、月、日等信息,以便对方一目了然又便于保留。

二是内容要简洁。信件内容要言简意赅,商务邮件保持在数行以内,但也不要仅以一两个字回复,那样太生硬了,而且让读的人摸不着头脑。对方给你发来一大段邮件,你却只回复"是的"、"对"、"谢谢"、"已知道"等字眼,这是非常不礼貌的。

三是格式要规范。电子邮件的文体格式应该类似于书面交谈式的风格,开头要有问候语,但问候语的选择比较自由,像"你好"、"Hi",或者仅仅是一个简单的称呼。结尾也可随意一些,比如"以后再谈"、"祝你愉快"等,也可什么都不写,直接注上自己的名字。但是,如果你写的是一封较为正式的邮件,还是要用和正式的信笺一样的文体。开头要用"尊敬的"或者是

第五章　互通联络

"××先生××女士,您好!"每封邮件在结尾都应签名,这样对方可以清楚地知道发件人信息。虽然你的朋友可能从发件人中认出你,但不要为你的朋友设计这样的工作。最后结尾要有祝福语,并使用"此致、敬礼"这样的格式。

　　四是语言要流畅。言辞表达要通顺无误,要能言简意赅地表达自己的意愿,不能啰唆不止或意思不明,造成误解。

　　五是一定要清理回复的内容。在美国加州有一位传播学专家摩根女士曾举例说:我最近收到一份电子邮件,其中包括了辗转收送的十二个人之姓名,我实在没有必要知道这些信息。有一个妙方就是在转寄之前删除一切无关紧要或重复的内容,例如原件中摘要部分之主题、地址及日期等。注意回答问题的技巧,当回件答复问题的时候,最好只把相关的问题抄到回件,然后附上答案。不要用自动应答键,那样会把来件所有内容都包括到回件中。

第三节　馈赠礼仪

　　馈赠作为交际联络的重要手段,受到古今中外人士的普遍肯定。它作为一种非语言的重要交际方式,以物的形式出现,以物表情,礼载于物,起到寄情言意的"无声胜有声"的作用。得体的馈赠,恰似无声的使者,给交际活动锦上添花,给人们之间的感情和友谊注入新的活力。但馈赠中送给谁(WHO)、为什么送(WHY)、如何送(HOW)、送什么(WHAT)、何时送(WHEN)、在什么场合送(WHERE),是一个既老又新的问题,因此,我们只有在明确馈赠目的和遵循馈赠基本原则的前提下,在弄清以上"6W"的基础上,才能真正发挥馈赠在交际中的重要作用。

礼错人会怪

　　国内某家专门接待外国游客的旅行社,有一次准备在接待来华的意大利游客时送每人一件小礼品,于是,该旅行社订购制作了一批纯丝手帕,是杭州制作的,还是名厂名产,每个手帕上绣着花草图案,十分美观大方。手帕装在特制的纸盒内,盒上又有旅行社社徽,是很像样的小礼品。中国丝织品闻名于世,料想会受到客人的喜欢。旅游接待人员带着盒装的纯丝手帕,到机场迎接

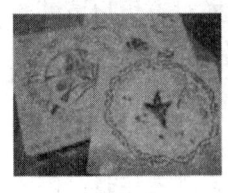

来自意大利的游客。欢迎致辞热情、得体,在车上他代表旅行社赠送给每位游客两盒包装甚好的手帕作为礼品,没想到车上一片哗然,议论纷纷,游客显出很不高兴的样子。特别是一位夫人,大声叫喊,表现极为气愤,还有些伤感。旅游接待人员心慌了,好心好意送人家礼物,不但得不到感谢,还出现这般景象。

【评析】

中国有句俗话:礼多人不怪,可这些外国人为什么怪起来了?原来在意大利和西方一些国家有这样的习俗:亲朋好友相聚一段时间告别时才送手帕,取意为"擦掉惜别的眼泪"。在本例中,意大利游客兴冲冲地刚刚踏上盼望已久的中国大地,准备开始愉快的旅行,你就让人家"擦掉离别的眼泪",人家当然不高兴,议论纷纷。那位大声叫喊而又气愤的夫人,是因为她所得到的手帕上面还绣着菊花图案。菊花在中国是高雅的花卉,但在意大利则是祭奠亡灵的,人家怎不愤怒呢?本例告诉我们:旅游接待与交际场合,赠送礼物也要了解并尊重外国人的风俗习惯,这样做既对他们表示尊重,也不失礼节。

 解读

　　成功的馈赠可以增进相互之间的感情和友谊,大凡送礼之人,都希望自己所送礼品能寄托和表达对受礼者的敬意和祝颂,并使交往锦上添花。然而,有时所赠礼品非但达不到这种目的,反而会事与愿违,造成不良后果。要避免这种情况,"送礼得当"便是关键。首先选择馈赠礼品应注意避开禁忌这一原则。就礼品本身所引发的直接后果而言,由于民族、生活习惯、生活经历、宗教信仰以及性格、爱好的不同,不同的人对同一礼品的态度是不同的,或喜爱,或忌讳,或厌恶,因此我们要把握回避其禁忌的原则。禁忌是一种不系统的、非理性的、作用极大的心理和精神倾向,对人的活动影响强烈。礼品选择不当,触犯了对方的禁忌,是馈赠礼品中的大忌。据说前联邦德国总统卡斯腾斯访问非洲某国时,东道主送他一匹精致的小骆驼作为礼物,因为骆驼在该国是吉祥友好的象征,但是骆驼在德意志民族风俗中却是表示蠢笨的动物,其

送礼结果可想而知。这说明选择礼品不能凭自己的"想当然"办事,而要自觉地、有意识地避开对方的礼品禁忌。

馈赠中须注意的禁忌包括以下几点:

一要尊重由于风俗习惯、民族差异和宗教信仰等形成的禁忌。注意在礼品的品种、色彩、图案、数目等方面,有没有触犯对方的禁忌。比如:在我国,一般不能把"钟"作为礼物送给老年人,因为"钟"与"终"发音相同。友人之间忌讳送伞,因为"伞"与"散"谐音,也被视做不吉利。美国人把绿毛龟当宠物看,而在中国人看来,这样的礼物是天大的侮辱。向普通关系的妇女赠送玫瑰、内衣、香水,在许多欧美国家的风俗中是很失礼的,只有夫妻和情人之间才送,因为它们都有特殊的意思,玫瑰表示"爱",香水和内衣表示"亲近"。也不能送西方人一组刀具、刀叉、剪刀、剑之类的物品,因为有"断交"之嫌。法国人不送也不接受有明显广告标记的礼品,喜欢有文化和美学素养的礼品,如唱片、磁带、艺术画册等是法国人最欣赏的礼品。日本人认为送一把梳子就等于送去了辛苦,给他们送礼物不要用白色或色彩明亮的包装纸,因为在日本文化里,白色象征着死亡。在英国,不要送带有大象或鹤图案的礼物,因为大象代表愚笨,鹤代表荡妇。俄罗斯人忌讳送钱,因为那意味着施舍与侮辱。在伊朗,你千万不能用洋娃娃,他们会觉得你瞧不起他们的宗教。送礼物给阿拉伯人,一般不能送带有动物图案的物品,也不能送酒,更不能送美女画片等,这是伊斯兰教规所禁止的。不要送印度人用牛皮制作的礼物,因为在他们的印象里,牛被视为神圣的动物。再如13这个数字在欧美国家更是送礼时应当避开的,他们认为13代表坏运气,在送数量较多的礼物时也需多加留意。凡此种种,我们在送礼之前,都要对当地的民风民俗有所了解,以免犯忌。

例如,1997年,某阿拉伯国家的一个访问团来中国南方某城市进行参观访问。访问结束后,该市的市政府为这一代表团举办了欢送晚宴。在晚宴上,市长代表中方向客人赠送了一对特制的瓷瓶,上面印有一对可爱的熊猫图样,并用中文和阿拉伯语书写了"友谊长存"的字样。中方本以为这件礼物会博得对方的喜爱,没想到对方代表团的团长却一脸的不高兴,晚宴中甚至一言不发。这是怎么回事?原来,熊猫虽然是我国的国宝,但在阿拉伯地区却不怎么受欢迎。在他们看来,熊猫长得像猪,当然会遭到不大不小的抗议。

二要尊重个人的禁忌。每个人由于经历、兴趣和习惯不同,可能形成一些个人的禁忌。选择礼品时,要注意了解受礼对象的个人忌讳。比如:向一位丈夫刚刚去世的女士赠送一对情侣表,只会重新勾起她的悲伤,令对方不快;给一位糖尿病患者送高糖类食品,不仅可能令对方难堪,也和希望其早日康复的良好愿望相反。

　　三要遵守国家的有关法律法规。不能选择违法违规的物品作礼品,比如,我国法律规定,国家公务员在执行公务时,不得以任何理由因公收受礼品,或变相收受礼品,否则有受贿之疑。世界许多国家都坚持这一原则。如按照美国法律,国家公务员个人收受礼品价值不得超过5美元,超过5美元的礼品必须上缴。如果受礼人怀疑礼品可能超出5美元,必须事先询问清楚。礼品过重就会被认为是贿赂,正派人士是不会接受的。那些具有严重的政治问题、泄露国家秘密或商业秘密、涉黄涉毒一类的物品,更是在任何时候都不可赠送于人的,否则就会害人害己。

　　送礼还应遵循六不送原则,即不送过于昂贵的礼品,不送特别的便宜货;不能送伪劣产品;不送不合时宜、不健康之物;不送轻易让对方产生误解的物品;不要送触犯对方禁忌的物品;(普通异性之间)不要送内衣裤、戒指、项链等礼品。

精挑礼品,情意浓重

　　有一次,布什总统在华尔道夫饭店下榻,外事部经理蒋申兰女士注意到那天正是他的生日。布什是属马的,她想送给他礼物,有人建议她送一座美国西部雕塑马,她想可能不行,会让布什总统联想到西部牛仔。她与许多工艺品商店联系后,买了一套银制的马头袖扣。当送给布什总统时,他高兴地说,"非常感谢你知道我的生日,我正好没有这种袖扣,现在就戴上。好,我们一起吃饭去"。

【评析】

　　俗话说:礼轻情意重。送礼物适当了才能达到最佳效果,这个马头袖口虽然不贵重,但却真诚表达了蒋申兰女士的心意,而且最重要的是,它特别适合布什总统的心意,迎合他的心理需要。

第五章　互通联络

　　送礼一定要看对象,"投其所好"是选择礼品的重要原则。人们之间的关系不同、兴趣各异,在选择礼品时,务必根据不同的对象选择不同的礼品,以满足不同的需要。比如:给一位爱好垂钓的朋友送一杆精致的渔竿;给刚刚大学毕业走上工作岗位的年轻人送一个电脑记事簿等,都会让对方高兴不已。一旦所选礼品满足了受礼方的兴趣爱好,它的作用就会倍增。在"投其所好"时,除了考虑对方的个性、爱好以外,还应考虑对方的年龄、身份和经济状况。比如:给经济状况一般的人最好送经济实惠的东西;给经济富裕的人应送精致的或是有特别意义的东西;给孩子送益智类礼品;给老人送保健品、滋补品;给外国友人赠送有传统特色的工艺品;等等。

　　赠送礼品不仅要慎重选择礼品,更需要考虑送礼的时机,即什么时候送。在国内赠送礼品,一般首次登门拜访时应赠送礼品,谓之"见面礼"。其他适宜赠送礼品的时机有:交往对象婚丧嫁娶、乔迁晋升、节假生辰,应当祝贺之时;遇到挫折困境,应当慰问之时;受人帮助、照顾,应当感谢之时;久别重逢临行话别,应当纪念之时;等等。涉外交往中,应根据国际惯例和来宾的风俗习惯,具体情况作具体安排,但最重要的一点原则是及时、适宜。中国人很讲究"雨中送伞"、"雪中送炭",即十分注重送礼的时效性,因为只有在最需要时得到的才是最珍贵、最难忘的。因此,要注意把握好馈赠的时机,包括时间的选择和机会的择定。一般说来,时间贵在及时,超前滞后都达不到馈赠的目的;机会贵在事由和情感及其他需要的程度,"门可罗雀"时和"门庭若市"时,人们对馈赠的感受会有天壤之别。有一篇《影星与狗》的文章,记载了这样一件感人的事:国际著名影星奥黛丽·赫本十分爱狗,多年来一直豢养着一只叫杰西的长耳罗塞尔种的小猎犬。白天,杰西那无忧无虑和温柔的品性,令赫本感到平和亲情,夜晚杰西暖融融地依偎在赫本的脚旁,伴她入睡。然而,有一天,杰西误吃了毒药,很快就死了,赫本爱犬心切,竟无法控制自己,一连数日,因悲伤过度而一病不起。这时,她的朋友克里斯多夫·格里文森托人给她送来了一只长耳罗塞尔狗,它叫彭妮,小巧玲珑,毛色白亮,十分可爱。彭妮给了赫本无限的慰藉,赫本说:"彭妮不仅使我恢复了健康,也赐给我无限的幸福,它真是来自天堂的宝贝。"

第四节　送花礼仪

千姿百态的花朵述说着千言万语,几乎人人喜爱。在人际交往中赠送鲜花,已成为一种特殊的馈赠形式,而且是人们最为欢迎的一种馈赠。送花是一门学问,更是一门艺术。人们普遍认为,馈赠鲜花品位高雅、温馨浪漫,最有把握获得馈赠的成功。学习送花礼仪,主要是在鲜花的寓意、送花的禁忌等环节上多加留意,方能使送花成为皆大欢喜的一种馈赠选择。

一、花的情感寓意

花有花语,传情达意

江小姐和刘先生认识两年了,她觉得刘先生不仅善解人意,而且很懂浪漫。比如在送花方面,他做得非常得体。自他们相识以来,他总是在恰当的时机送各种各样的花给她以及她的家人。除了隔三差五送她不同颜色和数量的玫瑰花外,在母亲过生日时,他送来一束康乃馨或是天堂鸟;父亲过生日时他送来一盆兰花或龟背竹;过年时送家里送来一盆金橘;好友结婚,他送了一大束百合花;母亲生病时,他送来了剑兰;就连平时来,他也总会带盆水仙、长寿花之类的花……真是想得非常周到和细致,对此江小姐倍感甜蜜和幸福。

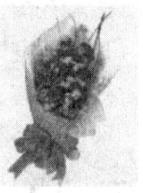

【评析】
　　刘先生能够赠花得体的前提,肯定是他非常了解和懂得花语。花语,也可称为鲜花的寓意,是指人们借用花卉来表达某种情感、愿望和象征。花语是人们约定俗成、广为流传的,花语一旦形成就须人人遵守,不能自造花语,也不能篡改花语。了解了花语,就能够得体恰当地"借花献佛,传情达意"了。

人世间鲜花有无数,每一种花甚至每一种花的不同颜色都有其特别的

含义,以下列举几种不同品种和颜色之花的花语:

康乃馨:象征母爱,是慰问母亲之花,宜在母亲节和母亲生日时赠送。

向日葵:光明、活力的象征,可赠热恋中的男友,金黄色的宜赠恋人。

天堂鸟:象征自由、幸福、快乐、吉祥和自由,宜赠亲朋好友,宜在寿辰中赠送,祝老人似仙鹤般长寿。

黄栌:秋天黄栌片片红叶,历经风霜,真情不变,寓意真心。

非洲菊:又名扶郎花,它象征有毅力、不怕艰难,喜欢追求丰富的人生。单瓣品种代表温馨,重瓣品种代表热情可嘉。上海地区喜欢在结婚庆典时用扶郎花扎成花束布置新房,用其谐意,祝新婚夫妇互敬互爱。

南天竹:茎秆光滑,清枝瘦节,秋风萧瑟,红叶满枝,红果累累,经久不凋,它象征长寿。

石竹:谦虚、多愁善感,单瓣品种被喻为"花中林黛玉",宜赠给柔弱袅袅、见物感怀的女友,重瓣品种宜赠热情洒脱的好友。

茉莉花:象征优美。西欧认为茉莉花表和蔼可亲。菲律宾人把它作忠于祖国、忠于爱情的象征,并推举为国花,来了贵宾,常将茉莉花编成花环挂在客人颈间,以示欢迎和尊敬。

石蒜:优美、纯洁,宜在演出成功时赠艺术家,宜赠初恋情人,喻其清纯。

紫罗兰:花梗粗壮,花序硕大,花朵丰盛,色彩鲜艳,季气清幽,水养持久。紫罗兰象征永恒的美或青春永驻,深为欧洲及各国人民的喜爱,尤其为意大利人所喜爱,并推举它为国花。

马蹄莲:象征永结同心、吉祥如意。在欧美国家的婚礼中,是新娘捧花的常用花材。

富贵竹:淡雅、清秀,象征吉祥、富贵。略经加工,可产生"绿百合"的艺术效果。也可作中小型盆栽,点缀厅堂居室。

红掌:热情豪放、地久天长,宜在婚礼、庆典等喜庆之日应用。宜赠热情、豪爽的友人,单枝寓意"孤掌难鸣"。

蝴蝶兰:花形似彩蝶,花姿优美动人,极富装饰性。蝴蝶兰代表我爱你,是新娘捧花中的重要花材。

龟背竹:叶形奇特,有虚有实,青碧可爱。龟背竹寓意健康长寿,是祝福长辈生日的佳品。

百合:象征神圣、圣洁、纯洁与友谊。金百合艳丽、高贵,白百合纯洁、无瑕。宜送新娘,寓意未来生活充满阳光。

一串红:花色鲜艳夺目,适合作成片摆设,布置花坛,装点节日。一串红代表恋爱的心,一串白代表精力充沛,一串紫代表智慧。

秋海棠:象征苦恋。当人们爱情遇到波折,常以秋海棠花自喻。古人称它为断肠花,借花抒发男女离别的悲伤情感。

鸡冠花:经风傲霜,花姿不减,花色不褪,被视为永不褪色的恋情或不变的爱的象征。在欧美,第一次赠给恋人的花就是火红的鸡冠花,寓意永恒的爱情。

天冬草:叶状枝常青下垂,红果累累。在插花中常作填充材料或衬景。天冬草象征粗中有细,外表"气宇轩昂",内心却"体贴入微"。

长寿花:枝密叶肥、花繁色艳,从冬至春开花连绵不断。它是祝贺生日或春节馈赠老人或友人的佳品。

石斛:花姿优美,艳丽多彩,花期长。它与卡特兰、蝴蝶兰、万带兰并列为观赏价值最高的四大观赏兰类,在新娘捧花中更是少不了它的倩影。

郁金香:象征神圣、幸福与胜利。在欧洲,对自己钟情的恋人表示深深的爱,常选送一束红色的郁金香。但其不同的花色含义不同:红色郁金香——表示我爱你;紫色郁金香——表示忠贞的爱;黄色郁金香——表示没有希望的爱;白色郁金香——表示失恋。

红月季:象征爱情和真挚纯洁的爱。人们多把它作为爱情的信物,爱的代名词,是情人节首选花卉。但其不同的花色含义不同:红月季表示可爱;白月季寓意尊敬和崇高;粉红月季表示初恋;黑色月季表示有个性和创意;蓝紫色月季表示珍贵、珍稀;橙黄色月季表示富有青春气息、美丽;黄色月季表示道歉;绿白色月季表示纯真、俭朴或赤子之心。

此外,不同鲜花搭配在一起亦有特殊的花语和用意,举例如下:

如爱如山——向日葵配剑叶。其花语是:比海洋更宽阔的是天空,比天空更宽阔的是您的心胸,您额上的皱纹记载着坎坷,您的一生就是一首瑰丽的诗。

灿烂时光——各色太阳花,绿叶适量。其花语是:青春是一颗星星眨着真诚的眼睛,青春是一个微笑,传递着流动的快乐,青春是一首歌,唱出了满怀的激情,青春是一首诗,写满了生活的喜怒哀乐。

心灵的港湾——红色康乃馨,粉玫瑰,白百合,白紫罗兰,高山羊齿绿叶搭配。其花语为:鲜花,渴望雨露的滋润,漂泊了太久,渴望怀抱,浪迹天涯,仍惦记着那温馨的港湾。

幸福长久——红色康乃馨,粉色康乃馨,黄莺,绿叶。其花语是:祝您幸福长久,源远流长。

第五章　互通联络

热情洋溢——红色玫瑰,粉色香水百合,向日葵,绿叶,剑叶搭配。花语为:生命中的太阳,让每天都信心满怀,充满希望,让热情伴远行,海角天涯!

二、送花的禁忌

花不达意,弄巧成拙[①]

一位女士在伦敦留学,曾在一家公司打工。女老板对她很好,在很短的时间内便给她加了几次薪。一日,老板生病住院,这位女士打算去医院看望病人。于是她在花店买了一束红玫瑰花,半路上她突然觉得这束花的色彩有点儿单调而且看上去俗气,就去买了十几支白丁香花,并与原来的玫瑰花插在一起。自己对此感到很满意,就捧着花走进了病房。结果她的老板见到她的时候,先是高兴,转而大怒。

【评析】

老板见到她能够带着鲜花来看望自己,当然高兴,可是当看清花是红白相间的时候就怒不可遏了。原来,在西方,送花的禁忌是切勿送红白相间的花给患者,因为这样被看做是病房中将有人死亡的征兆。可以送清一色的红花,一般不送白花,尤其是白色百合花和白色山茶花。另外,在西方,人们在出远门乘坐飞机或客轮时,通常不能随身携带鲜花,尤其是红白相间的鲜花。因为在西方有一种说法,那样做的话会导致空难或海难。

解读

鲜花美丽充满魅力,它使人感受到蓬勃的生机和向上的朝气,但由于不同国家、不同民族的民俗文化不同,同一种鲜花往往会被赋予不同的寓意。如郁金香在土耳其被看做是爱情的象征,但德国人却认为它是没有感情的花。兰花是东南亚的象征,在波兰认为是激情之花。白百合花对罗马人来

---

① 资料来源:尤丽萍. 隔行如隔山,出国先知俗. 摘自《现代交际》,2002 年第 8 期。

说,是美与希望的象征,而在波斯人们认为它是纯真和贞洁的表示。荷花在中国、印度、泰国、孟加拉、埃及等国评价很高,但在日本却被视为象征祭奠的不祥之物。菊花是日本王室的专用花卉,人们对它极为尊重,可菊花在西班牙、意大利和拉美各国却被认为是妖花,只能用于墓地和灵前。在法国,黄色的花朵被视为不忠诚的表示,尤其在国际交际场合忌用菊花、杜鹃花、石竹花、黄色的花献给客人,已成为惯例。因此在送花时,必须要了解交往对象的风俗习惯和鲜花的民俗寓意,注意送花的禁忌。

一是注意花的品种。同一品种的鲜花,在不同国家和地区寓意不同,甚至相反。比如中国人喜欢荷花,因其"出淤泥而不染,濯清涟而不妖",可是日本人却忌讳荷花,认为荷花同死亡相连,所以在日本,平白无故是不能送人荷花的。中国人喜爱菊花的傲骨风霜,但在许多西方国家,菊花寓意死亡,只能在葬礼中使用,所以菊花绝不能随便送给西方人。在许多欧洲国家,白色的百合花和大丽花也只能在丧礼上用,平时不能送人;康乃馨被法国人视为不祥的花朵;红玫瑰只能是恋人和情人的专利,男士若把红玫瑰送给女主人或新娘子会令人难堪。

二是注意花的色彩。在不同的民俗里,对于鲜花的色彩也有着不同的理解。比如:中国人喜爱红色,因为在中国的传统民俗里,红色象征大吉大利、兴旺发达。新人结婚时,贴大红"喜"字,送红色的鲜花,穿红色的衣服。但在西方人眼里,白色的鲜花象征着纯洁无瑕,新娘穿白色的婚纱,手捧白色的鲜花才最合适。在许多西方国家,送黄色的鲜花意味着变节、不忠诚或者分道扬镳的意思。以纯红色的鲜花送人则意味着向对方求爱。所以西方人送花时,大多以多色鲜花相组合,很少会送人清一色的红花或黄花。另外,送花给住在医院里的病人,切勿送红白相间的花,在西方,这被看成是病房中将有人死亡的征兆。

三是注意花的数量。送花的数量在不同国家、地区的民俗中,同样大有讲究。比如,在中国,参加喜庆活动要送双数,意即"好事成双"。在丧葬仪式上送花则要送单数,以免"祸不单行"。在西方国家,送人鲜花讲究送单数。他们认为奇数是吉利的象征。比方说,送一枝花表示"一见钟情",送11枝花表示"一心一意",只有送13枝花才是不吉利的。有些数字由于读音或其他原因,在送花时也是忌讳出现的。比如,在日本、韩国,以及中国的广东、海南、香港、澳门、台湾等地区,送"4"枝花给人,会招人白眼,因为"4"的发音与"死"相似。日本人还忌讳送花数目为"9",因为"9"发音与"苦"类似。总之,赠送鲜花,既要懂得花语,更要注意送花的禁忌,才能正确地以花传情,使鲜花成为人们社会交往中沟通情感的最佳使者。

第五章 互通联络

思考与练习

1. 新加坡利达公司销售部文员刘小姐要结婚了,为了不影响公司的工作,在征得上司的同意后,她请自己最好的朋友陈小姐暂时代理她的工作,时间为一个月。陈小姐大专刚毕业,比较单纯,刘小姐把工作交代给她,并鼓励她努力干,准备在蜜月回来后推荐陈小姐顶替自己。某一天,经理外出了,陈小姐正在公司打字,电话铃响了,陈小姐与来电者的对话如下:

来电者:"是利达公司吗?"

陈小姐:"是。"

来电者:"你们经理在吗?"

陈小姐:"不在。"

来电者:"你们是生产塑胶手套的吗?"

陈小姐:"是。"

来电者:"你们的塑胶手套多少钱一打?"

陈小姐:"1.8美元。"

来电者:"1.6美元一打行不行?"

陈小姐:"对不起,不行的。"说完,"啪"挂上了电话。

上司回来后,陈小姐也没有把来电的事告知上司。过了一星期,上司提起他刚谈成一笔大生意,以1.4美元一打卖出了100万打。陈小姐脱口而出:"啊呀,上星期有人问1.6美元一打行不行,我知道你的定价是1.8,就说不行的。"上司当即脸色一变说:"你被解雇了"。陈小姐哭丧着脸说:"为什么?",上司说:"你犯了五个错"。

【问题】陈小姐被解雇是因为上司说她犯了五个错,分别是什么?

2. 一位律师要求接待员在接电话时要使用规范的电话用语,"您好,这里是金博律师事务所,我是接待员王林。"但是当她一忙起来,接电话时就只是"稍等"。当这位律师向她说明接电话规范性的重要性时,接待员辩解说,她的工作量太大,并埋怨律师对她的业绩视而不见。由于王林这样的反应,律师感到很失望,从而导致他们的关系日趋紧张。

【问题】王林为何与律师关系日趋紧张,她在电话礼仪方面犯了哪些错?

3. 一天,Nurver去会见某国大使。会见完毕,大使送给他一件礼物,是一条用纸包裹好的领带。"谢谢您,阁下!"Nurver高兴地收下了礼物。他回家打开包装,想好好看看这领带,却发现领带的背面赫然写着"土耳其航空公司"的字样,原来这是航空公司赠送给 VIP 乘客的礼物。Nurver 真不敢相信自己的眼睛,他感受到了前所未有的侮辱。

【问题】材料所反映的失礼之处有哪些?

4. 谭晓雯先生终于有机会去法国探望自己的女友了,尽管临行前很忙,沉浸在喜悦中的他还是专程到花店,为女友买了一束她最喜爱的鲜花——一束红白相间的玫瑰,并把它携带上了飞机。可是一上飞机,谭先生就觉得好像哪儿不对劲,要不然同机的很多乘客为什么会用那种异样的眼光,像监视恐怖分子一样打量自己呢,连平素和蔼可亲的空中小姐为自己服务时表情也不太自然。

【问题】请问你知道其他乘客和空中小姐为何有此反应吗?

第六章
求职面试

ZHONG WAI LI YI
GU SHI YU
AN LI SHANG XI

【学习要点与要求】

1. 结合案例把握求职准备的礼仪细节,学会写求职简历和求职信。
2. 学习案例把握面试礼节以及积极应对的面试策略。
3. 从礼仪角度细心体会、借鉴面试成功与失败的案例。

时下的就业市场竞争日趋激烈,用人单位的门槛亦不断提高,对求职者提出了更高的要求。如何成功地叩开求职的大门、找到一份称心如意的工作,成为每位求职者迫切需要和关心的现实问题。

美国职业学家罗尔斯曾说:求职成功是一门高深的学问。求职者除了要具备良好的专业素养外,掌握一些求职面试的礼仪惯例和技巧更是非常必要的,有时这些礼仪形式甚至会起到举足轻重的作用。

第一节　求职礼仪

无准备作战遭刷

接到 lingake 公司的面试电话,我非常意外。简历是同学代投的,自己也没抱什么希望。当时我正在校内网吧上网,手机的信号不是很好,我大声地问对方是谁,语气中略带不逊。当听清楚是通知下午面试之后,我的语气立刻变得非常客气。我小心翼翼地向对方问清楚了公司的名称,然后立刻在网上查询到这是一个信息咨询公司。说实话,对于自己想干什么,一直都是比较模糊,也不知道自己到底适合什么样的单位。不过既然有面试的机会,自然不能轻易放弃。我从网上了解了该公司的业务范围、管理理念等,心中稍微有了点底。吃完中饭,从来不会化妆的我打了点粉底和口红,就匆匆忙忙地走出了校门。至于面试究竟会考些什么,我没有想过。

到了目的地,我整了整自己的衣服,装出一副信心十足的样子,然后姿态优雅地推开了门。毕竟也看过不少面试指导的文章,知道从一进门开始,面试其实就已经开始了。趁着等待的时间,我偷偷地环顾着周围,尽量从周围的环境中找到一些感觉,进一步加深对 lingake 的认识,同时也在观察着进进出出的人。过了一会儿,

有人把我带到一台电脑前,让我翻译文章。这是一篇关于手提电脑的文章,凭着自己英语六级和学过托福,我自信地坐在了电脑前。但是越翻越傻眼,由于平时对计算机懂得不多,碰上一些专业词汇就不行了,而且我的语言风格是接近于散文、文学化的,而这种计算机产品的介绍和宣传需要的是理性并富有说服力的语言。同时我还要追求速度,总不能一个下午就坐在这台电脑前吧。终于翻译完了,只有40分,心里一凉:"这下完蛋了。"

面试官坐在我的对面,面试正式开始了。似乎显得轻松,面试官问我对将来的职业有什么样的希望,其实我自己心里也不是很清楚,既然自己是学新闻专业的,那就顺着说呗!自然希望能增长自己的见识,锻炼自己的能力诸如此类。没想到他马上就接着说,从我的描述中他认为我对自己将来的希望是记者这种比较自由的职业,而不是像他们公司这种限制比较多的职业。我立刻有一种落入对方套中的感觉,急忙试图说明自己并不是这个意思,我能够胜任这份工作。但是也不知是自己确实无法胜任这样的工作还是表达上有问题,很长的一段时间,我都陷入力图说服对方的困境中,至于是否真正说服了对方,自己也不得而知,总之,这个话题终于结束了,我力图使自己保持冷静,以便应付以下的问题。只见他随手翻看着我的材料,看到我写的一篇招聘会的稿子,信口问来:"你觉得现在这些招聘会怎么样?你曾经去采访过,有些什么看法?"我沉默了一会儿,说了自己对这种招聘会实际效果的质疑和对现场乱糟糟环境的不满,当然,也不忘说上一句肯定的话,凡事不能一刀切嘛!面试官对我的观点没什么异议,但仍在启发我说些别的什么,而我却觉得头脑已近空白状态了。最后,他终于说,"如果要我回答,我会提到求职者与招聘者的信息不对等。"我无言。走出 lingake 大门的时候,我知道自己不会再进来了。

【评析】

由这个案例我们可以看到,该同学对于这次面试显然是准备不够。代投简历使她对要面试的单位知之甚少,尽管上网了解了大概情况,但是无法对此形成一个比较直观的印象,在电话中询问单位的名称更让人怀疑其应聘的诚意。再加上本身对自己缺乏必要的认识,一开始就潜伏着失败的危机。

因此我们说,做好求职前的准备工作,这是应聘成功的第一步。知己知彼,百战不殆,任何竞争的成功都属于有准备的头脑。全面客观地了解自我,广泛有效地了解对方,以及准备好求职所需的各种信息和材料,乃是增强自信心、更好地把握求职机遇的前提与基础。

一、知己而战

成功求职也需量力而行

小徐毕业于某名牌大学,品学兼优。当时她非常喜欢日报社的工作,在老师的推荐下,经过层层考核选拔,终于脱颖而出,应聘成功。但是没想到,她应聘的编辑岗位工作量很大,有时还需要晚上加班,还经常去外地出差。半年下来,身单力薄的小徐就感觉体力不支,不得不提出辞职。家人朋友都为她惋惜,因为她对这个工作很喜欢,而且又付出了很大的努力,可如今却心有余而力不足,只能另谋高就。

【评析】

小徐尽管能够根据自己的兴趣明确求职目标,但是由于没有考虑到自己的身体状况,结果也是得而复失,耗费许多时间和精力。

解读

为了避免找工作时的盲目性,以及提高求职应聘的成效,求职者应当及早全面客观地分析和评价自己的实际情况,正确地判断出自己究竟适合哪种工作,从而使自身与职业要求结合起来,实现个人与职业的最佳匹配。一个理想的职业应是符合你的个性、最使你感兴趣以及最能发挥你的潜力的工作。所以全面分析解剖自己时,需要从以下四个方面着手进行:

一是分析了解自己的身体情况。求职者必须对自己的身体状况作一个全面的衡量,衡量内容包括:一般状况(身高、体重等)、疾病情况、有无缺陷或特别素质等。这样,就可以从生理角度来判断自己从事哪种职业比较适宜。二是分析了解自己的气质和性格。求职者可以进行气质与性格心理测验,了解自己的优点、缺点、长处和短处,从而根据自己的性格与气质类型来判断适合什么样的工作。如人们总是把外倾型性格与公关、服务、销售等职业相联系,而把内倾型的性格与会计、医生、图书管理员等职业相联系。三是分析了解自己的兴趣与爱好。兴趣爱好往往是职业定向的萌芽,是初步的职业意向。求职者可以进行职业个性测试,以协助了解自己的职业兴趣

第六章 求职面试

和职业倾向,及早为自己的职业生涯做好准备。四是分析了解自己的知识和能力结构。只有客观地分析评价自己的知识与能力,才能知道自己到底适合从事哪个层次的哪项具体工作,也才能选出最能发挥出自己潜力的工作。可见,了解和定位自我就是要清楚自己是什么样的人、自己想干什么以及能干什么的过程,最终使自己对自我有一个清晰的印象,以便在求职择业时做到有的放矢、成竹在胸。

二、知彼而战

缺乏了解,怎能成功

身为某外资企业市场总监的胡先生,对八年前的第一次面试,仍然记忆犹新。当时的就业压力并不大,但胡先生还是早早地做好了充足的面试准备。无论是求职信、个人简历,还是自己的着装,都请教过很多人,可以说很完美。而且,他事先也做了充分的心理调适,所以心态上也很放松。面试的时候,无论谈自己的经历,还是谈技术,从主考官的表情来看,对他都非常满意。四十分钟的面试就要接近尾声了,突然主考官问:"胡先生,我看您事先做了很充分的准备,说明你对我们公司和这份工作很重视。那你知道我们公司是干什么的吗?""干什么的?"胡先生一下子就懵了,对呀,干什么的我还真没注意过!半晌,胡先生一脸尴尬地说"对不起,这一点我还没来得及进行足够的关注……"主考官手一挥:"好了,胡先生,你可以走了"。

【评析】

可见,面试之前的准备工作,绝不可以只关注自己,还要多多关注求职单位的有关情况。只有这样,才能使你的面试过程更加顺利、更加完美。

在了解用人单位的基本信息时,要尽量做到能够有一个整体意义上的清晰了解。如果你对面试官提出的第一个问题是"你们这家公司是从事什

么工作的",落选肯定是情理之中的事了。

所以,为了获得理想职业,面试前不妨把有助于了解用人单位的信息点列成清单,然后逐一落实。这些信息点通常包括单位的内部信息与外部信息两大类。内部信息包括单位发展历史与最新动态、发展目标与企业文化、最高领导人的姓名、规模(员工数量)与行政结构、总部及分支机构的业务范围与地理分布、产品或服务内容与类别、财政状况、绩效考核体系、培训体系和薪酬体系、正在招聘的职位描述及能力要求、员工的职业发展路径等等。外部信息包括客户类型与规模、竞争对手的类型与规模、该单位的公众形象与社会评价等等。这些信息点会在你的面试交流中最大限度地得到体现。比如,若对于所面试的职位有清晰的认识,就能够说出为什么这是你渴望的职位;多次提及公司的名称,熟练使用公司名称的简称;经常使用专门术语等等。总之,这些信息可以成为你面试过程中言之有物的知识背景,内化在你逻辑化、结构化、清晰化的交谈语言中,体现出你对该单位发展持有的高度敏感性、兴趣和获得该职位的诚意。

三、求职材料

求职材料不规范,才子遭遇失败

四年的大学生活就要结束了,作为化学系"仅有的才子",洪新强对那些开始着手找工作的同学不屑一顾:最后的才是最好的!在班上大部分的同学签了就业协议之后,洪新强才开始行动。"那些土包子就为求个职,连简历怎么写、写多少还要去咨询!"于是洪新强花了三个晚上,写了一份三页的求职信、一份四页的个人简历。而且经过润色,使词句工整,读起来朗朗上口,颇有《少年中国说》的气势。然后,他又用整整一天的时间,把求职信和简历进行了精美的设计,最后"不惜血本"用彩色打印机打印了20份,用洪新强的话说:"这材料,洋洋洒洒万言,管教人家看了就不想放下"。但是,20份"精美"的求职材料寄给了那些他认为比较中意的企业,竟然没有一家企业和他联系。洪新强不知道,他的"洋洋洒洒万言"的求职信和求职简历,使企业一下子失去了往下看的兴趣;每个职位企业都能收到几十份求职材料,谁有这个闲时间看这个万言书!而且,彩色求职材料,恰恰是最不受企业欢迎的。

第六章 求职面试

【评析】
可见,即使是求职材料这样简单的事情,求职者也要同样予以重视。为了能够尽快地找到一份合适的工作,求职者要善于有效地推销自己,其奥妙就在于使招聘单位对自己"一见钟情",进而达到"非你不娶"的效果。而求职信与个人简历正是自我推销的广告,是求职者与用人单位结成"姻缘"的桥梁。求职者一般都要通过它们与用人单位进行第一次接触,两者书写的质量如何将直接决定着给用人单位留下的第一印象之好坏。因此,为获得理想的求职成效,求职者必须写好一封合乎礼仪且高质量的求职信和个人简历。

要写出高质量的求职信和个人简历,必须了解以下内容:

1. 求职信的写作原则

一份好的求职信并不在于辞藻的华丽、篇幅的长短,而在于它的清晰性、全面性、说服力和规范性原则。清晰性,是指求职信的表述语言简明扼要、思路清晰,内容层次分明,书写规范整洁,给人一种干练、高效之感。全面性,是指求职信应当综合反映你的各方面素质,不仅要使用人单位对你的情况有一个大体的了解,而且要突出那些能引起对方兴趣、有助于获得工作的内容,包括专业知识、实践经验和技能、爱好特长和个性特点等等,就是要从"名"、"特"、"优"上做文章,全面塑造你的形象。当然,这些内容切勿离开"胜任工作"这一中心主旨,也不能仅罗列事项或泛泛而谈。说服力,是指求职信应当具有能打动对方,使对方认可并接纳的内在逻辑力量和真诚情感。其中,恰当、诚恳地写出你想从事某项工作所具备的条件能引起对方的共鸣,因为这让对方感到招纳此人对本单位将有很大的益处。规范性,是指求职信在格式、内容与结构上符合一定的规范和要求。求职信的格式与一般的书信大体一样,即包括称呼、正文和结尾。只是结束语在写好"此致、敬礼"或"谨祝、安好"等谦恭礼貌的祝颂语后,要写明自己的单位、姓名、联系地址、联系电话等具体信息。即使打印的求职信,在打印姓名上面一定要亲笔签名,以示郑重。

就正文的内容结构来说,求职信一般包括三大部分:

第一部分,求职意向和愿望。此处,求职者应当首先写好一个醒目、简短且吸引对方的开头语,力争在几秒钟之内抓住对方的注意力。比如可以先表示对该单位的景仰,即简洁地说明该单位在你心目中的形象和地位。在具有吸引力的开头之后,再简单明了地写清自己希望从事哪种工作、哪个职位。因为用人单位同时招聘多个工作岗位的人员,如不写明,用人单位将难以回复和选拔。

第二部分,主要资格和能力。在这一部分,求职者主要简述自己能够胜任此工作的原因以及对求职有价值的一些资历,即说明自己具有何种才能、经过哪方面的培训和锻炼、对此工作有何研究、有何成就等有利的竞聘条件。具体而言,此部分的内容要突出三个方面的特点:一是要反映出你的学业水平和能力。通常,用人单位欢迎基础扎实、知识面较宽的求职者,所以有些大学毕业生因害怕自己的专业成绩不好,而不知该怎么写。成绩不好已经无可挽回,但更重要的是,现在这个时代已经开始进入"以能力取人"而不仅仅是"以分数取人"的时代。因此只要自己有与众不同之处,就要敢于扬长、善于扬长。如组织管理能力、社会活动能力、善于处理人际关系、善于攻关等等,往往都是用人单位特别感兴趣的。若你有此类特长,就应在求职信中把它具体地展示出来。二是要反映出你的品德修养和实干精神。调查表明,大部分企事业单位都需要补充大学毕业生,但他们又担心进来的大学生不安心本职工作、缺乏事业心和责任心,不仅无利于单位发展,反倒成了单位的包袱。所以用人单位往往把思想政治素质放在考核求职者的首位。他们更加欢迎那些能够与企业同甘共苦、荣辱与共、齐头并进的求职者。现在某些大学生的致命弱点就是怕苦怕累、缺乏实践能力不愿到一线去,却又眼高手低,大事做不来,小事不愿做。这样的大学生怎么敢要呢?有不少企业负责人说:大学生只要有艰苦奋斗的实干精神,业务基础差一点也不要紧。因为业务水平可以在实践中逐步提高,而踏实进取的品格才是成才的基础。三是反映出你的个人特点,即良好个性和生活情趣。几乎所有的用人单位都希望录用充满热情和活力的青年大学生,但表现个性要有针对性。如外贸单位大多喜欢能说会道、善于交际的性格,而企业、厂矿则更欢迎踏踏实实、事业心和责任感强的性格;广告公司喜欢有点"灵气"、常常"出格"的人,而行政机关更愿意录用稳妥庄重、有条有理的人。当然,若该单位热心于体育事业、赞助某体育项目,你也不妨"投其所好",写上在学校体育比赛中的不俗表现。一般情况下,对于个性特点不要过分渲染,应当点到为止。另外,不要在求职信中过多地提及与工作或事业发展无关的个人信息,一般也不应提及工资的数目要求。

第三部分,结束语。可简短表达自己的心愿,如服从安排或希望做什么工作;可说明你的个人简历已经附上;可委婉地提出面试请求或答复等等。根据实际情况,若有必要,还可对所求职的单位提出自己的建议,如生产技术或市场营销方面的,也可以是管理方面的。当然,所提的建议应当与自己所求的岗位相契合,切忌好高骛远,过于自负。在应聘中,若你的建议确有真知灼见而被用人单位看中,哪怕你在其他方面稍差一点也会得以弥补。

2. 求职信的写作礼节

求职信是你与用人单位的首次交往,其最终效果直接影响你给对方的最初印象,所以更要遵循传统礼节。具体来说,既要遵循一般信件的要求,更要注重求职特色,可概括为以下几个方面:

一是称呼要恰当礼貌。用人单位负责人第一眼看到的就是你对对方的称呼,所以更为敏感重要。写作求职信未必对用人单位有关人员的姓名熟悉,所以在信中可以直接称职务头衔,如"北京未来之舟公司负责人"、"国发公司经理"、"南京汽配厂厂长"。求职信的目的在于求职,带有"私"事公办的意味,因而称呼要求严肃谨慎,不要过分亲昵,以免给人以"套近乎"或者阿谀、唐突之嫌。当然礼貌性的致辞还是可以适当使用的。如称呼之前一般要加表达敬意的修饰语,如尊敬的、敬爱的、尊贵的等等。称呼之后一般还要加提称语,即用来提高称谓的词语,如对尊长用"尊鉴"、"赐鉴"、"钧鉴"、"崇鉴";对平辈用"台鉴"、"大鉴"、"惠鉴";对女士用"芳鉴"、"淑鉴"、"懿鉴"(对年高者)等。

二是问候要真诚自然。一般信的开头都要有问候语,或称应酬语(承启语)。向对方问候一声,不仅可以起到开场白的作用,而且更是必不可少的礼节。问候语可长可短,但即使短到"您好"两字,也体现出写信人的一片真诚,表达出对对方的一分敬意。另外,问候语要简捷、自然为宜,不能过于冗长苛刻。

三是内容要清楚准确。正文是书信的主体,即写信人要说的事。正文从信笺的第二、第三行开始,前面应空两格。书信的内容尽管各不相同,写法也多种多样,但都要内容清楚、结构明确、文辞通畅、字迹工整。另外还要谦恭有礼,即根据收信人的特点及写信人和收信人的特定关系进行遣词造句,包括谦词敬语的选择和语调的把握等。

四是祝颂要热诚规范。正文后的问候祝颂语虽然只有几个字,但却表示出写信人对收信人的祝愿与钦敬,不容忽视。祝颂语有格式上的规范要求,一般分两行写,上一行前空两格,下一行顶格。祝颂语可以套用约定俗成的句式,如"此致,敬礼"、"祝您健康"之类,再如传统的对尊长可以写"敬请,福安"、"敬请,金安"、"敬请,大安"、"恭请,平安";给平辈的信,可以用"顺颂,时祺",春天可以写"敬颂,春安",过年的时候可以写"即请,年安"、"此请,岁安",平时用"敬颂,时绥"之类;按对方职业可选用不同的祝颂语,对学术界可用"敬请,学安"、"教安"、"编安"、"撰安"、"诲安";对政界可以用"恭请钧安"、"勋安";对企业界可选用"敬请,筹安"、"筹绥"、"商安"、"财祺"等。也可以另辟蹊径,即景生情,以更能表示出对收信人的良好祝愿。如"祝贵公司事业发达,鹏程万里","祝贵校兴旺发达"等类。

五是署明落款要礼貌完整。信的最后落款要注明写信人的名字和写信日期,为表示礼貌,在名字之前加上相应的"弟子"、"受业";给用人单位领导写信,也可写"求职者"或"您未来的部下"等。名字之下,还要选用适当的敬辞。对尊长,在署名后应加"叩上"、"敬亲"、"叩禀"、"拜上"、"敬启"、"肃上"等;对平辈在署名后加"敬白"、"谨启"、"敬上"、"拜启"等。

六是信封称呼要礼貌、规范。很多人往往认为求职信重在里面的信,而对于信封毫不在意。其实,这是错误的想法。因为对方首先看到的就是信封,如果从信封上就给对方留下了好印象,那成功率无疑就会更大。信封的主要内容除要清楚、准确地写明收信人地址及邮政编码、收信人姓名、发信人地址及姓名以外,还要恰当地选用对收信人的礼貌语词。首先要注意收信人的称呼。封皮是写给邮递员看的,所以应根据收信人的职衔、年龄等,写上"经理(或总经理)"、"厂长"、"人事资源部长"、"人事经理"或"先生"、"女士",如果是在国家行政机关或事业单位求职,信封上则可以写"同志"。其次,要讲究"启封辞"、"缄封辞"选择。"启封辞"是请收信人拆封的礼貌语词,它表示发信人对收信人的感情和态度。一般对高龄者长用"安启"、"福启",对其余长辈用"钧启"、"赐启";对平辈,可依照受信人的身份、性别,分别用如"文启"(对教师)、"芳启"(对女士)。"缄"字的用法也有讲究,给长辈的信宜用"谨缄",对平辈用"缄"。

3. 个人简历的写作原则

个人简历是求职者自我描述的一幅"彩照"和推销自我的名片,它是对个人学历、工作经历、特长、性格及其他有关情况所作的简明扼要的书面介绍,亦是打开面试大门的钥匙。个人简历的写作应当遵循整洁、简明、准确、诚信的原则。所谓整洁,就是简历表的外观形式必须端庄、清爽、醒目,能让人"一目了然"。简明,就是内容言简意赅,不能长篇大论;并且内容要具有针对性,写清楚与应聘职位有关的学历、经历和成就即可。准确,就是用词规范贴切,术语得当合体。诚信,就是简历中的内容应当实事求是,不能弄

第六章 求职面试

虚作假、夸大其词。

一份完整的个人简历,一般包括个人资料、求职目标、任职资格、学历、工作经历、专长与成就、学术论文论著、课外活动、外语技能、社团职务、推荐人等项目,但根据个人的实际情况可以有所增补或删减。

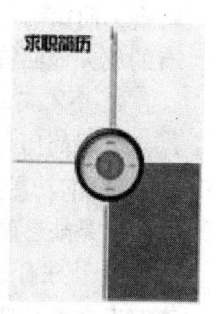

个人资料,包括姓名、出生年月、性别、籍贯、身高、体重、健康状况、婚姻状况、业余爱好、通信地址及联络电话等信息。求职目标,即求职者的愿望,要明确具体地写出想要申请的职位,即欲在求职单位扮演的角色和承担的责任。任职资格,要言简意赅地写清应聘此岗位的优势和特长,让用人单位对求职者的学历、专业、工作经验、能力等有一个概括性的了解。有时为避免与下面的内容重复,此项亦可省去。学历,应按由低到高或者由高到低的次序写清学习起止年限、学校、系科和专业。工作经历,包括工作起止时间、工作单位名称、所任职务。对于刚毕业的大学生来说,虽无工作经历,但可以写上自己担任过的职务或组织参与的活动。尽管这些活动或经验可能是短期的、不成熟的,但可以不同程度地反映一个人的志趣、社交能力、组织能力、协调能力、领导能力和人格成熟度等个性特征,这些正是用人单位考察的重点。所以,如果你具有与应聘岗位相关的经历,无论时间长短,都一定要写在简历上。专长,是专业范围内最突出、最擅长的强项。专长不仅指求职者所学的专业,还应包括你在工作、生活及兴趣发挥中发展而来的各种特长,与所应聘岗位相关的专长尤为重要。比如,应聘办公秘书,若你具有较高的外语、计算机、中文写作水平,那就肯定比没有此项专长的人多了几分成功的砝码。成就,可以是所学专业领域的工作成就;也可以是科研成就,如发表的学术论文论著、参加的重大科研项目等等;还可以是所获得的国际性、全国性、省部级、校级奖励。此项切记要实事求是,要具体量化,通常还要附上论文论著、证书原件或复印件。语言能力,包括外语水平能力以及中文表达和书写能力,如通过全国外语或专业外语等级考试成绩以及发表的文章等等。计算机能力,是指计算机操作能力,如查找资料和编辑程序水平能力,如获得全国计算机等级考试所获得的级别证书。推荐人,若有必要,求职者可以在最后列上此项目,意在表明自己在简历中所列情况属实,真实可信。本项目不必过多展开,而是写上"函索即寄"或写上推荐人资料即可。如对方函索推荐人,求职者应提供两三名对自己相对了解,同时又在本专业领域拥有职务或职称的人作为自己的推荐人。当然,在此之前一要获得推荐人的许可;二要附上推荐人的通信地址、邮政编码和电话号码;三要将自己简历的复印件交给推荐人一份,以便他们对简历有全面的了解,能够有的放矢地回答用人单位的询问。

4. 个人简历的写作忌讳

个人简历是求职材料的核心内容,所以在写作上一定要多加细心,以免出差错、前功尽弃。除前面介绍的写作原则外,下面四点也要避免:

一是缺乏重点。一封有效的求职信应该重点突出。求职者能干什么、优势在哪里、谋求什么职位应当一目了然。很多求职者竞争力很强,写起简历来却没有突出重点。如果一份简历看上去适合任何单位、任何职位,它给人的印象就是求职者不能确定自己的工作目标,相比别人而言,也就失去了竞争优势。

二是缺乏营销战略。这个错误非常普遍。很少有求职者把求职看成一项推销活动。具有市场营销观念的人,会动用各种销售工具,获得决策者的信任。你的求职信实际上是一份市场销售书,目的是把你带到下一轮面试。把你的工作经历设想成销售工具,意味着你在写简历的时候首先考虑了读者的购买需求。求职信上每个词都要表明你能满足他们的需求:帮他们解决问题、节省时间和金钱、增加利润或改善客户关系。

三是缺乏工作业绩陈述。可以说大部分的简历都缺乏工作业绩陈述。过去的工作成绩是雇主评判你未来表现的依据。工作业绩能刺激雇主迫不及待抢在竞争对手之前给你打电话。为了达到最大效果,业绩必须量化成数字或百分比,量化的业绩比空洞地叙述业绩更可靠、具体和客观。

四是语气缺乏成熟。像"给我一个机会,还您一个惊喜"等幼稚的求职语经常在个人简历里出现。如果主考官真的给你一个机会,你会带给应聘单位什么"惊喜"?这样的语言会显得既虚伪又空洞。此外,为便于用人单位更全面地了解自己,还可以在简历上贴一张清晰、精神的近期照片,因为从照片上往往也能反映出一个人的气质与个性。

第二节　面试礼仪

如此形象,怎能成功

一次某公司招聘文秘人员,由于待遇优厚,应聘者很多。中文系毕业的小张前

第六章 求职面试

往面试,她的背景材料可能是最棒的:大学四年期间,在各类刊物上发表了3万字的作品,内容有小说、诗歌、散文、评论、政论等,还为六家公司策划过周年庆典,一口英语表达也极为流利,书法也堪称佳作。小张五官端正,身材高挑、匀称。面试时,招聘者拿着她的材料等她进来。小张穿着迷你裙,露出藕段似的大腿,上身是露脐装,涂着鲜红的唇膏,轻盈地走到一位考官面前,不请自坐,随后跷起了二郎腿,笑眯眯地等着问话。孰料,三位招聘者互相交换了一下眼色,主考官说:"张小姐,请回去等通知吧。"她喜形于色:"好!"挎起小包飞跑出门。

【评析】

显而易见,张小姐是不会等到录用通知的。尽管她学业优异,但很欠缺礼仪修养。她的仪表着装和修饰、仪态举止都是有失礼节和规范的,肯定给用人单位留下了糟糕的印象,怎能取得成功呢?"博学于文,约之以礼",在任何时候,求职面试、为人处世都要遵守礼仪,注重礼节。如她的一身着装,是典型的休闲装,是不适合穿到应聘这种正式场合的。应聘时,需要向别人展示的是自己的自信、成熟和干练,因而应该穿着一套正装。

一、注重仪表形象

"美丽冻人"定被拒

2004年浙江省外资企业人才专场招聘会上,在一家招聘摊位前,某外企招聘人员面对一位打扮得时尚、美丽"冻人"的女生说:"对不起,小姐,你连什么季节都分不清,我们相信你搞业务也不一定会出色"。就这样,该女生由于穿着美丽"冻人",当场被刷。还有的应聘者穿着拖鞋在应聘现场走来走去;有的大学生情侣好像逛公园一样,手牵手;有的应聘者两手空空地荡来荡去……这些应聘者的形象无一不叫用人单位连连摇头。

【评析】

印象是求职的第一块敲门砖。为了在交际中给人以良好的第一印象,并达到理想的交际效果,我们须注重自己的仪表,进行良好的个人形象设计。有一些求职者本身很有实力,只是因为面试时仪表出了问题,导致丧失了工作机会。某年重庆的公务员考试更是把仪表列在了考试范围内,仪表仪容的测评占面试分数的10%,如此大的比重不难看出仪表在面试成败中的重要性。而这个案例更形象地表明:注重自己的仪表服饰是非常重要的。拖沓不整和过于夸张、有失庄重的打扮都会给用人单位留下糟糕的第一印象。所以面试当天,应当给自己留出充分的时间做好一切准备。在备齐了所有应当随身携带的求职信、简历等必要物品之后,还应当包装一下自己的外在形象,做到衣冠楚楚,端庄得体。

解读

面试着装首先必须整洁,不整洁的打扮会使你的形象大打折扣。整洁并不要过分讲究花哨华丽或高额的花费,面试时你所穿的西服、衬衫、裤子、皮鞋、袜子都不宜给人以崭新发亮的感觉,但衣服一定要干净、平整、挺括,不可邋遢,不可修饰过分。其次是要简朴大方。面试应尽可能抛弃各种装饰,如多层花边、色块镶拼、刺绣工艺等等。如果工作的专业性强或职务较高,在色彩上也应慎重,太夺目的色彩或太花哨的纹样表明你不够郑重,会导致对你专业水平的怀疑。再次要避免大胆的装束。男士切勿穿短裤、凉鞋、运动鞋;女性切忌浓妆艳抹、迷你裙、无袖上衣、高跟拖鞋,即使是炎热的夏天,也不要穿得太露太透,不要选择闪光的涂层面料,更不要穿运动鞋和露趾凉鞋。

就着装的规范性来说,男士或女士都可以在面试前选购一套剪裁合体、做工精良的套装,但不要过分提高自己的衣着档次。无论是男装或女装,对质料要略有讲究。好的面料可以使剪裁合体的服装更加合身、相得益彰。合乎自身形象的着装会给人以干净利落、有专业精神的印象,男生应显得干练大方,女生应显得庄重高雅。一般来说,男士最好穿着庄重的西服套装或夹克,西服的颜色应以深色为好,要熨烫平整挺括,衬衫领口和袖口要干净,黑色皮鞋要擦亮。女士最好穿着正规、素雅的套装或套裙。裙子要以窄裙为主,并且裙长要到膝或者过膝,并且较少使用饰物和花边进行点缀,不能怪异、新奇或过于暴露,否则都是不庄重文明的。在色彩方面要求以冷色调为主,应当清新、雅气而凝重,以体现出求职者的典雅、端庄和稳重。可以选择藏青、炭黑、雪青、茶褐、土黄、紫红等稍冷一些的色彩,最好不选鲜亮抢眼的大红、大绿等色。

另外,还可以根据应聘的职位特点和要求来选择面试着装。比如应聘银行、政府部门、文秘、人力资源管理、财务管理、营销等行业,穿着偏向传统、正规。如 Monster 金融职业专家 Dona DeZube 指出:"对于女士来说,金

第六章 求职面试

融领域的职业装可以是一套黑色或者深蓝色的裤套装或者裙套装，再配一件彩色或者白色的衬衫；对于男士来说，只能选择深蓝色西服"。宾夕法尼亚州 Jenkintown Brody 通讯公司的首席执行官，也是《救命！那是我的事业绊脚石吗？》的作者之一 Pamela Holland 指出，"一套颜色比较保守的西服最适合政府部门的面试。不要穿得太花哨"，"这个时候你要显得很有责任心，值得信赖并且很诚实。"对于财务管理也是如此。"没有什么事情比管理金钱更准确和细致的了，"Holland 说，"哪怕是一根头发乱了也不行。整套的商务职业服装是必须的，也是面试官所期望看到的。"而"如果你申请的是一个技术方面的职位，那你不需要穿西装"，《提高你的面试智商》一书的作者 Carole Martin 指出，"穿有领衬衫和卡其布裤子或者休闲裤就行了。女士也一样，穿毛衣或者衬衫配休闲裤或者裙子就可以。"但是如果你要参加较高职位的面试，你就需要"升级"你的服装了。《高技术人员职业指南》的作者 David Perry 说，"你要穿你最好的衣服，没有例外。"再如，应聘公关、时尚杂志等，则可以适当地在服装上加些流行元素，显示出自己对时尚信息的捕捉能力。仪表修饰最重要的是干净整洁，不要太标榜个性，除了应聘娱乐影视广告这类行业外，最好不要选择太过突兀的穿着。对于应届毕业生来说，允许有一些学生气的装扮，即使面试名企，也可以穿休闲类套装。它相对正规套装来看，面料、鞋子、色彩的搭配自由度更高。

另外，在选择面试着装时，可以力求使自己面试着装的色彩、风格与应聘的职位协调融洽起来。恰如一位公司负责人所言，"每一家公司都有代表该企业的 logo 与特定颜色，求职者如果在面试当天的服装色调上，巧妙融合该公司的代表色彩，那么你的积极程度更能取悦主考官。"如 IBM 公司和苹果公司有着不同的企业服装文化。美国 IBM 公司强调团队意识，注重统一的形象，其一般员工都是蓝色衬衫配深色西裤，因而被人们誉为蓝色巨人。而同样经营电脑的苹果公司更注重个性的张扬，其员工着装不拘一格，营销人员多身着牛仔裤和 T 恤，从而给人轻松、活泼的形象。这些迥然不同的礼仪风格都是为了在公众心中塑造独特的企业形象。所以很显然，在应聘这两大公司时若能与他们风格一致的话，既显示了你对他们的了解，又能直接拉近与他们的心理距离，效果可想而知。再如应征百事可乐公司的人可以从红和蓝当中选择其一，应征清华紫光的人可考虑穿紫色色调的衣服……如果所应征的公司还没有采用标识色彩时，求职者可以从应征工作的属性来选择面试当天所穿服装的色彩。如果你所应征的是管理工作，那么深蓝色就相当合适，它给人一种稳定感；如果应征充满活力与健康的工作，代表朝气的红色和浅蓝色就相当适合；至于应征女性产品销售员的人则可选择粉红、粉紫、粉绿等粉色系，男性求职者则可选择天蓝色等代表阳光、健康的服装，借以制造易于亲近的感觉。

注重礼仪，收获成功

中专毕业的李先生陪同学到一家知名企业求职。李先生一贯注重个人修养，他整洁的衣服、干净的指甲、整齐的头发给人一种精明、干练的感觉。来到企业人事部，临进门前，李先生自觉地擦了擦鞋底，待进入室内后随手将门轻轻关上。见有长辈到人事部来，他礼貌地起身让座。人事部经理询问他时，尽管有别人干扰谈话，但他仍然能注意力集中地倾听并准确地予以回答。说话时，他神情专注、目不旁视、从容交谈。这一切都被来人事部察看情况的企业总经理看在眼里。尽管这次李先生只是陪同学应聘，但总经理还是诚邀李先生加盟这家企业。现在他已经是该家企业的销售部经理。

【评析】

李先生之所以在不经意之间收获了成功，在于他的礼貌形象：一是整齐规范的仪表形象，二是得体端庄的举止形象，三是大方礼貌的交谈形象。这些无不是招聘方考核量评的内容。

"衣冠不整"惹出祸

赵晶在本市的晚报上看到了一则招聘市场调研主管的广告。她觉得自己能够胜任这个职位，而且自己在大学期间还曾经主持过一些市场调研项目，客户反映不错。次日，赵晶衣着得体、精神抖擞地来到应聘地点。接待的一位小姐先让她进行理论笔试，几乎全都是一些市场调研的基本知识，赵晶很快就完成了。那位小姐看了赵晶的试卷之后，就礼貌地带赵晶到总经理办公室面试。总经理在认真看完了递上去的个人简历和试卷后，就很随意地问赵晶一些基本常识和工作经验。交谈了约半个小时之后，总经理一脸严肃地说："我看了你的笔试成绩和个人简历后，感到你的专业理论相当地扎实，也有一定的工作经验。但是我却很遗憾地告诉你，你还是不能胜任这项

第六章 求职面试

工作。"听了这话,赵晶问为什么?这时,总经理站起来走到赵晶跟前和蔼地说:"我不说别的,你瞧自己脚下穿的那双袜子,一只灰的,另一只却是黑的。这样粗心怎能从事比较精确的调研工作呢?记住,一场精彩的面试往往就可能毁于一些生活小节。"赵晶低头一看,两双袜子果真混穿了,平时懒散的作风一览无余,脸霎时涨得通红……

【评析】

印象是求职的第一块敲门砖,而仪表往往是构成印象的重要成分。有一些求职者本身很有实力,只是因为面试时仪表出了问题而丧失了工作机会。此例更充分表明了仪表礼仪在面试成败中的重要性。"礼貌修养无小节,细微之处显本色",我们往往可以从一些日常的细微小节中判断一个人的人品和个性。正是赵晶粗心大意、随意懒散的不良生活习惯,使得专业精通的她失去了这次工作机会。正所谓:一屋不扫,何以扫天下?

 解读

有专家言:"面试只看三个重点,即头发、首饰配件与鞋子"。这三个方面都应当给人一种稳重、干练、高效的感觉,具体要求如下:

一是发容干净整齐。头发位于人体的"制高点",人们打量人也往往是从头开始的,所以仪容修饰更要"从头做起"。头发代表一个人的个性与整洁的习惯,比如油腻的头发说明这个人整洁习惯欠佳。所以求职者在面试的时候,一定要记住头发的整洁远比发型更重要,整洁就是一定要梳洗干净整齐,无汗味,无头屑,千万不可凌乱不堪,当然也不要使用太多发胶。发型款式大方,不怪异,不太长也不太短,前发不要遮眼遮脸为好,男士鬓角的头发不要过耳。另外,发型发式最好还能与自己所要应聘的工作相一致。比如比较严肃的工作岗位,最好不要留过于夸张前卫、时髦的发型,也不要把头发染成其他颜色,以免给人留下不稳重的印象。男士还要注意剃须,女士尤其要注意化淡妆,千万不能浓妆艳抹、香气袭人。另外还要保持你的口气清新。去面试之前最好先漱口或嚼口香糖,以免口腔有异味。再者,还要注意自己的指甲,已经留了长指甲的你如果再"十指黑黑"就太糟糕了,恐怕连握手都勉强了主考官。

二是佩饰得体大方。佩饰不但说明了一个人的品味，也代表了对自我的要求。佩饰价格并不能代表品味高低，搭配得体大方最为重要。一般而言，平时不戴首饰的人，在面试时也最好不戴，要知道简单就是品味。以男性朋友为例，面试当天千万不能打扮过头，不要佩戴镶宝石的领带夹、闪亮的袖扣、造型夸张的眼镜或手表等引人注目的配件。在面试政商类工作岗位时，更不要戴耳环、项链等佩饰。女性朋友如果戴首饰，在面试时也应选择秀气、高雅的来佩戴，千万不可佩戴贵重的珠宝。此外一般只佩带两三种，千万不要佩戴过多。佩戴首饰一定要恰如其分，不要花里胡哨，更要避免戴叮当作响的指环、手镯、手链或脚链等佩饰。

三是鞋袜整齐规范。鞋子位于人体的"制低点"，似乎最容易被人们忽略，但它往往最能透露个体形象信息。一位服装仪容看起来都很完美的人，只是在交谈的过程中，被面试官无意瞥见了藏在裤管底下的不规范或肮脏鞋袜，先前的所有努力将会付之东流。鞋袜虽然不起眼，却能体现个人做事的细心程度，因此单位在选人时也很注意这点。所以我们在面试时更要注意其规范整齐性：如果男生穿的是西服，那么就应该穿皮鞋，运动鞋、布鞋、凉鞋与西服是不匹配的。鞋子体现稳健、庄重，别出心裁的鞋样不要出现在面试现场。绝对不要为了显出你不羁的生活方式而拒绝袜子，袜子一般要和裤子的颜色相适合，不妨选择黑色或者深色的，袜子要有一定的长度，长到在你坐下或者交叉两腿时不要露出白腿为宜。女生的鞋要和裙、裤相适应，鞋跟不要太高太细，防狼鞋、凉拖鞋也会显得不合时宜。如果有鞋掌，最好选择塑料质地，金属质地的鞋掌使你的脚步声如同马蹄声，效果很不好。如果穿裙装，要穿肉色长筒袜，不能脱丝或卷边，不要穿到腿肚的半截袜，更不要穿黑色或其他花色长筒袜。

二、注重仪态举止

礼貌是最好的求职信

一位老师带领他的学生前往一大型集团公司参观，老总是该老师的大学同学。老总亲自接待，非常客气。工作人员为每位同学倒水，席间有位女生表示自己只喝红茶。学生们在有空调的大会议室坐着，大多坦然接受服务，没有半分客气。当老总办完事情回来后，不断向学生表示歉意，竟然没有人应声。当工作人员送来笔记本，老总亲自双手递送时，学生们大都伸着手随意接过，没有起身也没有致谢。从

第六章 求职面试

头到尾只有一个同学起身双手接过工作人员递过来的茶和老总递来的笔记本时客气地说了声:"谢谢,辛苦了!"最后,只有这位同学收到了这家公司的录用通知。有同学很疑惑甚至不服,"他的成绩并没有我好,凭什么让他去而不让我去?"老师叹气说:我给你们创造了机会,是你们自己失去了。

【评析】

"人无礼则无立",你的礼仪形象每时每刻都是招聘单位面试的最重要内容。这些学生们坦然接受服务、毫无感谢之意,而且不注重仪态举止的礼仪细节:如起身、双手递接物品、礼貌用语等等。所以只有唯一能够礼貌待人的那个同学被录用了,更形象地说明"礼貌是最好的求职信"。

 解读

面试在很多情况下是与面试官最直接的"短兵相接",一举一动、一言一行,都让面试官尽收眼底,所以除了讲话以外,仪态举止等无声语言对面试成败非常关键,比如有时一个眼神或者手势都会影响到整体评分。面部表情的适当微笑,显现出一个人的乐观、豁达、自信。所以在面试中,得体大方的仪态举止将为你带来事半功倍的效果。进入面试场地,要表现得冷静自信而不乏谦恭,诚实而不乏机敏。面试时,即使紧张得要命,你也要振作精神,面露微笑。不管怎样为难、失望、受挫、生气或无聊,都不要形诸于色,不要皱眉头、抓耳挠腮、垂头丧气、怒视对方或打哈欠、目视四周、与人随意攀谈或四处乱打量。不论成败,保持镇定从容、自然大方是个人应有的良好教养与行为,时刻注意塑造良好的神态表情。面试时一定要避免拖拉椅子而发出很大噪音;不要一屁股坐在椅子上;不能坐在椅子上,耷拉着肩膀,含胸驼背;更不要半躺半坐,或坐在椅子上而腿脚不自觉地颤动或晃动;男的跷着二郎腿,女的双膝分开、叉开腿等,也会给人放肆和缺乏教养的感觉。面试时,最好要等接见者请你就座时才能按指定位置就座,并注意坐姿的优美与神态,如不要跷二郎腿或懒散地瘫坐在座椅里,起坐要轻缓,要面对对方等等。如果他忘了请你入座,你也可以客气地问:"我能坐下来吗?"这种

礼貌的言行同样会给人留下深刻的印象。若是站着,不要站得离主考官太近,两手不要叉腰或抱肩,也不要以双手插入口袋或把双手交握在背后。否则,给人一种轻慢或拘禁之感。面试时,不要抽烟,也不要把烟分递给别人。而在送接名片或茶杯等物时,要起身双手递接。在跟人握手时,要注意姿态、时间以及伸手的先后次序等问题,不要矫揉造作,或缩手缩脚、拘禁呆板,以表示自己的礼貌、谦恭和热情。当招聘主管与你面谈的时候,要做到符合交谈的基本要求,如谈吐自然、礼貌、简洁、规范。讲话时,态度要自信谦虚但不能过分谦卑。说起话来唯唯诺诺,对人只会点头称是、不置可否的人多半会被用人单位拒之门外。面谈时,若办公室里或边上还有其他的人,千万不要忽略他们的存在。没有经验的求职者,特别是刚出校门的学生,走进办公室后目不斜视,往往只与招聘主管打招呼,不仅忽视了其他人的存在,而且对坐在边上之人的提问也漫不经心,临走时也不向其他人道一声告辞。本以为自己表现甚佳,但殊不知,招聘主管可能只是个奉命行事的,而被你轻视冷落在一旁的那位才是真正决定你"命运"的人。因此,所有的势利行为都不可取。要记住:平等待人、善于公关、热忱礼貌,正是面试所要考察的一个重要内容。

三、遵守见面礼节

行得握手礼,赢得好机会

学生时期总被人说成名士派,不讲礼数,于是毕业找工作时在面试礼仪上狠下

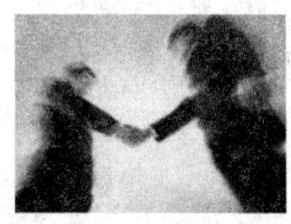

了一番工夫。面试还算顺利,问题回答完毕,起身向准上司告辞,谁知他坚持要送我到电梯间,于是问题就来了。刚才进入考场,准上司坐在办公桌后,只需要向他颔首微笑就算打过招呼了。现在两人对面站着,电梯马上就到,似乎应该客套几句,握手告别才对。网上搜集来的"面试礼仪宝典"告诉我:"在需要握手时,下级或晚辈应该等上级或长辈先伸出手后再行握手礼;男士应该等女士首先伸出手后再行握手礼"。可我突然意识到一个矛盾——对方是上级,但是男士;我是下级,但是女士。"宝典"里完全没提这种情况,怎么办?我一边内心挣扎一边观察准上司的表情,但他始终毫无表示,一直在介绍企业文化与历史业绩。我指头一会伸直一会又蜷起,始终没有勇气伸出右手。好容易熬到电梯来了,在慌乱中转身一把抓住一男

第六章 求职面试

士的手摇了一摇,说了声"再见,请留步"就仓皇逃入电梯而去。一周后收到上司的 E-mail,通知我已被录取,尽快到人事部门报到。邮件最后附了一句足以让我羞愧终生的话:"可否告诉我,面试那天你为何与电梯间的陌生男子握手?"

【评析】

尽管是比较幼稚慌张的一次握手,但成功就取决于那一瞬间。因为她的行为明确表现出了对于交往礼节的重视和运用,体现了她的修养和素质。

轻轻一关门,跨进银行门

研究生毕业那年,就业形势相当严峻,连续几次应聘失败,仿佛经历一场噩梦。但工作不落实,还得鼓起勇气继续找。忽然有一天看到一家银行门口贴着招聘广告。银行工作稳定,福利好,很多同学都想去,我想就试试吧。同学们知道我去参加了银行的应聘,都嘲笑我,可一周以后,我接到了银行的面试通知。那天参加面试的人很多,砰砰的关门声加剧了紧张的气氛。前面面试出来的人,有的喜形于色,有的沮丧万分。排在我前面的女孩儿长得很漂亮,比我强多了。我想我排在她后头,反差也太大了。漂  亮女孩笑着从主考官办公室走出来,随着"砰"的一声关门,下一个该轮到我了。我整整衣服,大着胆子往里闯……很幸运,问题挺简单。在要求自我介绍后,只问了几个简单的小问题。我回答完后,主考官点点头,面无表情地说:你可以走了。没有看到微笑,我心想也许没戏了,就朝门口走去。我正准备开门时,出于礼貌又返身朝他们鞠了一躬,说了声:"谢谢"。然后轻轻开门,又随手轻轻关上了门。从银行大厦里走出来,我安慰自己,银行的工作太刻板了,不来也罢。可没想到二十天后,银行方面打来电话通知我被录取了。我高兴地差点跳起来。第一天上班,在我去领制服的时候,碰到了那天面试我的一个主考官,他向我表示祝贺。我奇怪地问他,在几百人中他怎么会记得我,他说:"那天我们接待了约300个应聘者,你是唯一一个向我们鞠躬,并且关门关得那么轻巧礼貌的人","我们是服务行业,礼貌敬人是我们对员工的基本要求"。

这就是我成功的一次求职经历,虽说是误打误撞的成功,但却让我明白了一件事:也许我们不是最优秀的,但即使是在我们失意时,也要讲礼貌,也要给人们展露我们的微笑和修养。

【评析】

案例中的主人公一个细微但很重要的"关门"动作,以及"鞠躬致谢"的基本礼节打动了主考官。这说明:我们在面试的时候,要注意每一个细节,适时地展示你的修养和礼貌形象,因为对方时时刻刻在观察考核你,"细微处见精神"就是这个道理。

 解读

参加面试时,遵守见面礼节是基本的素质要求,如致意行礼及时,言行举止得体大方、文明优雅。热情招呼、问候寒暄、礼貌握手、恰当的交谈方式与目光交流,以及站、坐、走的得体姿势等都是面试时的最基本要求。这都能展现你良好的气质风度以及得体的仪态举止,给人以有教养、讲文明礼貌的感觉。

如果没有人通知,即使前面一个人已经面试结束,也应该在门外耐心等待,不要擅自走进面试房间。自己的名字被喊到,就有力地答一声"是",然后再敲门进入,敲两三下是较为标准的。敲门时千万不可敲得太用劲,以里面听得见的力度为好。听到里面说"请进"后,要回答"打扰了"再进入房间。开门关门尽量要轻,进门后不要用后手随手将门关上,应转过身去正对着门,用手轻轻将门合上。回过身来将上半身前倾30度左右,向面试官鞠躬行礼,面带微笑称呼一声"你好",彬彬有礼而大方得体,不要过分殷勤、拘谨或过分谦让。

面试时,握手是最重要的一种身体语言。专业化的握手能创造出平等、彼此信任的和谐氛围。你的自信也会使人感到你能够胜任而且愿意做任何工作。这是创造好的第一印象的最佳途径。怎样握手?握多长时间?这些都非常关键。因为这是你与面试官的初次见面,这种手与手的礼貌接触是建立第一印象的重要开始,不少企业把握手作为考察一个应聘者是否专业、自信的依据。所以,在面试官的手朝你伸过来之后就握住它,要保证你的整个手臂呈L型(90度),有力地摇两下,然后把手自然地放下。握手应该坚实有力,有"感染力"。双眼要直视对方,自信地说出你的名字,即使你是位女士,也要表示出坚定的态度,但不要太使劲,更不要使劲摇晃。不要用两只手,用这种方式握手在西方公司看来不够专业。手应当是干燥、温暖的。如果他/她伸出手,却握到一只软弱无力、湿乎乎的手,这肯定不是好的开端。如果你刚刚赶到面试现场,用凉水冲冲手,使自己保持冷静。如果手心

发凉,就用热水捂一下。握手时长时间地拖住面试官的手,偶尔用力或快速捏一下手掌,这些动作说明你过于紧张,而面试时太紧张表示你无法胜任这项工作;轻触式握手显示你很害怕而且缺乏信心,你在面试官面前应表现出你是个能干的、善于与人相处的职业者;远距离在对方还没伸手之前,就伸长手臂去够面试官的手,表示你太紧张和害怕,面试者会认为你不喜欢或者不信任他们。

四、注重语言交流与表达的技巧

不善交谈,定会失败

过度的紧张使得小玲在主考官面前的表情非常不自然,她眼神游移,表情紧绷,语无伦次,考官提出的问题她总是听不清楚,于是不得不一次次地请求对方的重复。

面试现场,主考官要求阿华说出自己的特长和优势,阿华经过几分钟思考,用了足足10分钟的时间,事无巨细地历数自己从小到大的各种特长,要不是主考官打断,恐怕连小学时当学习委员的事情都说出来了。

落落大方、着装得体的婷婷正回答着考官提出的各种问题。突然,面试官提出了一个她从未遇到过的难题。婷婷一下子就懵了,想了5分钟还是不知如何作答,在面试官的一再催促下胡言乱语起来。面试当然没有通过,考官在最后告诉她,不知道答案就应该坦诚相告。其实他提出这样一个难以回答的问题,只是想考验应聘者的可信度。

【评析】

以上三个面试场景都以失败告终。面试的过程其实是一个交谈的过程,只不过在这个交谈的过程中,需要你动用你的心理素质、表达能力、聆听能力、逻辑思维能力等诸多方面的要素,才能应付自如,游刃有余。

谦虚有度,过犹不及

王明是某名牌大学材料工程专业的毕业生。一次他去参加一家美资企业的材料部经理助理的面试。考官问道:"你认为你能够胜任这个职位吗?"王明觉得自己不能太过浮夸,便谦虚地回答:"我现在还处于学习阶段,谈不上能胜任,但我可以多向领导请教,向同事学习,在实践中积累经验。"之后,考官带王明到生产车间参观。看到车间里的先进设备，他显得有点惊讶地说："我还从没有见过这么先进的设备呢！如果我能应聘上，一定好好学习这些先进设备和技术，希望公司能给我一个学习的机会。"但考官对他说："我们招聘的不是来学习培训的学生，而是能胜任本职位的工作人员，要能立即派上用场的人才。"可想而知王明此次应聘失败了。

【评析】

王明应聘失败的原因是，他说话太过于谦虚。事实上他毕业于名牌大学，有扎实的专业知识和技术功底，在实习时也接触过那些类似的先进设备，有一些工作经验的积累，是完全有能力胜任这一职位的。所以谦虚不能过度，不能掩饰自己的真实能力，否则就有失自信，不但不能赢得对方的欣赏，反而会弄巧成拙。

中国人的传统讲究委婉含蓄，谦逊有礼，所以当涉及自我评价时往往自谦、自贬，反对自我张扬，否则可能被认为是狂妄、嚣张。诚然，这种做法体现着中国人谦逊的本质，而随着时代的发展，不必过谦的交往原则已为越来越多的中国人接受。所谓"不必过谦"，就是在自我评价时，要实事求是地对自己进行正面的评价和肯定。在面试场合也不必表现得过于谦虚，甚至自我贬低。应表现出足够的自信，但也不要自吹自擂，自我标榜。如在自我介绍时，更应该正视自己的长处，敢于在别人面前"呈现"自己，这可以充分体现自己的自信。所以如果王明能充满自信地回答"我想我能胜任这份工作"，那他一定可以得到这份工作。

缺乏诚信露破绽，有失机敏亦被拒

刘同学在简历的著作栏里写下了曾发表过一篇关于汇率稳定的文章，以期在面试银行时会有所作用。结果在面试中国银行时，当主考官问起她对汇率稳定的观点时，她却结结巴巴地说不出个

所以然。事实上，身为会计专业的她对金融问题根本没有什么研究，只是托金融的同学在所发表的文章后带了自己的名字而已。因此，她和中国银行失之交臂。

王同学一心想进入国际性的咨询公司，在遭到拒绝后，转而将目标锁定于国际会计师事务所。最后，只有安永给了她面试邀请。原本此机会已是弥足珍贵，但面试中当主考官问到她还投递了哪些单位时，王同学便实事求是地将她投递过的单位如数家珍般一股脑儿兜出，并对它们表现出了极大的兴趣，不过就是压根儿没有表现出对安永的兴趣。此情此景下，考官只能将她拒之门外。

第六章 求职面试

张同学在面试毕马威时,一心向主考官强调他特别想进入该公司。在解释原因时,他也诚恳地指出毕马威的良好背景有利于他以后再次跳槽。最后,毕马威当然没有给他这个可以再次跳槽的机会。事后,张同学懊恼地表示他当时头脑发晕。可以发晕的时候很多,但面试时是决不可以的。

【评析】

刘同学因为拿他人的文章充数,而在面试中露出破绽,失去诚信;但王同学和张同学却因为大讲实话,令用人单位寒心,同样被一拒了之。这三个小例子告诫我们:在面试中,既要保持诚实可信的态度,又要机敏应对,不可过于说大实话。诚信是社会交往赖以维系的基础,更是用人单位在招聘人员时所重视的品质之一。所以在求职面试时,应当将自己真实的情况展现在用人单位面前,以自己的真实风采赢得用人单位的认同和肯定,任何的虚伪夸张总会露出马脚遭受失败的打击。然而,保持诚信并不意味着傻乎乎地大讲实话。如果王同学在真实说出自己还投了哪些单位后,不是谈自己对那些单位的兴趣,而是机敏地表明在这些选择之间她对安永情有独钟,并且能够用足够的理由说服对方认为她说的话是真实的,那么她很可能就会如愿以偿被录用。同样,如果张同学能在面试中保持清醒,不说出自己想跳槽的真心话,面试结果也不至于被拒。

 解读

在回答面试问题时,心平气和的真诚应对与巧妙的艺术表达都是成功必不可少的法宝。具体来说:

首先,要坦率诚恳、实话实说。主考官可以谅解一个人的不足,但绝不会欣赏一个人的虚伪和傲慢。狂妄自大的应试者败下阵来往往还不知原因所在。所以,面试中如果谈到你的不足,或指出你的错误观点时,不要游词巧饰,自以为是;如果遇到一些自己不熟悉或根本不懂的问题时,应坦率承认,而不要回避或牵强附会地解释一番以图蒙混过关。有一位大学生面试一家报社,招聘方问道:"你是党员吗?我们是机关报,党员优先考虑。"他不是党员,怎么办?这位面试者诚恳地说:"我的专业是国际政治,学过许多马列毛等原著。我相信在理论上我有一定实力,但我更希望在实际工作中也能达到一个真正党员的要求。现在有些人入党的动机并不单纯,我觉得

我本人还没有达到真正党员的标准,我正在向这个目标努力,等我对自己各方面都满意了,我会申请入党的。"对方对他真诚而巧妙的回答很满意。

其次,表达要简洁明了,谦逊慎重。表达尽量三言两语,清晰明快,能少说的话,就不要多说。在阐述自己的想法时,尽可能先说论点和结论,再根据需要加以论证,这可以使表达简明扼要。讲话时尽量不要使用模棱两可的语言,譬如回答某一问题时只说"还行"或"可能很强吧"等。最好用貌似平直,实则蕴涵了你的能力、特长和业绩的表述。但特别注意不要夸大自己的能力,尽量用具体的事例说明问题,避免用"极好"、"极强"等字眼。因为强中更有强中手,招聘主管对你的期望值越高,失望值可能也就越大。此外,有的人在面试时侃侃而谈公司应该如何如何,好像是来应聘董事长或智囊团主席的。这类人往往很聪明能干,并在事前对公司做过一些调研工作,有备而来。但他们却忽视了重要的一点:作为一个已具规模的公司,需要的不是半途杀进来的诸葛亮,而是踏踏实实的好员工。每当有人滔滔不绝地发表高见时,那些坐着的真正高级职员嘴角边往往就会泛起一丝微微的嘲笑,因为他们招聘的是下属,而非上司。这是应试者一定要切记的一点。

最后,要学会倾听和分析问题,机智应变。有些问题,主考官并不需要你给出一个明确的答案,他只是想从你的回答中判断你处理问题的方式、原则和能力,判断你的性格和人品。因此,这就需要你想一想主考官提问的意图究竟是什么?例如,在参加机关事业单位的面试时几乎都会遇到这类问题:"当你的意见和领导冲突时,并且领导的意见是错误的,你如何处理?"主考官提这个问题是想考察你的团体合作能力和人际协调能力。团体精神是完成一次工作的关键,没有这种精神的人到哪里都不受欢迎。但协作精神也不是一味地迎合别人,毫无主见,缺乏独立人格。所以回答这个问题,当然不能当面指出领导的错误、与领导发生正面冲突。因为没有几个领导愿意当面向你承认错误,也没有几个领导希望下属的眼光和能力总是胜过自己。那么你该怎么回答呢?你不妨这样回答:我会遵照领导的意见开始工作,但我会在恰当的时候以恰当的方式告诉他,并且拿出具体理由来证实我的意见的正确性,争取获得领导的支持和帮助,使我的工作顺利完成。另外,面试中主考官有时可能会故意设计一些古怪难答的问题让你回答,其意在考察你的应变能力、处理随机问题的"适应性"和"机敏性"。此时,需要你冷静对待,在明确意图后委婉作答,切不可反唇相讥,或与主考官争辩而铸成大错。

第六章 求职面试

思考与练习

1. 某科研机构招聘科研人员,某高校李云同学前往面试。只见她挽着同宿舍的张某袅袅婷婷地步入科研所面试大厅。进入前她又掏出化妆盒补了一下妆。进入面试所在的屋子后,主考官问她有什么特长,她说她在学校是公关部长,有能力领导各种文艺活动,说着将她想给主考官看的资料从包里拿出来,结果在包里翻了半天,好不容易找到了,结果拿出来的时候将她的系列化妆品也带出来了,撒了一地。主考官们面面相觑。

【问题】请指出李云的失礼之处。

2. 孙玫到一家外企去应聘秘书。去面试之前,她对自己进行了精心修饰:身着时下最流行的牛仔套裙,脚蹬一双白色羊皮短靴,橘色的挎包。为和这身打扮配套,孙玫还化了彩妆,对自己的打扮相当满意。来到公司,孙玫发现自己在众多应征者中显得是那么的与众不同,她甚至感到一点得意。正在这个时候,孙玫碰见了恰好来此处办事的好朋友王小姐。"你也来找人吗?"王小姐问到,"我是来应聘的。""应聘?你的这身打扮更像约人去喝下午茶。"快人快语的王小姐说道。"是吗?"孙玫疑惑起来,她扫描了一下四周,果然其他人都穿素色的职业套装。孙玫的心里一下子变得不稳定起来,开始的自信也被动摇了。在后来的面试中,孙玫也完全因为这次的着装乱了阵脚,结果也就不言而喻了。

【问题】孙玫为什么会在面试中乱了阵脚?

3. 某公司经理对他为什么要录用一个没有任何人推荐的小伙子如是说:"他并未带来许多介绍信,但神态清爽,服饰整洁;在门口蹭掉了脚下带的土,进门后随手轻轻地关上了门;当他看见残疾人时主动让座;进了办公室,其他的人都从我故意放在地板上的那本书上迈过去,而他却很自然的俯身捡起并放在桌上;他回答问题简洁明了,干脆果断,这些难道不是最好的介绍信吗?"

【问题】经理话中的"介绍信"指的是什么?小伙子在应聘中遵守了哪些礼仪规范?

4. 大学生李强今年即将毕业,早早地投入找工作的洪流中。经学校推荐,李强去参加一家保险公司的招聘。在最初的笔试中,李强凭着自己扎实的基本功、丰富的专业知识,远远领先于其他竞争者。大家都以为这份工作非李强莫属,但事情最后却出人意料。在最后的面试中,李强表现得一如既往地谦虚,哪知正因为此竟痛失良机。在面试时,李强被问道,"你觉得你的英文水平怎么样?"他回答"还行"。"你能胜任这份工作吗?""应该可以吧。"几个回合的问答,李强都是如此谦虚,结果使对方对李强产生了缺乏实力和不自信的不良印象。

【问题】你认为李强该如何恰当地回答面试问题?

第七章
公务规范

ZHONG WAI LI YI
GU SHI YU
AN LI SHANG XI

【学习要点与要求】

1. 通过正反两方面的案例学习,把握迎送和接待礼仪规范。
2. 通过案例了解和学习乘车礼仪,学会礼貌乘车。
3. 从案例中把握会务礼仪规范。

现代社会的人们为了在工作中协调相互关系、提高工作效率,产生了与工作相应的各种行为准则。所谓公务礼仪,是指各类公务人员,包括政务、商务、科学、教育、文化、娱乐、服务等各界工作人员所应遵循的某些仪式程序和礼节规范。俗话说:"行有行规",不同性质的工作所应遵循的礼仪规范也有所不同。我们在此只谈一些各行各业都应遵守的共性礼仪常识,包括迎送、接待和会务礼仪规范。

第一节　迎送与接待

一、迎送接待,热情周到

送客不周到,总理愈发火

1962年,周总理到西郊机场为西哈努克亲王及其夫人送行。亲王的飞机刚一起飞,我国参加欢送的人群便自行散开,准备返回,而周总理这时却依然笔直地站在原地未动,并要工作人员立即把那些离去的同志请回来。这次总理发了脾气,他严厉起来了,狠狠地批评道:"你们怎么搞的,没有一点礼貌! 各国外交使节站在那里,飞机还没有飞远,你们倒先走了。大国这样对小国客人不是搞大国主义吗?"当天下午,周总理就把外交部礼宾司和国务院机关事务管理局的负责同志找去,要他们立即在《礼宾工作条例》上加上一条,即今后到机场为贵宾送行,须等到飞机起飞,绕场一周,双翼摆动三次表示谢意后,送行者方可离开。

【评析】

总理发脾气的原因在于欢送人员违反了公务迎送礼仪。在公务交往中,迎来送往是常见的一项内容,也是颇具要求的一项工作。当有客人来访或来参加公务

第七章 公务规范

活动时,自己作为东道主或活动的组织者,必须做好迎接、招待和送行工作,这也是各类组织之间友好往来、顺利合作的前提和保证。因此,必须认真按照礼仪规范行事,切不可疏忽大意。例如本例中,外国元首的座机起飞后绕机场上空盘旋,是表示对东道国的感谢,东道国的主人必须等飞机从视线里消失后才能离开,否则,就是礼貌不周。"我们是政府的工作人员和军队的干部,我们的举动代表着人民和军队的仪表,虽然这只是几分钟的事,如果我们不加以注意,就很可能因小失大,让国家的形象受损。"

接待冷淡,生意难谈①

泰国某政府机构为泰国一项庞大的建筑工程向美国工程公司招标。经过筛选,最后剩下 4 家候选公司。泰国人派遣代表团到美国亲自去各家公司商谈。代表团到达芝加哥时,那家工程公司由于忙乱中出了差错,又没有仔细复核飞机到达时间,未去机场迎接泰国客人。泰国代表团尽管初来乍到不熟悉芝加哥,还是自己找到了芝加哥商业中心的一家旅馆。他们打电话给那位局促不安的美国经理,在听了他的道歉后,泰国人同意第二天 11 时在经理办公室会面。第二天美国经理按时到达办公室等候,直到下午三四点才接到客人的电话说:"我们一直在旅馆等候,始终没有人前来接我们。我们对这样的接待实在不习惯。我们已订了下午的机票飞赴下一目的地。再见吧!"

【评析】

由于在商务活动中没有正确地运用接待礼仪,这家美国工程公司丢掉了生意。接待工作是商务活动中最常见的礼仪活动,做好接待工作可使主客双方都能全身心地投入商务活动中,令人满意的接待活动对于建立联系、发展友情、促进合作有着重要的作用。如本例中芝加哥的工程公司应提前了解并核实泰国政府来访人员的飞机确切抵达时间,派人到机场迎接,并为对方安排好住宿。第二天应派车到泰国政府来访人员下榻的宾馆将其接到本公司来谈判,因为泰国政府来访人员不知道怎样到该工程公司所在的地址。

时逢圣诞巧接待②

某集团公司要于 12 月 25 日接待英国的威廉姆斯先生。威廉姆斯先生拥有众

---

① 资料来源:杨眉. 现代商务礼仪. 东北财经出版社,2000 年。

② 资料来源:杨眉. 现代商务礼仪. 东北财经出版社,2000 年。

多的国外客户,同他合作,有望使本公司的商品打入更多的国外市场。于是,总经理把接待威廉姆斯的任务交给了公关部经理焦小姐。接受任务后,毕业于文秘专业的焦小姐立即着手收集有关资料,并制订了详尽的接待方案。25日下午4时,威廉姆斯乘坐的班机准时降落,当威廉姆斯走出出口后,焦小姐便热情地迎了上去,用一口纯熟的英语做了自我介绍,使正在茫然四顾的威廉姆斯先生立即有了一种踏实的感觉。焦小姐陪同威廉姆斯先生乘轿车离开机场向城市中心的宾馆驶去。一路上,焦小姐不时向威廉姆斯介绍沿途的风光及特色建筑,威廉姆斯对焦小姐的介绍很感兴趣。天色渐暗,华灯初上,望着窗外的景色,威廉姆斯富有感情地说:"在我们国家,今天是个非常快乐的日子,亲人团聚,尽情享受生活的乐趣。"话语中透着几分自豪,又似乎有几分遗憾,焦小姐认真地倾听并不断地点头。

车子抵达宾馆,由服务人员将威廉姆斯先生引入房间休息整理后,焦小姐请威廉姆斯先生一同共进晚餐。走入餐厅,威廉姆斯先生被眼前的景色惊呆了:圣诞树被五彩缤纷的灯饰装饰得格外绚丽,圣诞老人在异国慈祥地注视着远方的游子。餐桌上布满了丰盛的圣诞食品。威廉姆斯先生非常兴奋。进餐中,服务人员手捧鲜花和生日贺卡走进来呈给他,威廉姆斯先生更是激动不已。原来,这天正是威廉姆斯先生55岁生日。焦小姐举起手中酒杯,对他说:"我代表我们公司及汪总经理,祝您圣诞节欢乐!生日快乐!"威廉姆斯兴奋地说道:"谢谢你们为我举行这么隆重的圣诞晚宴及生日宴会,你们珍贵的友情和良好的祝愿,我将终生难忘。"26日双方有关合作业务洽谈得非常顺利。客人回国时,再三向焦小姐及公司对他的接待表示感谢。

【评析】

焦小姐的公务接待工作取得了良好的效果。因为她对威廉姆斯先生的接待工作考虑得周到缜密,细致入微:提前到达接待地点,甚至将客人想要了解的本地风光等都做了充分的准备,还事先了解到客人的生日,让客人激动不已,这些准备工作都为下一步的合作奠定了很好的基础。

不论迎送的规格怎样,热情友好、细致周到是迎接、招待、欢送客人的最基本要求,并且要做到善始善终,把握好最后一环。

身份对等的人员必须在客人抵达的第一站，比如机场、车站、码头、本单位接待室、下榻宾馆大厅或宴会、会议厅入口处迎候客人。为此，迎接人员必须准确掌握来宾乘坐的飞机（车、船）抵达的时间，在客人抵达之前到达迎接地点等候客人。当客人到达后，若宾主早已认识，双方直接行见面礼。若是初次见面，一般由迎候人员中身份最高者，率先将迎候人员按顺序一一介绍给客人，然后再由客人中身份最高者将随行人员按一定顺序一一介绍给主人。宾主相互介绍后，主人可以主动帮助客人提行李，但是不要主动要求帮助男宾拿公文包或帮助女宾拿手提包，因为里面装的往往是比较重要的私人物品。等宾、主见面致意行礼后，如果没有特别的安排，对于远道而来的客人还应派专车送往事先安排好的住处休息，待第二天再安排活动。对于近处的宾客，可于当天由接待人员出面与其商议活动日程。对于重要来宾则由领导出面，进一步了解宾客的意图和要求，共同商议活动的具体日程。最后根据确定的活动时间、内容、方式等修订活动日程，并把变动情况及时通知有关各方，以便活动的顺利开展和进行。作为组织活动的东道主或东道国，应当按照日程安排，精心组织好各项活动。如宾主双方的会见、洽谈、签约、宴请等事宜，应提前做好准备。若宾客要去参观游览，也应安排好交通工具和陪同、导游人员等工作。

当活动全部结束来宾离去时，也要做好送行的礼仪工作。对于近客，身份相当人员应亲自送出接待室、大厅或大门口，与之握手告别。对于来自远方的宾客，还要帮助安排交通工具等事宜。比如，外事交往中，要组织专人协助来宾办理出境或机票手续，以及帮助客人提拎行李、办理托运手续等等。一般还要由身份相应的人员前往下榻处、车站、码头或机场送行。分别时，按来宾国度的行礼习惯与之告别，并用热情的话语为客人送行，如欢迎客人再次访问、祝客人一路平安等。最后应目送客人登机（车、船）离去后方可再离开。有些外事交往，还要决定是否举行欢送仪式。

二、陪同乘车，礼貌规范

不懂乘车礼仪，失去晋升机遇[①]

某公司王先生年轻肯干，点子又多，很快引起了总经理的注意并拟提拔为营销

---

① 资料来源：杨眉．现代商务礼仪．东北财经大学出版社，2000年。

部经理。为慎重起见,决定再进行一次考查。恰巧总经理要去省城参加一个商品交易会,需要带两名助手,总经理一是选择了公关部杜经理,一是选择了王先生。王先生自然同样看重这次机会,也想寻机表现一下。出发前,由于司机小张乘火车先行到省城安排一些事务尚未回来,所以,他们
临时改为搭乘董事长驾驶的轿车一同前往。上车时,王先生很麻利地打开了前车门,坐在驾车的董事长旁边的位置上,董事长看了他一眼,但王先生并没有在意。上路后,董事长驾车很少说话,总经理好像也没有兴致,似在闭目养神。为活跃气氛,王先生寻一个话题:董事长驾车的技术不错,有机会也教教我们,如果都自己会开车,办事效率肯定会更高。董事长专注开车,不置可否,其他人均无应和,王先生感到没趣,便也不再说话。一路上,除董事长向总经理询问了几件事,总经理简单地作答后,车内再也无人说话。到达省城后,王先生悄悄问杜经理:董事长和总经理好像都有点不太高兴。杜经理告诉他原委,他才恍然大悟,噢,原来如此。

  会后从省城返回,车子改由司机小张驾驶。杜经理由于还有些事要处理,需在省城多住一天,同车返回的还是四人。这次不能再犯类似的错误了,王先生想。于是,他打开前车门请总经理上车,总经理坚持要与董事长一起坐在后排,王先生诚恳地说:总经理您如果不坐前面,就是不肯原谅来的时候我的失礼之处,并坚持让总经理坐在前排才肯上车。回到公司,同事们知道王先生这次是同董事长、总经理一道出差,猜测着肯定提拔他,都纷纷向他祝贺。然而,提拔之事却一直没有人提及。

【评析】
  王先生乘车接连犯了两次错误:去的时候,王先生不应该坐在董事长旁边的副驾驶座上,因为主人或重要人物开车,位次尊卑要考虑到与主人的关系,次序应是:副驾驶座、后排中座、后排右座、后排左座。因此旁边的副驾驶座是上座,应该留给总经理。这样坐的另一个理由是总经理和董事长谈话方便。返回时由专职司机开车,座位的尊卑次序是:后排中座、后排右座、后排左座、副驾驶座。因为副驾驶座一般来说是不安全的座位,应该是随从或翻译人员来坐,后排为上座,应由董事长和总经理来坐,也便于他们交谈,而王先生却又坐到了后边的尊座上去了。

礼貌乘车,让人赏识

  小魏在一家丝绸公司工作,这一天她负责去机场迎接来自法国的一对外商夫妇。见到外商问候寒暄后,她先走到车子的右侧,打开后车门请女士上车,然后又走到车子的左侧,打开后车门请男士上车。最后,她才打开副驾驶座的车门,背对

第七章 公务规范

车门、并拢双腿轻柔、规范地坐入车内。自始至终,她言行举止优雅端庄,大方得体。外商夫妇点头微笑,称赞不已。

【评析】

小魏的表现之所以能让外宾赏识,是因为她遵守了陪同乘车的礼仪:一是注意上下车的顺序和坐车时的座次尊卑问题;二是注意了上下车时的举止问题。

解读

在陪同乘车时,公务人员一定要遵守"礼让尊先、不占尊位、先行"等原则,展示对客人表示敬重的礼貌举止。时时处处做到举止得体、自然、大方,不要争抢座位,不能大声喧嚷、吸烟、吐痰或做不雅的动作,以免有损个人及单位形象。

在上下车的顺序上,应掌握"后上先下"的原则,以便照顾客人上下车。这同样体现了主客有序的礼节,客人为重,客人为尊。在乘车的位置座次上,应掌握"右尊左卑"的原则。即通常应请客人先从右侧门上车,坐于右座;主人或公关人员后从左侧门上车,坐于左侧,翻译人员应坐在司机旁边的副驾驶座上。但是,如果客人上车后,坐到了座次较卑或主人的位置上,则应"主随客便",即尊重嘉宾本人的意愿和选择,不必再指出纠正或请其挪动位置。另外,公务人员在上下车时,动作应当轻柔,不能坐、起猛烈,更不能出现大的声响。作为女士,尤其是穿套裙时,更要注重上下车时举止的大方得体。不要一只脚先踏入车内,更不要爬进车里。女士上车最得体的方法是:首先背对车门,站在座位边上,把身体降低,让臀部坐到位置上,坐下后,再慢慢地将并拢的双腿一同收进车内,然后再转向正前方。下车时,应首先转向车门,先将并拢的双腿移出车门,双脚同时着地,再缓缓地移出身去。自始至终双膝一定要保持紧紧并拢的姿势。

此外,不同类型的轿车,其座位的尊卑次序也是有所区别的。例如,双排五人座轿车,座位的尊卑次序是:后排中座,后排右座,后排左座,副驾驶

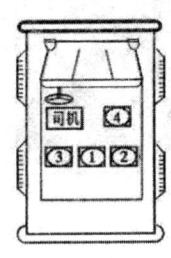

座。双排六人座轿车,座位的尊卑次序则是:后排中座,后排右座,后排左座,前排右座,前排中座。三排七人座轿车,座位的尊卑次序则是:后排中座,后排右座,后排左座,中排右座,中排左座,副驾驶座。此车型的中排为折叠座。三排九人座轿车,座位的尊卑次序则是:中排中座,中排右座,中排左座,后排中座,后排右座,后排左座,前排右座,前排中座。以上皆是由专职司机驾驶轿车时的座次排列方法。

当轿车由主人亲自驾驶时,往往以距离主人的远近来确定座次的尊卑,即通常是前排为上,后排为下,右为尊,左为卑。例如,双排五人座轿车,座位的尊卑次序是:副驾驶座,后排中座,后排右座,后排左座。双排六人座轿车,座位的尊卑次序则是:前排右座,前排中座,后排中座,后排右座,后排左座。三排七人座轿车,座位的尊卑次序则是:副驾驶座,后排中座,后排右座,后排左座,中排右座,中排左座。三排九人座轿车,座位的尊卑次序则是:前排右座,前排中座,中排中座,中排右座,中排左座,后排中座,后排右座,后排左座。而对于吉普车,不论由谁驾驶,其座位的尊卑次序都是:副驾驶座,后排右座,后排左座。对于四排以及四排以上座位的大中型轿车,不论何人驾驶也都是"以前排为上,后排为下;以右为尊,左为卑",并以距离前门的远近,来确定座次的尊卑。例如,对于六排十七座轿车,其座位的尊卑次序应为:第二排中座,第二排右座,第二排左座,第三排中座,第三排右座,第三排左座,第四排中座……以此类推。需要指出的是,法国人对于轿车座次尊卑排列的习惯做法又有所不同。以双排五人座的轿车为例,其座位的尊卑次序是:后排右座,后排左座,后排中座,副驾驶座。可以看出,他们往往视右侧为尊,左侧次之,中间最小,其他车型也是如此。

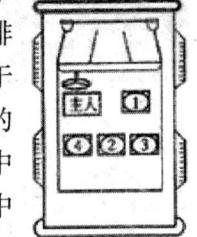

事实上,上述座次的尊卑排列大都优先考虑到了尊者乘车时的安全问题。因为从乘车时的安全系数来说,后排比前排的座位要安全得多。有科学依据证明,副驾驶座位的危险系数是最高的。美国一专家小组曾以双排五人座的轿车为对象,通过近10年的事故调查分析和多次的实车检测后,得出这样一个结论:汽车内安全性由大到小排列为:后排中间座位、驾驶员后面座位(即后排左侧座位)、后排右侧座位、驾驶座位、副驾驶座位。如果将汽车驾驶员座位的危险系数设定为100,则副驾驶座位的危险系数就是101,而驾驶员后排座位的危险系数是73.4,后排右侧座位的危险系数为

74.2,后排中间座位的危险系数为62.2。因为当驾驶员遇车祸时会本能地保护自己,打方向躲避危险时就会倾向于保护左边,那右边的副驾驶座位更危险了。因此,公务人员在安排座次的尊卑或陪同乘车时,更应考虑到宾客,尤其是女宾、儿童和老人的安全问题,时刻把安全和方便让给大家,把麻烦和危险留给自己,以展示良好的举止风范。

第二节 会务规范

一、遵守基本礼仪

通知有误,会务难开

某机关定于某月某日在单位礼堂召开总结表彰大会,发了请柬邀请有关部门的领导光临,在请柬上把开会的时间、地点写得一清二楚。接到请柬的几位部门领导很积极,提前来到礼堂开会。一看会场布置不像是开表彰会的样子,经询问礼堂负责人才知道,今天上午礼堂开报告会,某机关的总结表彰会改换地点了。几位领导同志感到莫名其妙,个个都很生气,改地点了为什么不重新通知?一气之下,都回家去了。事后,会议主办机关的领导才解释说,因秘书人员工作粗心,在发请柬之前还没有与礼堂负责人取得联系,一相情愿地认为不会有问题,便把会议地点写在请柬上,等开会的前一天下午去联系,才知道礼堂早已租给别的单位用了,只好临时改换会议地点。但由于邀请单位和人员较多,来不及一一通知,结果造成了上述失误。尽管领导登门道歉,但造成的不良影响也难以消除。

【评析】

组织者做好准备是会务基本礼仪规范,比如要发好会议通知。组织者要做好邀请通知工作,会议通知或邀请函必须写明开会的时间、地点及会议主题和会议参加者要求等内容,以便与会人员按时到会,保证会议的顺利召开。案例中该机关的通知与会议实际时间、地点有误,会务工作当然无法正常进行。

解读

不论是何种形式的会务,为使会议能够收到事半功倍的效果,作为会议的组织者,必须讲究组织会议的各种礼仪规范。除了发好会议通知外,还应注意:一是要明确会议主题。组织开会要有具体明确的目的,要制定好会议计划。会议主题要具有针对性和现实必要性,是为了真正解决实际有效的问题,要务实而不是流于形式。二是要布置好会场。根据会议的内容和参加者的人数,要提前安排适宜的会场,并布置好会场环境。三是要开短会。开会者要尽量言简意赅,而不能长得使人厌倦,费时费力,劳民伤财。四是要注意迎送礼仪。作为组织者要尽职尽责、细致周到地做好与会人员的接送、招待工作,使大家都能够乐此不疲。

作为与会人员,也应当遵守参加会议的基本礼仪规范:一是主持人要负责认真,严谨庄重。二是主席团成员要以身作则,作出表率。三是发言人或报告人要尊重听众,包括要注重仪表、举止端庄、言之有物、遵守时间、及时致谢等。四是会议来宾和听众应遵守会议规定和会场纪律,按时入场,听从组织者和主持人的安排,以配合会议的顺利召开和进行。

二、讲究遵时守约

不守诚信,功亏一篑

中国的一家企业前往日本寻找合作伙伴。到了日本之后,经过多方努力,找到一家很有声誉的日本大公司,经过长时间的讨价还价,双方决定草签一个协议。正式签协议那天,由于有点事耽误了几分钟,结果到达签字厅的时候,日方人员正在恭候他们的到来,他们个个衣着整齐,但是,等他们都进来后,日方人员毕恭毕敬地鞠了一个45度的大躬,随后集体退出了大厅。可想而知,中日此次合作功亏一篑。

【评析】

遵守时间、按时与会是基本的会务礼仪规范,无论何事,迟到总是失礼的。因

第七章　公务规范

此日方最后的解释是：他们不会和一个没有时间观念的企业合作，不遵守约会的人，永远是不值得信任的。所以说，商务谈判中，无论是正式的谈判还是签约，都不要认为一些细节细小而不注意。正式谈判的时间一般是上午的9:00到11:30，下午的2:00到5:00，作为参加谈判的人员一定要提前到达谈判地点，不可迟到，以免影响谈判的正常进行。

三、注重仪表形象

着装不得体，怎能不失意

一次，郑小姐代表公司前往南方某城市参加一个大型的外贸商品洽谈会。为了给外商留下良好印象，郑小姐在洽谈会上专门穿了一件粉色上衣和一条蓝色裙裤。然而，正是她新置的这身服装，使不少外商对她敬而远之，甚至连跟她正面接触一下都很不情愿，郑小姐也只能悻悻而归。

【评析】

我们从这事例中可以看出，参加谈判属于非常正式的公务场合，出席人员必须严格按照统一的要求和规定来塑造仪表形象，以体现对谈判的重视和对对方的尊重，树立良好的组织形象。

解读

会务礼仪的一个重要准则就是要注重仪表形象。具体来说，在仪容修饰方面，男士一律应当洗、理、吹整头发，要剃须，以保持干净、整齐；女士应选择得体的发型，不能过于时尚或另类，不可浓妆艳抹，不准佩戴过多或过于夸张的首饰，以保持端庄、典雅。在着装方面，谈判人员应当穿着传统、简约、高雅、规范的最正式的礼仪服装，忌穿各类休闲、运动或时尚便装。男士一律穿正规的深色西服套装，穿白衬衫，打素色或条纹式领带，配深色袜子，黑色皮鞋。女士则应穿深色或素色西装套裙，配肉色、连裤式丝袜和黑色半高跟鞋。

四、遵守礼宾次序

礼宾次序，彰显平等

1995年3月在丹麦哥本哈根召开联合国社会发展世界首脑会议，出席会议的有近百家国家元首和政府首脑。3月11日，与会的各国元首与政府首脑合影。照常规，应该按礼宾次序名单安排好每位元首、政府首脑所站的位置。首先，这个名单怎么排，究竟根据什么原则排列？哪位元首、政府首脑排在最前？哪位元首、政府首脑排在最后？这项工作实际上很难做。丹麦和联合国的礼宾官员只好把丹麦首脑（东道国主人）、联合国秘书长、法国总统以及中国、德国总理等安排在第一排，而对其他国家领导人，就任其自便了。好事者事后向联合国礼宾官员"请教"，答曰："这是丹麦礼宾官员安排的。"向丹麦礼宾官员核对，回答说："根据丹麦、联合国双方协议，该项活动由联合国礼宾官员负责。"

【评析】

　　所谓礼宾次序，是指国际会务中对出席活动的国家、团体、各国人士的位次按某些规则和惯例进行排列的先后次序。在公务交往尤其是国际会务中，礼宾次序是一个比较重要的会务礼规，它体现东道主对各国宾客所给予的礼遇，在一些国际性的集会上则表示各国主权平等的地位。礼宾次序安排不当或不符合国际惯例，会引起不必要的争执与分歧，甚至影响国家关系。因此在组织涉外活动时，对礼宾次序应给予一定的重视。

 解读

　　礼宾次序的排列，尽管国际上已有一些惯例，但各国有各国的具体做法。有些排列顺序和做法已由国际法或国内法所肯定，如外交代表位次的排列，在《维也纳外交关系公约》中就有专门的规定。很多国家对本国各级官员的排列常用法律形式固定下来，如法国1907年7月16日公布的"关于位次排列的命令"明确规定中央与地方的官方机构、团体和个人参加公共活

第七章 公务规范

动的排列顺序。常用的排列顺序有以下三种：一是按身份与职务高低安排。这是礼宾次序排列的主要根据。一国代表团，按其成员的职位高低安排；多国代表团，按团长身份职位高低安排。由于各国的国家体制不同，按相当的级别和官衔进行安排。二是按字母顺序安排。在多边活动中，常采用按参加国国名首字母顺序安排，一般以英文字母排列居多。少数情况也有按其他语种的字母顺序排列。这种排列方法多见于国际会议、体育比赛等。在国际会议上，公布与会者名单，悬挂与会国国旗，座位安排等均按各国国名的英文拼写字母的顺序排列。在联合国召开联合国大会，各专门机构的会议和悬挂会员国旗等均按此法。联合国大会的席次也按英文字母排列，但为了避免一些国家总是占据前排席位，因此每年抽签一次，决定本年度大会席位以哪一具体字母打头，以便让各国都有机会均等排在前列。在国际体育比赛中，体育代表队名称的排列、开幕式出场的顺序一般也按国名字母顺序排列（东道国一般排在最后），代表团观礼或召开理事会、委员会等，则按出席代表团的团长身份高低排列。三是按时间先后顺序安排。东道国对同等身份的外国代表团，可按代表团抵达活动的时间先后顺序安排，也可按应邀复函日期时间先后顺序安排。

在实际工作中，遇到的情况往往是复杂的，如有的国家不管以上种种惯例，把关系密切的国家排列在最前列。所以礼宾次序的排列常常不能按一种排列方法，而是几种方法的交叉，并考虑其他的因素。如在某一多边国际活动中，对与会代表团礼宾次序的排列，首先是按正式代表团的规格，即代表团团长的身份高低来确定，这是最基本的。在同级代表团中则按派遣国通知代表团组成日期先后来确定，对同级和同时收到通知的代表团则按国名英文字母顺序排列。在安排礼宾次序时所考虑的其他因素包括国家之间的关系，地区所在、活动的性质、内容和对于活动的贡献大小，以及参加活动人的威望、资历等。诸如，常把同一国家集团的、同一地区的、同一宗教信仰的，或关系特殊的国家的代表团排在前面或排在一起。对同一级别的人员，常把威望高、资历深、年龄大者排在前面。有时还考虑业务性质、相互关系、语言交流等因素。如在观礼、观看演出和比赛，特别是在大型宴请时，在考虑身份、职务的前提下，将业务性质对口的、语言相通的、宗教信仰一致的、风俗习惯相近的安排在一起。总之，在具体工作中，要耐心、细致、反复考虑研究、设想多种方案，以避免因礼宾次序方面的问题引起一些不愉快。

五、注重座次尊卑

座次有误，惹尴尬

某分公司要举办一次重要会议，请来了总公司总经理和董事会部分董事，并邀请当地政府要员、同行业重要的知名人士出席。由于出席的重要人物多，领导决定用长U字形的桌子来布置会议桌，分公司领导坐在位于长U字横头处的下首。在会议的当天开会时，贵宾们都进入了会场，按安排好的座签找到了自己的座位就座。当会议正式开始时，坐在横头桌上的分公司领导宣布会议开始，这时发现会议气氛有些不对劲，有些贵宾互相低语后借口有事站起来要走，分公司的领导人不知道发生什么事或出了什么差错，非常尴尬。

【评析】

举行正式会议，通常要事先排定与会者，特别是重要身份者的具体座次。这既是对于会务规范的遵守，更是对与会领导和贵宾的尊重和礼遇，并可能会直接关乎会务的顺利进行及成功与否，必须予以重视。此案例中，分公司的领导应该坐在U字桌的侧面，而让最重要的领导坐在U字桌的横头处。该公司由于错误安排了座次，造成混乱与尴尬局面。

 解读

会务规范中有一个礼仪性极强的问题，就是要安排好与会人员的座位尊卑次序。越是重要的会议，它的座次排定越重要。由于工作会议的规模不一样，具体的座次排定也有所不同。

对于小型会议来说，参加者较少、规模不大，全体与会者都应排座，不设立专用的主席台。小型会议的排座，有三种形式：一是自由择座。就是不排定固定的具体座次，而由全体与会者完全自由地选择座位就座。二是面门设座。一般面对会议室正门的是会议主席座位，其他的与会者在其两侧依次就座。三是依景设座。所谓依景设座，是指会议主席的具体位置，不必面对会议室正

第七章 公务规范

门,而是应当背依会议室之内的主要景致所在,如字画、讲台等。其他与会者的排座,则略同于前者。当然,不同的桌型也有所区别。如与会代表分坐于长型桌子的两侧。若桌子横放,则正对着门的一边为上座;若桌子竖放,则以进门方向为准,右边为上左边为下。最高领导或贵宾应坐在桌子两头的中间位置,其他人员按职务高低和礼宾次序分坐两侧。若是圆桌,按国际惯例"圆桌会议"在座次上可以做到各方平等,不分高低尊卑。

就大型会议而言,与会者多、规模较大。大型会议在会场上要分设主席台和群众席。主席台要认真排座,群众席座次可排可不排。

第一,主席台排座。大型会场的主席台,一般面对会场主入口,面对群众席。主席台成员的桌上,要放置正反两面的桌签。主席台排座,具体又分为主席团排座、主持人坐席、发言席三个问题。主席团,是指在主席台上正式就座的全体人员。国内目前排定主席团的位次有三个基本规则:一是前排高于后排,二是中央高于两侧,三是右侧高于左侧。会议主持人(即大会主席)的具体位置在:一是居于前排正中央;二是居于前排的两侧;三是按其具体身份排座,但不应该就座于后排。发言者席位,又叫做发言席。在正式会议上,发言者发言的时候不宜坐在原处。发言席的常规位置有二:一是主席团的正前方,二是主席台的右前方。

第二,群众席排座。在大型会议上,主席台下的一切坐席都是群众席。群众席的排座方式有二:一是自由式择座。即不进行统一安排,而由大家各自择位而坐。二是按单位就座。它指的是与会者在群众席上按单位、部门或者地位、行业就座。它的具体依据,既可以是与会单位、部门的汉字笔画的多少、汉语拼音字母的前后,也可以是其平时约定俗成的序列。按单位就座时,如果分为前排后排,以前排为高,以后排为低;如果分为不同楼屋,楼层越高,排序越低。在同一楼层排座时,又有两种普遍通行的方式:一是以面对主席台为基准,自前往后进行横排。二是以面对主席台为基准,自左而右进行竖排。

思考与练习

1. 小李受上司委托在浦东机场接到公司的一位重要客人。"欢迎、欢迎",小李嘴里说着,并不主动伸手,等客人伸手了,小李才与之相握。小李一把拿过客人的行李,放入汽车的行李箱,接着引导客人到副驾驶座位上,说:"坐在这里视野好。"随后自己坐到汽车后排座位上。一路上,小李非常关心地询问了客人所在公司的情况，打听客人的收入、福利和家庭情况，而这位客人似乎对这一切不很满意，话越来越少。小李有点摸不着头脑，心想我这么殷勤地对待他，他怎么……

【问题】你认为小李的举止是否合乎礼仪？为什么？

2. 一天，某市欲召开会议，与会人员420人。为把会议开好，市委发出通知，要求各单位把与会人员名单提前报来，以便做好有关准备。会议秘书处接待科张秘书，按照领导要求把编印好的名单一一安排好住宿并写好住房卡，领好房门钥匙。报到的那天，与会人员在报到处报到，拿到住房卡和钥匙即可入住，既不需要排队，也不拥挤，接待工作安排得井井有条，与会人员赞扬，领导人人满意。谁知，正当接待人员颇感安慰时，突然有一位女同志到大厅报到处说："怎么搞的？安排男同志住在我的房间？"引起在场的人哄堂大笑。这位女同志更为恼火地说："住房名单已经印好，会后归档，我跳进黄河也洗不清。"接着又去找秘书处领导。会议秘书处领导很快就把张秘书叫去，给予批评，并当场调整住房，答应重印名单，才平息了这位女同志的怒火。

【问题】请分析该公司的会务准备工作有哪些符合和违反礼仪规范的地方。

第八章
涉外交往

ZHONG WAI LI YI
GU SHI YU
AN LI SHANG XI

【学习要点与要求】

1. 结合案例了解并把握基本的国际交往惯例。
2. 结合案例了解主要国家礼俗。
3. 通过案例学习,能够得体、成功地参与国际交往。

谁先进电梯

我刚工作不久,一次与老板前去温哥华五帆酒店开会。与我们会谈的是一个在他的行业里从业三十多年的职业人士,头发花白,言谈恳切,令我很是敬重。会议进行得很愉快,可是会后我却遇到了麻烦——走到电梯前,那位花白头发的老者按了电梯,请我先进去,我想,与我同行的,一个是老板,一个是长者,怎么也不该轮上我呀。可两位男士却连说带比划,坚持让我先进,我只好忐忑地先走进电梯,两只脚迈得很不肯定,短短的几秒钟,感觉很漫长,因为确实不知道如何才妥当。更糟糕的是,我们那次的任务是代表亚洲的客户实地考察办公室,老者要带领我们依次看三层楼,意味着要进出好几次门,迈进迈出好几次电梯,每一次走到门前我都很不自然,多年养成的对领导对长者的尊重习惯在这儿不知如何发挥。所以,整个一个上午我很不舒服——虽然事情不大,但因缺乏对涉外基本礼仪的把握,令我郁闷。

在回办公室的途中,我忍不住问老板,当时的情况到底应该谁先进电梯,他的说法是"女士优先",这一规则与职位高低、年龄大小毫无关系。通常进出电梯的次序是:年长女士,年轻女士,年长男士,年轻男士。老板当时说了一句有意思的话:"虽然我是老板,但有个事实谁也改变不了,我是男人,你是女人,你自然应该享受和接受这种尊重。"我刚习惯了这种规矩没几天,却又遇到了令人不知所措的事情。这次是国内的一个代表团来我公司谈项目,中午一起去吃工作餐,进电梯的时候,我又自觉不自觉地按照中国的习惯,让中国代表团的领导先进,而他看到我的老板比他年长,拼命让我的老板先进,而我的老板这时一脸困惑,不知道是该让我这个女士先进还是让客人先进。大家在电梯口让了半天,最后还是我先跳了进去,说:"我来按电梯。"其实仔细想想,谁先进电梯虽然事小,背后却有许多的文化和习俗的差异。中国人自古以来尊重权威,尊重长者,在这种场合肯定要让领导和长者优先,而西方人已经养成了女士优先的习惯,根深蒂固,任何年长的老板也要靠后,而且还有替女士开车门、为女士挪椅子、帮女士穿大衣的规矩,"绅士"风度一

第八章 涉外交往

应俱全。其实这些都无所谓对错,不能说一种规矩就比另一种更好、更优越。所以,在温哥华的公司上班,我乐得享受永远的"女士优先",要是回国出差,或者是接待从国内来的客户,我仍然不会忘了领导第一、老板第一。

【评析】

可以看出,这是一位中国女士的一次涉外交往经历。由于不了解涉外交往礼规和国外习俗,导致了她的诸多困惑。在现代社会,涉外交往比较普遍和经常,因此要想顺利愉快地与外国友人交往,我们必须学习和了解相关的涉外礼规和外国礼俗。恰如周恩来总理所言:与外国人交往一定要注意国外的礼仪,不冒犯别人的习惯,才不失礼于人。

第一节 涉外礼规

来自不同文化背景的人们需要彼此进行交流和沟通,因此涉外交际礼仪在国际交往中非常重要。涉外交际礼仪实际上就是参与国际交往所要遵守的惯例和礼规,是国际上约定俗成的做法。学习涉外交际礼仪,就是要求我们的言行应符合国际惯例,了解并尊重对方的文化习俗传统,相互理解并采取协调的行为方式。

一、尊重为本

一视同仁,惹恼客人

日本的旅馆和饭店有一个招呼客人的习惯,即待客人办完住宿手续走进房间时,服务员立即拿来热毛巾、茶和日本点心,以表示旅馆对客人服务的热情与周到。这一特殊的服务项目长期以来受到了日本顾客的赞赏,但在美国人那里却遭到了白眼。一次,一对美国夫妇入住后也同样受到了上述服务,但他们对此却非常不喜欢,因为所上的茶水与点心并非是他们亲自点的,并不是很合口味。这对美国夫妇认为,在他们进晚餐之前上不对口味的点心,破坏了美味的晚餐,这样做好像也在损害饭店自己的生意。结果旅店老板的一片好心不但未被接受,反而还落得个"不可思议",费力不讨好。

【评析】

各国之间存在着诸多的文化与习俗差异,因此在涉外交往中服务人员尤其要注意"主随客便",尊重和接受对方衣食住行的习俗。否则就如这家旅店,不了解和尊重客人的习俗爱好，如此地"一视同仁"，落得个费力不讨好。

区别对待，感动客人

一位纽约商人在周五住进曼谷东方饭店，发现饭店把他安排在二楼靠近楼梯的地方。因为饭店了解到，基于宗教的原因，他不能在周五乘电梯。曼谷东方饭店员工的服务可谓到家了，连客人的宗教习惯也一清二楚，这位商人从此之后成了该店常客。

【评析】

与那家日本饭店不同，泰国曼谷的东方饭店非常细致地了解并尊重客人的个人讲究，如习俗与宗教信仰，能够特意给其以不同的住宿安排，故能感动客人。

由于国情、文化和习惯的不同，世界各国的礼仪与习俗存在着一定的差异，对此我们首先应当予以承认，更为重要的是要充分了解，求同存异，并予以尊重。此方面在国际交往具体体现为"三A规则"。第一，接受对方（Accept）。所谓接受对方就是你跟别人打交道时，如果不是原则问题，不是涉及国格、人格、党纪、国法等大是大非问题，一般性沟通要有这样一个理念：客人永远是正确的。第二，重视对方，欣赏的重视（Appreciate）。第三，赞美对方（Admire）。著名的行为科学家、美国著名的学者乔治·枚奥先生说过："尊重别人就是尊重自己，发现别人的优点，实际上就等于肯定自我，那说明你宽容，说明你谦虚，说明你好学。"所以我们在国际交往中，在适当的情况下，要善于发现别人的所长。

在涉外交往中，求同存异是应当切记的交往原则。"求同"就是要遵守礼仪的国际惯例。"存异"就是不要一概否定他国的礼仪习俗，而要对交往对象所在国的礼仪习俗加以必要的了解和尊重。相对而言，在礼仪的应用上，"遵守惯例"显得尤为重要，唯有如此，才更易于人们取得共识、便于沟通、和睦相处。比如：在国际交往中要讲究仪表与衣帽整洁、举止大方得体、态度和蔼端庄、精神饱满自然，言行检点、说话客气，注意身份、遵守公共秩序，不打扰、影响别人，尊重别人，不随意指责别人或给别人造成麻烦或不

第八章　涉外交往

便,议论与指责别人会被认为缺乏教养。在图书馆、医院、教堂等公共场所都应保持安静。在隆重的场合,如举行仪式、听讲演、看演出等,要保持肃静。这都是国际通常需要遵守的基本原则。另外,在世界各国,人们往往使用不同的见面礼节。有中国人的拱手礼、日本人的鞠躬礼、泰国人的合十礼、欧美人的拥抱礼等,但握手礼作为见面礼节是通行于世界各国的。所以在涉外交往中采用握手礼,也是"遵守惯例"的做法。

二、以右为尊

不懂以右为尊,终至功亏一篑

我国某大型企业,经过漫长的谈判终于同美国一家大公司谈成了一笔大生意,双方决定举行正式的签约仪式。中方作为东道主,负责签约仪式的准备工作。但在仪式举行那天,美方公司代表来到会场坐定后不仅拒绝在协约上签字,而且取消了协约,当时中方代表大惑不解。后才得知,原来签字桌上摆放的中美国旗方位搞错了。中方 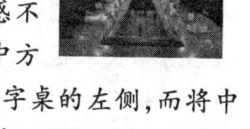 代表按照中国传统"以左为上"的习惯,把美国国旗摆在了签字桌的左侧,而将中国国旗摆在了右侧。为此,美国代表非常生气,认为是中方有意贬低和歧视美方。

【评析】

这个例子给人们留下了深刻的教训:在涉外交往中一定要遵守国际交往礼规,其中以右为尊是涉外交往普遍适用的一个基本准则。

 解读

在国际交往中,关于位置的尊卑排列,通行的做法是"以右为尊",即以右为上,以左为下;以右为尊,以左为卑。大到外交活动、商务往来,小到私人交往、社交应酬,凡是需要确定和排列具体位置的主次尊卑时,都要坚持"以右为尊"的原则。如在并排站立、行走和就座的时候,为了对客人表示尊重和友好,主人应主动居左,而请客人居右。在宴会、谈判会、签约仪式、乘车就座、悬挂国旗时同样遵循"以右为尊"。可以说,"以右为尊"的原则

在国际社会上是普遍适用的,只要遵循这一原则,就能以不变应万变,处理好有关位置排列的各种情况,不会发生失礼于人的问题。需要注意的是,我国的传统做法是"以左为尊",在国际交往中,我们应注意"内外有别",按照国际惯例的要求,坚持"以右为尊",以正确表达对交往对象的敬意。

三、女士优先

忽略女士,尽失风度

小刘一直很向往去法国留学。一天,朋友给他介绍了一对法国夫妇认识,希望能给小刘一些出国建议。这天一见面,小刘只忙着跟法国先生握手,并拿出准备好的礼物送给了他,而把其夫人冷落在一旁。一会儿小刘还和法国先生谈笑风生起来,没跟法国夫人说一句话。吃饭的时候,小刘也只顾着给法国先生夹菜,完全没顾及法国夫人的需要。最糟糕的是,他居然和法国先生并肩走到门口,把法国先生送了出去,最后才与夫人道别。后来法国夫人告诉小刘的朋友,她认为小刘是个非常不懂礼貌的年轻人,要先学好礼仪再出国留学。

【评析】

小刘的无礼在于其对女士的忽视和冷落,违背了西方尊重和照顾女士的礼仪原则,他因不懂国际礼仪而失尽了礼貌和风度。

尊重女士,提升形象

小杨负责接待前来公司参观的一对英国夫妇。待宾客的车子到达后,他先走到车子的右侧将车门打开,请女士下车,并问候欢迎。然后走到左侧请男士下车,问好道安。之后,他帮女士拿行李包,并一路上照顾和帮助女士。外宾女士认为小杨彬彬有礼,很有修养。

【评析】

在西方社会,"女士优先"是一个人人皆知的行为准则,是绅士风度的重要体现。因此在任何场合,女性一直是地位很高、备受礼遇的。不论是女性主管、女职员,还是家庭主妇,男士都要给予同样

第八章 涉外交往

的尊重。如下汽车时，为女士打开车门，并扶其下车；进门时，为女士推开门，自己紧随其后；乘电梯时也要女士先行；帮女士脱下大衣，为她们挂在衣架上；就座时替女士拉出椅子等等。"女士优先"的原则需要男士建立这样的礼貌思维：成年男士在任何场合、任何情况下，都要在各个方面尊重女士、关心呵护女士、照顾女士、帮助女士、保护女士。西方社会公认任何女士都享有优先的特权，谁不遵守这一礼规都将被视做失礼的表现。小杨因为遵守了"女士优先"这一国际礼规而提升了形象。

解读

"Lady First"，即女士第一或女士优先，这是国际礼仪中很重要的原则。"女士优先"的原则起源于欧洲中世纪的骑士之风，是传统的欧美礼节的基础，后来成为国际社会公认的重要礼仪原则。"女士优先"的核心是要求男士在任何场合、任何情况下，都要在行动上从各个方面尊重、照顾、帮助、保护妇女，并想方设法地为妇女排忧解难。国际社会强调"女士优先"的原则，主要原因并非妇女是弱者，需要同情、帮助和保护，而是认为妇女是人类的母亲，对妇女处处给予优待，就是对母亲的尊敬和感恩。能够这样做的人，会被视为教养良好。

"女士优先"的礼仪之道具体要求如下：男女同行时，男子应走靠外的一侧。不能并行时，男士应让女士先行一步。在开门、下车、上楼或进入无人领路的场所、遇到障碍和危险时，男士应走在女士前面。乘坐计程车或其他轿车时，应让女士先上车；下车一般是男士先下，然后照顾女士下车。在门口、楼梯口、电梯口及通道走廊遇到女士，男士应侧身站立一旁，让其先行。在需要开门的场合，男士应为女士开门。在社交聚会场合，男士看到女士进门，应起身以示礼貌；当客人见到男、女主人时，应先与女主人打招呼。就餐时，进入餐厅入座的顺序是：侍者引道，女士随后，男士"压阵"。一旦坐下，女士就不必再起身与别人打招呼，而男士则需起身与他人打招呼。点菜时，应先把菜单递给女士。女士在接受男士的礼让时，不能过分腼腆与羞

怯,应面带笑容道谢。

"女士优先"的原则体现在国际交往的各种场合,已逐步演化成为一系列具体的、操作性很强的做法。当然,需要指出的是:"女士优先"的原则主要适用于国际社交场合,在公务场合则不强调这一原则。另外,在阿拉伯世界和一些亚洲国家,人们依然讲究"男尊女卑"。但在国际社交场合,"女士优先"仍是被广泛采用的社交基本准则。

四、入乡随俗

入乡不随俗,闹出大笑话

20世纪60年代,美国总统约翰逊访问泰国。在受到泰国国王接见时,约翰逊竟毫无顾忌地跷起了二郎腿,脚尖正对着国王,而这种姿势,在泰国是视为侮辱的,因此引起泰国国王的不满。更为糟糕的是,约翰逊在告别时竟然用得克萨斯州的礼节紧紧拥抱了王后。在泰国,除了泰国国王外,任何人都不得触及王后,泰国举国哗然。约翰逊的举动产生了不小的遗憾,也成了涉外交往中的典型笑话。

【评析】

《礼记·曲礼上》里曾明确提出"入境而问禁,入国而问俗,入门而问讳"。意思是说,到一个新的国家要了解那里有什么禁忌的,以免触犯;到一个新的地方要打听一下有什么风俗习惯,以便适应;即使到别人家里也要问问有什么忌讳,免得闹出不愉快。而约翰逊总统所犯的错误正是由于未能入乡随俗。

首先,泰国人重头轻脚,脚在人们的眼中是最低下的。因为泰国气候常年如夏,古代泰国人都习惯光脚行走,脚被认为是最脏的。所以泰国人认为脚部是卑贱的,只能用来走路,不能干其他事情。进入泰国人的住宅前要脱鞋,不能踩门槛或用脚踢门,否则会受到人们的唾弃。用脚尖撞人或指人更是失礼的,都会被严厉地呵斥,更不能把脚掌朝向佛像。坐着时,严禁翘起脚并把脚底对着他人,脚不要交叉,把腿卷曲在身体下面,不要露出脚底。因此当你与泰国朋友坐在一起时,切勿把脚底翘起对准他们,这是一种极其侮辱性的行为,意即把人踩在脚下。当然泰国人非常重视人的头部,认为头是灵魂所在,是神圣不可侵犯的,所以绝对不能触摸他人的头,即使是摸小孩的头也不行。泰国人不喜欢赞美小孩,他们认为赞美小孩会引起恶鬼的注意。长辈在座,晚辈必须坐在地下,或者蹲跪,以免高于长辈的头

第八章 涉外交往

部,否则就是对长辈的不敬。坐着的人也忌他人拿着东西从自己头上经过。泰国人睡觉时不能头朝西,因为人死后才将头部朝西停放,所以泰国人盖房子时习惯正面朝北,这样睡觉时便可头向南边。

其次,在泰国行合十礼作为见面礼,即双手合十做合掌,双手抬得越高越表示对客人的尊重,但双手的高度不能超过双眼。向同辈问好时,合掌后指尖不能高过下巴。在对长辈行礼时,须低头让指尖轻触鼻尖。对尊贵的人如德高望重的长辈表示尊敬时,则要把双掌抬高至额头。

再次,泰国人民对王室很尊敬,对他们的国王、王后、太子和公主等怀有无比的敬意。约翰逊总统不仅脚尖指着国王,还拥抱了王后,大大触犯了泰国的重头轻脚、合十相见、恭敬国王三大风俗,成为国际上的经典笑话。

 解读

　　入乡随俗,是国际交往中一条很重要的礼仪原则。世界上各个国家和民族在长期的历史发展过程中,都形成了各自的文化、风俗和习惯。在涉外交往中要真正做到尊重交往对象,就必须尊重对方独有的风俗习惯,认真了解并予以遵从,否则对交往对象的尊重、友好和敬意就无从谈起。可以说,入乡随俗是调节人际关系、促进社会和谐、树立良好国际形象的妙方。正如毛泽东所言:风俗之于人之心,始乎微而终乎不可御者。如果大家都能够入乡随俗,这个多元化的世界会更和谐。

　　因此,每到一个国家或接待来自某一国的客人,都要事先了解该国的礼俗,即使相当熟悉的友人,也应注意基本礼仪。在交往中相互尊重,谨慎从事,不能不拘小节或超过限度,做到"入境而问禁,入国而问俗,入门而问讳"。如美国人有三大忌:一忌有人问他年龄;二忌问他所买东西的价钱;三忌在见面时说"你长胖了"。这是因为:前两忌是个人私事,不喜欢他人干涉,后一忌是美国有"瘦富胖穷"的观念。

　　"入乡随俗"是促进涉外交往双方之间相互理解与沟通的一条最佳捷径。只有如此,才能增进相互之间的理解,保证良好的沟通,并向对方表达友好的情意。相反,对对方的习俗少见多怪、妄加非议,甚至以我为尊、厚此薄彼,对交往是十分有害的。正确的态度应当是无条件地、认真地予以尊

重。在涉外交往中自己作为东道主时,应讲究"主随客便";当自己作为客人时,则讲究"客随主便"。这也是贯彻落实"入乡随俗"原则,充分尊重对方的具体体现。

五、尊重隐私

触及隐私,不欢而散

一天,刚参加工作不久的孙妮小姐被派到外地出差。在卧铺车厢内,她碰到了一位来华旅游的美国姑娘。由于对方首先向孙小姐打了一个招呼,孙小姐觉得不与人家寒暄几句实在显得不够友善,便操着一口流利的英语,大大方方地与对方聊了起来。在交谈中,孙小姐有点儿没话找话地问对方:"你今年多大岁数了?"不料人家所答非所问地予以搪塞:"你猜猜看。"孙小姐觉得没趣,转而又问:"你一定结婚了吧?"这一回,那位美国小姐的反应更令孙小姐出乎意料:对方居然转过头去,再也不搭理她了。一直到分手,他们两个人再也没说一句话。

【评析】

孙小姐的大方变为了大大咧咧,因为她没有遵守注重隐私这一国际交往风俗。年龄和婚姻是这位美国姑娘的个人隐私,他人不宜过问,所以孙小姐的提问导致两人话不投机,不欢而散。

在国际交往中,尊重隐私是重要的礼仪规范。因此,在涉外交往中,务必要严格遵守"尊重隐私"这一涉外礼仪的主要原则,要尊重交往对象的个性独立、维护其个人尊严就要尊重其个人隐私。即使是家人、亲戚、朋友之间,也必须相互尊重个人隐私。对外相处时,应当自觉回避对对方个人隐私的任何形式的涉及。凡涉及对方个人隐私的一切问题,都应自觉地予以回避,千万不可信口开河,或为了满足自己的好奇心,轻易涉及属于个人隐私方面的话题。这些个人隐私问题包括:年龄、收入、婚恋、家庭、健康、经历、

住址、籍贯,以及宗教信仰、政治见解等等。

尊重隐私,要坚持以个人为交往对象的礼仪原则。如:给一家人中的某个人帮了忙或送了一份礼物,这行为本身仅是对某个人而言才有意义,除受惠人会表示感谢外,其他家人一般不会因此而致谢,这是很正常的现象。尊重隐私,不能侵犯属于个人的空间与领域。一家人同住一栋房子里,各个房间便是每个家庭成员自己的天地,不敲门,不经允许,便不能突然闯入。拜访他人家庭、前往他人家庭、前往他人办公室洽谈,都须预先约定。尊重隐私,在交谈中应回避涉及个人隐私的任何话题。具体来说,就是要做到"五不问":一不问年龄;二不问婚否;三不问去向;四不问收入;五不问住址。另外,在尊重隐私这点上,特别需要注意的是要热情有度。中国人在人际交往中,一直主张朋友之间应当知无不言,言无不尽,并且提倡关心他人比关心自己为重,你的事就是我的事。但是在国外,人们普遍主张个性至上,反对以任何形式干涉个性独立,侵犯个人尊严。对他人过分关心,或是干预过多,则会令对方反感。所以与外国友人打交道时,既要热情友好,又要以尊重对方的个人尊严与个性独立为限。

六、不卑不亢

据理力争,不卑不亢

20世纪90年代中期,国内的一名中学生应邀前往一个拉美国家,参加民间外交活动。有一天,当他前去出席在那个国家所举行的一次国际性会议时,发现在会场周围所悬挂的各与会国国旗之中竟然缺少中华人民共和国国旗,便当即向会议的组织者指出这一问题,并且严正地表示:"不悬挂我国国旗,就是缺乏对我国的尊重,假如不马上改正,我将拒绝出席这次会议,并且立即回国。"经过据理力

争,中国国旗终于飘扬在会场的上空。在会议的组织者再三地表示了歉意之后,那位中学生才终于步入会场,出席会议。在他入场时,有不少与会者主动起立,向他热烈地鼓掌表示欢迎。当地的报纸事后为此发表评论说:"连一名中学生都具有那么强烈的民族自尊心,中国人的确是值得尊重的。"那位中学生之所以受到人们的尊重,主要是因为他能够在涉外交往中表现得不卑不亢。

【评析】

国际交往中人与人、国与国之间应是平等的关系。对外交往时不卑不亢,这也

是国际礼仪的重要原则。这名中学生在涉外交往中始终据理力争,不卑不亢,维护了国家的民族尊严和形象,是值得尊重和赞赏的一种行为和精神。

解读

  在外国人来看,做人首先需要自信。对于个人能力、自我评价,既要实事求是,也要勇于大胆肯定。不敢承认个人能力,随意进行自我贬低的人,要么事实上的确如此,要么便是虚伪做作,别有用心。所以在与外国朋友打交道时,千万不要过分谦虚,特别是不要自我贬低,以免被人误会。国际礼仪中的不卑不亢原则,最重要的是保持人格平等,因为"卑"和"亢"都是置对方或置自身于不平等位置上的交往态度。"卑"有损自身人格甚至国格;"亢"则显得虚张声势,也有伤对方的自尊。要做到"不卑不亢"就应注意:不能对对方有金钱与物质利益上的希望和企图。"心底无私天地宽",这样双方的人格就平等互利了。我方无所企求而心地坦然,对对方无需戒备则轻松自如,这样的交往自然分不出尊卑。如果一味希望对方担保子女出国或获得其他物质上的好处,就很难坚持此项原则。另外,要实事求是,不过谦,不说过头话。以宴请为例,中国人请客,即使是相当丰盛的一桌,主人也会对客人说:"今天没什么好菜,请随便吃点"。西方人则相反,不管饭菜质量如何,主人都要自我夸赞"这是本地最好的饭店"、"这是我的拿手好菜",目的在于表示诚意。同样,中国人到别人家作客经常客气有余,主人问客人是否再添饭,客人说不用不用,实际上也许并未吃饱。西方人作为宾客赴宴,说不吃不喝时是真的,绝不是客气。所以,在国际交往中,客气与谦虚都不能过度。

七、遵时守约

不守约定,功亏一篑

  中国某企业与美国公司经过长时间的谈判,终于约定某日签订合作协议。正式签约那天,中国企业由于路不熟而耽误了十几分钟,结果他们到达签字厅的时候,美方人员正在等候他们的到来。但是,当见他们都进来后,美方负责人说了声

第八章 涉外交往

对不起后就集体走出了大厅,中方代表后悔不已。

【评析】

信守时间是国际交往中必须遵守的基本惯例之一。涉外交往中必须严格遵守时间,不能无故迟到,否则是极不礼貌的。西方国家人士普遍有很强的时间观念,工作作风严谨,办事井井有条,讲究效率。不遵守时间,往往会打乱了工作的秩序和安排,为其所不能容忍,所以中美公司此次合作功亏一篑。

信守约定,提高信誉

福建省石狮市的亿佳服装厂,以其出色的产品、适当的价格、优质的服务,在海内外享有盛名。2001年,该厂与一家日本公司签订了有关出口服装的合同。日企定制了6万套服装,按照合同,应在2001年8月15日交货。但意想不到的是,2001年7月21日,亿佳厂旁边的家具厂突然失火,消防队没到来之前,火势已经蔓延到亿佳厂的原料库和成品库。最后这场大火给亿佳厂带来的损失达数十万元,关键是,给日本公司生产服装的原料几乎全部烧毁,而已经制成的三万多套服装也已烧成灰烬。眼看合同就要到期,是向日方提出延期履行合同的要求?还是想办法实现承诺?亿佳厂的不少领导人认为,将情况向日方说明,或许可以将合同的履行期限往后推一推,而亿佳厂的王董事长当机立断,决定在一个星期内,不惜重金在周围的县市将所需的原料购买回来。职工们加班加点,在比原定时间少一半的情况下如期完成任务,同时要保证质量,一定要如期履行合同。到8月15日,日方验货后非常满意亿佳厂的产品,尤其当他们得知火灾一事,更是对亿佳厂的这种守信称赞不已。从此双方的合作不断增多,亿佳厂的名声自然也就越来越响。

【评析】

信守约定是国际交往中的一个重要原则,是指在国际交往中,要严格遵守自己的承诺,说话一定要算数,许诺别人的事一定要兑现。现代社会,信誉就是效率,信誉就是形象。遵守"信守约定"原则,既是取信于人的主要要求,同时也是对自己的最大尊重。相反,在国际交往中,言而无信、轻易失约失信,不仅是不尊重对方,也是世人公认的严重有损个人形象的一种行为。亿佳服装厂宁愿花重金也不愿损害自己的企业形象,凭借自己的信誉获得了丰厚的回报。

在现代生活中,讲信誉、取信于人是建立良好人际关系的基本前提,这家服装厂能够信守约定,故能增强名声和信誉。

 **解读**

　　遵时守约是国际交往中极为重要的礼貌。参加各种活动,应按约定时间到达。过早抵达,会使主人因准备未毕而难堪;迟迟不到,则让主人和其他客人等候过久而失礼。因故迟到,要向主人和其他客人表示歉意。万一因故不能应邀赴约,要有礼貌地尽早通知主人,并以适当方式表示歉意。与人约会不能失约,不能超时,失约和超时是很不礼貌的行为。尤其是在讲求效率的当代社会,时间对于每个人来说都是非常宝贵的,有关时间的约定都应严格遵守。

　　讲究信誉,遵守诺言,是对你交往的对象表示应有的尊重,同时也为自己赢得尊重。不守约定,被世人公认是一种有损个人形象的行为。可惜的是,守信在某些人心中并没有引起足够的重视。在人际交往中,他们随意承诺,开"空头支票",且不说许诺给人以帮助,就连简单的按时赴约都做不到,他们的这些举动,给别人留下不守信、靠不住的印象,试想谁会喜欢与这种人打交道呢?讲究信用,是塑造个人形象的重要手段。要做到"信守约定",应从以下几个方面身体力行:一是谨慎承诺,作出承诺前要深思熟虑,量力而行,从自己的实际能力出发;二是对已经作出的约定应努力遵守实现;三是由于某种不可抗因素使自己失约,应首先尽可能地采取措施进行补救,若确实无法实现,应向有关方面解释致歉,必要时还要赔偿其损失,总之应敢于承担责任。唯有做到以上三点,大至国家、小至个人才能充分维护自己的形象。

八、注重禁忌

触犯忌讳,气坏客户[①]

　　我国浙东有一位热情的王先生与一位伊朗商人做生意,双方经过讨价还价达成了协议。作为东道主,王先生决定设宴庆祝合作成功,于是带这位伊朗客户到当

---

① 资料来源:吕伟霞等.现代商务礼仪.对外经济贸易大学出版社,2003年。

第八章 涉外交往

地一家有名的饭店吃饭。席间点了很多菜,双方边吃边聊,气氛融洽。当这家酒店上一道名菜——"烤乳猪"时,王先生还颇为得意地向客户介绍这道菜的妙处。可是,他突然看到那位伊朗客户脸色变得铁青,气呼呼地就要往外走。王先生顿时丈二和尚摸不着头脑,不知如何是好。

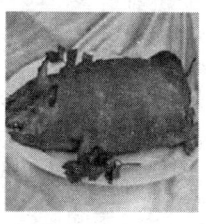

【评析】

伊朗属于伊斯兰教国家,《古兰经》里有四处提到禁食猪肉,认为猪肉是污秽不洁之物,因此不吃猪肉是伊斯兰教的教规之一。王先生只是出于热情,忽视了伊朗商人的宗教信仰和习俗忌讳,虽然点的是酒店招牌菜,但用来接待穆斯林朋友,恰恰严重触犯了伊斯兰教规,伊朗商人当然甚是生气。

尊重禁忌,礼待客户

云南省的一家外贸公司与印度某商贸公司新近做成一笔生意。为表示合作愉快,加强两公司今后的联系,努力成为密切的商业伙伴,中方决定向印方赠送一批具有地方特色的工艺品——皮质的相框。中方向当地的一家工艺品厂定制了这批货,这家工艺品厂也如期保质保量地完成了。当赠送的日子快要临近时,这家外贸公司的一位曾经去过印度的职员突然发现这批皮质相框是用牛皮做的,这在奉牛为神明的印度是绝对不允许的,很难想象如果将这批礼品赠送给印方会产生什么样的后果。幸好及时发现,才使中国的这家

外贸公司没有犯下错误,造成损失。他们又让工艺品厂赶制了一批新的相框,这回在原材料的选择上特地考察了一番。最后将礼品送给印方时,对方相当满意。

【评析】

在对外交往中,双方互赠礼品是常见的事。适当的礼品可以表达彼此的敬意和良好祝愿,达到最好的礼节效果。这家公司在选赠礼品时,能够考虑到印方的习俗忌讳,从而避免了不敬和无礼,表现得非常适当和贴切。

 解读

涉外交际中要做到和平往来、友好相处,还须切记对方的习俗禁忌,以

做到礼敬于人。这些禁忌涉及颜色、数字、图案、服饰、礼物、交谈、饮食等各个方面：

一是颜色的禁忌。日本人忌绿色，认为绿色象征不祥；法国人忌麦绿色，因为这会使他们想起德国法西斯的军装；比利时人忌蓝色，以蓝色作为不吉利的标志；巴西人、埃及人忌黄色，以黄色为不幸、丧葬之色；土耳其人布置房间、客厅绝对禁止用茄花色，因茄花色代表凶兆；印度视白色为不受欢迎的颜色，摩洛哥人一般不穿白衣，认为白色为贫穷的象征；乌拉圭人忌青色，认为它意味着黑暗的前夕；泰国人忌红色，泰国人平时绝对不用红笔签名，因为在那里，人死后用红笔将死者姓名写于棺上；蒙古人讨厌黑色，认为它象征不幸、贫穷、威胁、背叛、嫉妒、暴虐；欧美人视黑色为哀丧之色；在埃塞俄比亚，出门做客绝不能穿淡黄色衣服，这样的衣服只有哀悼死者时才穿。

二是数字的禁忌。"3"的忌讳：点烟时，一根火柴只能给两个人点，给第3个人点时，应把火熄灭，再换火柴给第3个人点。"4"的忌讳：在韩国旅馆没有4层楼，门牌没有4号，军队中没有第4军、第4师、第4营，也没有第4海域；香港人、日本人也讨厌"4"以及"4"组成的数字。"13"的忌讳：一些西方人认为"13"这个数字是不祥之兆。有多种传说，如耶稣被钉在十字架上是13号星期五。最后的晚餐中，坐在第13位的人就是出卖耶稣的犹大。古希腊神话记载，在著名的弗哈拉宴会上，有12位北欧之神出席，但有一位不速之客洛基——烦恼与吵闹之神突然降临，使一位最受爱戴的尊神柏尔特丧生，结果"13"就成为不吉的象征。楼房的电梯没有13层，航空公司没有13号班机，影院、会场没有13排、13座，宴会没有13人一桌的。"星期五"被视为不祥的凶日，也有许多传说：夏娃偷吃禁果是在星期五，耶稣被钉在十字架上是星期五，挪威神话中把星期五视为鬼日。"13"碰上"星期五"就更不祥了。"9"被日本人忌讳，因为日语"9"的发音与"苦"的发音相同，在赠礼时，不可赠送数字为"9"的礼物，这会引起误会，以为你把他看成强盗。

三是图案的禁忌。美国人忌用珍贵动物的头部做商标图案，因为这会招致野生动物保护协会的抗议和抵制，也不喜欢在商标图案中出现一般人不熟悉的古代神话人物。蝙蝠在美国人眼里是凶神恶煞；英国人忌用大象或人物肖像做商标图案，山羊在英国是不正经男人的象征；瑞士人忌讳猫头鹰的图案，认为那是"死人"的象征；意大利人忌讳菊花图案，因为他们习惯把菊花献给死者；日本人忌用荷花做商标图案，狐狸和獾在日本是贪婪和狡

第八章 涉外交往

诈的象征;法国人忌用核桃花做商标图案,仙鹤在法国是蠢汉和淫妇的代称;土耳其人将绿色三角图案看做免费商品的标志;澳大利亚人不喜欢用袋鼠或树熊为商标图案,因为他们视这些动物图案为本国特权;北非、利比亚忌讳狗的图案。

四是服饰的禁忌。西班牙女人上街必定要戴耳环,认为如果没有戴耳环就如同没有穿衣服。即将做新娘的欧洲姑娘,在婚礼之前往往拒绝裁缝要她试穿结婚礼服的请求,原因是怕婚姻遇到破裂。一个外国人到英国,如果系了一条带条纹的领带,那将是一个严重的错误,这种领带可能是军队或学生校服领带的仿制品,这样可能会遇到麻烦。阿拉伯人的"阿格尔"是用来固定披在头和脖子上的白布的头箍,用骆驼毛做成,一般都是黑色,老年人也有少数用白色。

五是送礼的禁忌。如不要给英国、加拿大人送百合花,百合花被他们认为是死亡之花;不要给西班牙人送大丽花和菊花;不要送紫色的花给巴西人;波兰、德国、瑞士忌送红玫瑰,因为他们认为红玫瑰代表浪漫的爱情;给科威特、苏丹等伊斯兰教的海湾国家的朋友送礼,不能送酒、女人照片和雕像,这是伊斯兰教规所禁止的;哥伦比亚、阿根廷等国,不要送衬衫、领带之类的贴身用品;不能给美国的妇女送香水、衣物和化妆品;忌给东南亚国家的友人送手帕,他们认为手帕是揩眼泪的,不吉利。

六是交往中的禁忌。与欧美人忌谈私人性质的问题,如年龄、婚姻、收入等,这都是个人的权利和隐私。跟英国人打交道,不要系条纹领带,不要谈王室的家事,对英国人要统称"大不列颠"人。印度、缅甸、泰国、印尼等一些国家的人,不用左手与他人接触,也不能用左手传递东西;行见面礼时,人们不能挥动左手,并忌讳左手做其他动作。亚洲许多佛教国家忌讳摸小孩的头顶。去北欧国家如芬兰、瑞典主人家做客,不要忘了给女人带些鲜花,最好是五朵或七朵。

七是饮食的禁忌。印度教徒不吃猪肉、牛肉;伊斯兰教徒忌谈猪,也不吃猪肉;伊朗人不吃无鳞无鳍的鱼;阿拉伯人不食外形丑恶的不洁之物,不吃死动物,如猪肉、甲鱼、螃蟹等;日本人不吃羊肉;俄罗斯及东欧一些国家普遍不爱吃海味,忌吃动物的内脏。

八是其他禁忌。在印度、尼泊尔、缅甸等国家把黄牛视为"神牛",因此不准鞭打、伤害、役使,更不能宰杀。"神牛"走到哪里,人们都会把最好的食物送上。逢年过节还要举行敬牛仪式。参观庙宇时不穿皮鞋,不带皮制品,路上遇上"神牛",行人车辆都要绕行。波兰人就餐时不铺桌布不入席。

他们对桌布有许多讲究,越是富贵人家越讲究,用镶有金银珠宝的桌布显示豪华。在欧洲乘自动升降扶梯时,要依次排队站在右侧,不要站在左侧,因为左侧是让给有急事的人乘的。在东南亚一些国家切忌坐着跷起大腿。罗马尼亚最忌过堂风。加拿大德孙湾居民,积雪再多,也禁铲除。沙特阿拉伯的甸蛮人,把笑看做不友好的象征,是奇耻大辱。印度人认为把孩子放在浴盆中洗澡是不人道的。任何人谈话都有一定的习惯距离,美国人往往习惯双方保持60厘米为最合适的距离,亚非人认为应再拉开些距离,而欧洲和南美人谈话的距离很近,兴奋时几乎挨上。西方人忌伸舌头,认为这是污辱人的举动。而尼泊尔人在山区主客相见伸舌表示欢迎,因为舌头和心都是鲜红的,红舌头代表赤诚的心。泰国忌女人盘腿而坐,一般是跪坐或蹲坐;忌用脚指东西给别人看,或把脚伸到别人面前,也不能把东西用脚踢给别人;睡觉时不能头朝西,因为日落西方象征死亡;长辈在座,晚辈必须坐在地上,或者蹲跪,以免高于长辈的头部;人坐着时,忌他人拿着东西从头上经过;小孩的头不能随便摸,摸后认为一定会生病。在印度和中东一些国家,吃饭、接拿食品,只能用右手,不能用左手,因为左手一般被认为是用来洗澡、上厕所的,不洁净,用它来接拿食品是对主人的不敬。

第二节 外国礼俗

一、亚洲国家礼俗

1. 泰国礼俗

触犯习俗,业务难成

一家美国电讯公司欲在泰国曼谷设立一分公司。在选地址时,看中了一处房价适中、交通方便且游人众多的地段,这幢楼的对面塑着一尊并不十分高大但又非常显眼的如来佛像。有关人士警告公司经理说,贵公司若在此开业,生意会很糟糕的,但公司经理非常自信,认为这不可能,因为公司在亚洲另外几家分部的业务开展得很红火。所以,公司没听劝阻,就在这里如期开业了。可是几年来,这家公司果然生意清

第八章 涉外交往

淡。公司经理终于面对现实,不得不挪动了公司地址,生意才明显地好起来。经理本人对此始终大惑不解,到处打听原因,得到的解释是:业务不景气的根源在于这家公司的大楼高度超过了对面的如来佛像两层,也就是说,公司的位置在如来佛像之上。这在一个信仰佛教的国家,是严重犯忌的,没有尊重当地人对佛像的信仰和敬畏,他们自然产生感情上的不快甚至愤怒,当然不愿与这家公司往来做生意了。

【评析】

此例中这家电讯公司生意冷淡的关键原因是触犯了泰国的宗教习俗,违背了涉外交往中的"入乡随俗"和"尊重为本"的礼规原则。具体来说,其失礼之处在于公司的大楼高度超过了对面的如来佛像两层,公司的位置在如来佛像之上!这在一个信仰佛教的国家是严重犯忌的,当地人自然产生感情上的不快及至愤怒,不愿与公司往来做生意了,所以要在涉外交往中要尊重对方的宗教、文化等习俗。

佛教是泰国代代相承的传统宗教,也是泰国人的生活重心,在四千多万人口中,佛教徒占了95%。由于泰国历代国王都护持佛教,所以佛教成为泰国国教,僧侣备受敬重,在社会各阶层有很大的发言权。甚至王室仪式、国民教育及生活种种,都以佛教作为规范,而且规定男子年满二十岁时,至少需要出家三个月,每天清晨出外托钵、过午不食。大部分青年僧侣是学生,泰国约有九千所教授巴利文和佛学的佛学院,另有两所佛教大学,只教授佛学,长老比丘指导静坐及修行,或致力于布教、教会行政和心理咨询。泰国每年有四个佛教节庆,都是国定假日,法师们透过电视与广播开示佛法,民众要受持八关斋戒。佛教与泰国人的一生息息相关,如新居落成、婴儿出生、生日、结婚等场合,都要邀请法师诵经祈福,尤其重视超荐法会。在泰国,一般家庭通常设有佛龛,出外常戴佛像项链。路经佛寺,必定恭敬礼拜。每日晨间,自动准备食物,供养托钵僧侣。每逢佛寺举办活动,人们便带着各种粮食前往供养,同时听闻佛法。可见佛教信仰在泰国习俗文化中的重要地位。

除了宗教习俗外,泰国人的待人接物有许多约定俗成的规矩。朋友相见,双手合十,互致问候。晚辈向长辈行礼时,双手合十举过前额,长辈也要合十回礼。年纪大或地位高的人还礼时,双手不必高过前胸。行合十礼时,双手举得越高,表示尊重程度越高。泰国人也行跪拜礼,但要在特定场合,平民、高官在拜见国王和国王近亲的时候行跪拜礼。国王拜见高僧的时候要下跪。儿子出家为僧,父母也跪拜在地。把东西扔给别人是不礼貌行为。从坐着的人们面前走过时,要略微躬身,表示礼貌。

另外,泰国人非常重视头部,认为头颅是神圣不可侵犯的。如果用手触摸泰国人的头部,被认为是极大的侮辱。如果用手打了小孩的头,认为小孩一定会生病。睡觉忌讳头朝西,因为日落西方象征死亡。忌讳用红笔签名,因为人死后是用红笔把姓氏写在棺材上。脚被认为是低下的,忌把脚伸到别人跟前,也不能把东西踢给别人,不然都是失礼。忌讳用脚踢门,否则会受到人们指责。就座时,最忌讳跷腿。把鞋底对着别人,被认为是把别人踩在脚底下,是一种侮辱性的举止。妇女就座时,双腿要靠拢,否则会被认为没有教养。当着泰国人的面,不要踩门槛,他们认为门槛下住着神灵。在泰国,男女仍然遵守授受不亲的戒律,所以男女不能过于亲近。泰国人喜欢红色、黄色,忌讳褐色,习惯用颜色表示星期。如红色是星期日,紫红色为星期六,淡蓝色为星期五,橙色是星期四,绿色为星期三,粉红色是星期二,黄色是星期一。如果前去泰国,对上述习俗我们都应该切记并予以尊重和接受。

2. 日本礼俗

不知习俗,生尴尬

有次,日本朋友请我们去横滨一家有名的餐厅吃"天麸罗"(一种油炸的食物)。用餐时间约一个半小时,菜上了10多道,主人非常热情,

但我们毫无饱意。主要原因是每道菜菜量极少,炸鱼骨头一根,炸茄子两条,洋葱两片——这就是三道菜了。我和朋友相望无言,谁都不敢轻易去吃这些少得可怜的菜,情况十分尴尬。结果吃了很久,肚子仍是空空的。感觉日本人请客真吝啬,饭后我们只好去开"二次会",心想再也不愿意日本人请客了。

【评析】

日本人请客最大的特征,是客人往往吃不饱。请客吃不饱不是主人吝啬,

第八章　涉外交往

而是日本菜的特点决定的。人们常说"日本菜是用眼睛吃的",意思是日本菜讲究食品的色形美,讲究餐厅的格局布置,讲究餐具的协调。一般的日本餐厅,门口或大厅内都有人造的假山,还有流水和绿树。服务员身着和服,跪着为客人上菜、斟酒。餐具各式各样,有圆有扁,有高有低,有陶瓷,有木制,多数用"漆器"。日本四面环海,海产丰富,为了最大限度保持海鲜的鲜度和色泽,大多讲究生食,并且四季分明,讲究吃季节食品。比如油菜生长的季节,日本人采油菜花苞生吃或油炸。为了满足形状美,每道菜的菜量就多不起来,但价格却是很惊人的,去一次比较高级的和式餐厅,每人花费超过2万日元(约合人民币1 230元),日本政客常去的高级料理厅就更不用说了。所以日本菜的高级,不在于使用了多么难找的山珍海味,而在于多么好"看",服务多么令人满意。如果要说选料的讲究,则在于新鲜和产地。比如生鱼片要现场开膛,现场加工。产自神户的牛肉100克3 000多日元,是美国进口牛肉的10多倍。日本菜的另一个特征是清淡,这也是中国人经常感觉没吃饱的原因。虽然营养都够了,但因为没有油水,不对胃口。有人总结日本菜的特点是"五味、五色、五法"。"五味"是甜、酸、辛、苦、辣,"五色"是白、黄、赤、青、黑,"五法"是生、煮、烤、炸、蒸。基本不用油,即使是炸也用植物油,低热量、低脂肪,加上经常使用豆制品,成为日本人长寿的饮食秘诀。目前最有代表性的日本料理是怀石料理,怀石料理重视空间美。据日本传说,"怀石"一词是由禅僧的"温石"而来。那时候,修行中的禅僧必须遵行戒律,只食用早餐和午餐,下午不可吃饭。可是年轻的僧侣耐不住饥饿和寒冷,将加热的石头包在碎布中,称为"温石",揣在怀里,后来发展到少吃一些起到"温石"的作用。怀石料理与茶道文化有着密切的关系。有客人来访时,主人会把珍藏的茶具拿出来泡茶,但因为空腹饮浓茶会使人感到不舒服,所以为了达到愉快饮茶的效果,需要在喝茶前吃一些简单的料理,适当地填饱肚子,这就是茶怀石料理。怀石料理通常是三菜一汤,根据季节不同,食品搭配都不一样。以春季怀石料理为例,包括生鱼片、大酱汤、白饭,用完后再端出的是煮菜、烤食。除材料外,怀石料理很讲究食器、坐席、轴画、花瓶等塑造的空间美。日本人认为,在品尝清淡可口的四季怀石料理的同时,更可获得超脱的心境空间。吃不饱怎么办呢?日本人的习惯是开"二次会",另找一家餐馆继续吃,边吃边聊天,或者唱卡拉OK。菜不多,酒不少,所以最后日本人喝醉是常有的事。

解读

日本和我国一水相隔,自古以来,两国间就有着密切的往来。20世纪70年代初两国实现邦交正常化后,两国间的经贸、文化等各领域的交流更为密切,人员往来十分频繁。日本人素以重礼节而闻名于世。在日常生活交往中,日本人大多彬彬有礼,见面时以鞠躬礼作为见面礼,并互致问候。在行鞠躬礼时,日本人不但讲究行礼者必须毕恭毕敬,而且在鞠躬的度数、时间和次数上都有讲究,比如:问候礼是30度,告别礼是45度,膜拜礼是90度等。还规定必须脱帽行礼,手中不得拿东西,或把手插在衣袋里。日本人在与外国人交往时,往往是握手、鞠躬并用。日本人也极为讲究礼貌语言,"您早"、"晚安"、"拜托您了"、"请多关照"、"对不起"等都是使用频率极高的词汇。日本人说话时态度谦虚,语气婉转,他们一般不会直截了当地提出自己的看法、意见,或是断然拒绝对方的要求。也不喜欢与那些说话武断、直截了当的人交往。与日本人交往时应目光置于对方双肩与胸部之间的部位,直视对方双眼被认为是极不礼貌的。日本人与他人初次见面时,通常都要互换名片,否则即被理解为是不愿与对方交往,因而日本人外出时往往随身带着名片。另外,日本人一般不用香烟待客,抽烟而不敬烟。茶道是日本人接待贵宾、表达友谊的一种特殊礼节。

日本人姓名的组合顺序与中国人一样,都是前姓后名。日本妇女婚前姓父姓,婚后则改姓夫姓。称呼日本人时,可称之为"先生"、"小姐"或"夫人",也可在其姓氏之后加上一个"君"字,将其尊称为"某某君"。只有在很正式的场合,才使用其全名。在交际场合,日本人的信条是"不给别人添麻烦",因此,他们忌讳高声谈笑,在外人面前往往满脸笑容。日本人认为这也是做人的一种礼貌。在衣着方面,日本人也比较讲究,一般场合不允许穿背心或赤脚。在正式场合大都着装严整,通常穿西式套装或套裙,有时也穿自己的民族服装——和服。衣着不整,通常被认为是没有教养或不尊重交往对象。在日常生活习惯方面,日本人十分爱整洁、讲卫生,家庭居室窗明几净,用具放置井井有条。一般都要脱鞋入室。日本人的饮食习惯里,主食以米饭为主,副食主要是蔬菜、海鲜类,讲究清淡与味鲜。日本人尤喜吃鱼,其中刺身(即生鱼片)最为著名。"寿司"是日本料理中传统的海味食品。日本人非常喜欢饮酒,饮酒

第八章 涉外交往

时也很讲究敬酒的礼节。比如应由主人给客人斟酒,斟酒时不能触到酒杯;客人则要右手拿着酒杯,左手托住杯底接受斟酒。客人一般应接受对方斟的第一杯酒以示礼貌。日本人请客吃饭,大都忌讳将饭盛得过满,作为客人,则不能仅吃一碗饭,至少应吃两碗,以示对主人的礼貌。

二、阿拉伯国家礼俗

1. 沙特阿拉伯礼俗

不谙礼俗,好心办坏事

某公司最近要与一位沙特阿拉伯商人签订购货协议,为了合作愉快及今后的友好往来,公司决定在本城最好的酒店宴请这位客商。这天晚上,他们早早地布置了最好的酒宴等候客人。但当那位客商到来,见到一桌酒肉后,扭头就走,显得非常失望和不悦。公司负责人知道事情不对头,却不知缘由。心想:真是好心办坏事,明明是为了联络感情才宴请他,却怎么竟然招惹了他呢?

【评析】

阿拉伯国家的商人往往喜欢在咖啡馆里洽谈贸易。与他们会面时,宜喝咖啡、茶或清凉饮料,严忌饮酒、吸烟、谈女人、拍照,也不要谈论中东政局和国际石油政策。这位公司负责人不事先了解沙特阿拉伯国家的礼俗,违背了他们的习俗禁忌,所以才好心办了坏事,更是对客人的失礼和不尊敬。

在人际交往中,沙特阿拉伯人大都表现得热情友好,落落大方。只是由于受伊斯兰教教规的限制,沙特阿拉伯的妇女极少抛头露面,并且不得与异性进行接触。所以跟沙特阿拉伯人打交道之前,必须注意下列两个方面的问题:一方面,遇到沙特阿拉伯妇女时,通常不宜主动向其问候或行礼。自己若是一位男士的话,尤其要注意这一点。另外,与沙特阿拉伯男子打交道时,切勿问候其夫人或恋人,并且注意不要向她们赠送礼品。另一方面,由于沙特阿拉伯人普遍"重男轻女",因此,尽量不要派女性去与其接触或交际。不然的话,很有可能会事与愿违,事倍功半。沙特阿拉伯人同别人相见时,一般首先都会互问对方"您好",随后,他们还会同对方握手,并且接着问候对方"身体好"。有些时候,沙特阿拉伯人还会以阿拉伯世界流行的问候语,即"在你面前的,是你的亲人",后者"在你面前摆着的,是平坦的大道",诚恳地去问候他人。假如见到亲朋好友时,沙特阿拉伯人通常还会将自己的左手放到对方的右肩之上,然后轻吻对方的面颊,这种见面礼节体现着交往双方的关系非同寻常。沙特阿拉伯的贝都因人,还有一种独特的见面礼——"碰额礼"。当贝都因人与他人相见时,彼此首先要用自己的鼻子去触碰对方的额头,然后紧紧地拥抱在一起。这一见面礼节,亦不适合妇女使用。外国人在沙特阿拉伯行礼时务必要入乡随俗。异性之间,最好不要当众拥抱亲吻。在公共场合表现得过分亲昵,也是应予避免的。但是沙特阿拉伯男子与其他民族的男子,却往往手拉着手走在一起。沙特阿拉伯人认为,这说明双方关系亲密无间。拜访沙特阿拉伯人之前,需要预约。然而,他们对于时间观念却有自己特殊的见解。与他人相会时,沙特阿拉伯人往往要晚到一会儿,在别人看来这叫时间观念不强,而在他们看来却是做人的一种风度。沙特阿拉伯人赴约之时,通常还喜欢自作主张,带上几个未被邀请的人一同前去,他们觉得自己这么做是给会面对象面子。

沙特阿拉伯人的姓名,通常由四个部分所构成。自前而后,他们依次分别为:本人名字、父名、祖父名和姓氏。沙特阿拉伯人用做姓名的词语,本身往往都有一定的含义。例如,"哈桑"的意思是"好","阿明"的意思是"忠诚","萨利赫"的意思是"正直","赛义德"的意思是"先生","马哈茂德"的意思是"受赞扬"等等。称呼沙特阿拉伯人时,在正式场合应称其全名。在一般情况下,可略去其祖父名,或是将其祖父名与父名一道略去。需要简称时,可只称对方的本人名字。不过,若对方有一定的社会地位,最好以其姓氏作为简称。

沙特阿拉伯人的穿着打扮,与其他阿拉伯国家人民的穿着打扮相比,可以说是大同小异,基本相仿。沙特阿拉伯男子的传统服装,是一种长垂及地的大袍。它宽松肥大,无领长袖。平时,他们所穿的袍子以白色为主。只有在参加丧葬活动时,他们才会穿黑色的袍子。在穿长袍的时候,沙特阿拉伯男子还要在头上自右而左缠上一条长约1米左右的薄纱头巾,它也是白色的。按照伊斯兰教教规,妇女的全身均需被长袍和面纱遮盖起来。因此,沙特阿拉伯妇女通常会身穿一件黑色长袍,将自己的周身包裹得严严密密。

第八章 涉外交往

她们头上所戴的黑色面纱有三角形、正方形、五角形等多种形状,但是必须严密地遮盖住面容,仅仅允许双眼露在外面。前往沙特阿拉伯之时,尽量不要穿过分随便、过分暴露身体的服装,妇女特别要牢记这一点。由于天气过分炎热,在一般情况下,沙特阿拉伯人大都习惯于穿拖鞋,有的人甚至还会赤脚。在沙特阿拉伯,拖鞋也被分为三六九等,不同身份的人会穿不同档次的拖鞋。只有在极为隆重的活动里,人们才会穿皮鞋。

　　沙特阿拉伯人的主食有面饼、面包、面条等。在肉类方面,他们则大多以牛肉、羊肉、鸡肉为主。在沙特阿拉伯人的心目中,甜一些、辣一点的东西最好吃。在他们看来,羊眼乃是席上之珍、美味之最。按照伊斯兰教教规,沙特阿拉伯人忌食猪肉,忌食自死之物、未诵安拉之名宰杀之物和动物的血液。狗、马、驴、骡、蛇、虾、蟹、鳖、龟、无鳞鱼、贝壳类海鲜以及其他一切食肉的禽兽,亦在禁食之列。除此之外,沙特阿拉伯人还不准饮酒和其他一切含有酒精的饮料,并且不得吸烟。在饮料方面,沙特阿拉伯人爱喝驼奶、红茶、咖啡。在拜访沙特阿拉伯人时,主人劝饮的咖啡是不可不喝的。用餐之时,沙特阿拉伯人一般席地而坐,以右手取用食物。有些时候,他们也会设置用餐专用的桌椅,只不过绝对禁止用脚蹬踩。在每年的斋月里,沙特阿拉伯人白天是不许吃东西的。到那个时候,白天里一切餐馆也不准开门营业。

　　沙特阿拉伯人对于绿色与蓝色十分喜爱。他们认为绿色代表生命,蓝色象征着希望,二者都是吉祥之色。他们最喜欢的宠物是隼。与沙特阿拉伯人进行交际应酬时,务必要记住下列五条注意事项:其一,不提倡娱乐。沙特阿拉伯人认为,娱乐令人堕落,所以切莫与之谈论休闲、娱乐或是邀其参加舞会、去夜总会玩乐。其二,宜回避以色列。沙特阿拉伯与以色列两国矛盾重重,因此切莫对以色列加以好评,或是将与以色列有关的十字形、六角星图案送给沙特阿拉伯人。其三,禁止偶像崇拜。依照伊斯兰教教规,沙特阿拉伯禁止偶像崇拜。因此,那里的人不看电影,不喜欢拍照、录像,并且对雕塑、洋娃娃等礼品十分忌讳。其四,男女授受不亲。在公共场合,沙特阿拉伯人主张"男女授受不亲"。因此不论是坐车、乘电梯,还是去银行,男女往往是需要各自分开的。其五,不下国际象棋。沙特阿拉伯人是不下国际象棋的,因为他们认定那种玩法对国王有失恭敬。与沙特阿拉伯人交谈时,切莫提及中东政治、宗教问题、女权运动、石油政策。向沙特阿拉伯人赠送礼品时,忌送酒类、雕塑、公仔、猪皮与猪毛制品、美女照、带有熊猫图案的东西。不要夸奖沙特阿拉伯人的某件东西,那样做会被理解为向其索取。

2. 突尼斯礼俗

不懂礼俗，闹笑话

小夏随团到突尼斯等阿拉伯国家地区旅游，一日跟朋友去纪念品店买点小东西。发现一精美小饰物后，小夏开始讨价还价。店主说，60第纳尔，小夏说，50第纳尔行不行？店主微笑点头同意了。小夏一高兴，伸手作出了一个"OK"手势。店主立刻脸色大变，拿回小饰物，就把小夏推出了店门。那朋友不知，还在与另一店主谈生意。他也发现了一个动物佩饰，想询问店主有无带有小狗的那种，因为自己属狗的。他怕店主不明白，就学狗叫的样子向对方示意。没想这一来，店主也是横眉冷对，把他也扫地出门了。小夏和朋友一头雾水，哭笑不得。

【评析】

两位旅客闹出这样的笑话，原因是对当地习俗的不了解。在手势语方面，"OK"在突尼斯表示傻瓜，而狗、猫之类在突尼斯是非常忌讳的动物。他们触犯了当地的习俗忌讳，当然会被扫地出门了。

突尼斯人喜爱绿色、白色和绯红色，喜欢骆驼而忌讳猪、狗、猫。今天的突尼斯人用羊来吸引外国游客，大力发展旅游事业，努力丰富群众的文化生活。在古时候，只是在开斋节的前夕举行这种娱乐活动。到突尼斯去，骑着"沙漠之舟"欣赏海市蜃楼，到绿洲上吃鲜椰枣，看壮观的骆驼兵列队游行，这就是突尼斯撒哈拉联欢节的主要节目。突尼斯的国花是油橄榄。突尼斯是盛产橄榄的国家，被称为"橄榄之国"。橄榄树是突尼斯的民族财富，被视为珍贵之物。突尼斯的商务礼俗是冬天前往宜穿保守式样西装。访问政府机关及大公司必须先预约。持用有阿拉伯文或法文、英文对照之名片最好。大多数突尼斯商人说法语或意大利语。突尼斯是世界上唯一允许妇女提出离婚诉讼的伊斯兰教国家。突尼斯也是全球第二大橄榄油输出国与第四大磷酸盐生产国。虽然大多数商业接待活动是在几个大旅馆内进行，但突尼斯人有时会

邀请你到家中用餐。总之,突尼斯的伊斯兰教商人是相当西化的,与其他邻近伊斯兰教国家的人不同。随着时代的变迁,他们的穿着变化很大,目前,年轻人大都是西装,身穿奇装异服的摩登女屡见不鲜。10月至次年5月最宜访问,圣诞节前后二周及复活节前后数日不宜前往。7月与8月多休假。每年斋月商业活动甚淡。伊斯兰教对突尼斯人的生活风俗影响颇大,多数突尼斯妇女都有深居简出、戴面纱的习俗。伊斯兰教徒每天要在中午、下午、黄昏和夜晚各礼拜一次。面在每星期五的午后,还要到清真寺举行一次集体"三麻拜"。礼拜时,他们将伊斯兰教历太阳年的1月、7月、11月、12月视为"神运载月",在这四个月中,禁止一切激烈活动。在节日里,人们十分热情好客,常以椰枣、烤肉和传统的民族菜"考斯考斯"款待客人。在招待重要外宾时,主人往往上一只或几只烤全羊。椰枣是突尼斯人十分珍爱的食品。突尼斯人一般在用餐时有边吃边谈的习惯,而且在饭后习惯要洗手,然后就喝茶聊天。按伊斯兰教教规,突尼斯人忌食猪肉,也忌讳酒。

三、美洲国家礼俗

1. 美国

礼俗差异,礼物错矣

美国某公司是我国某公司的客户,当其经理到中国来考察的时候,中国公司决定赠送一套小礼物:送中国的折扇和茶叶。因为夏天即将来到,这两样都是消夏用品,且具有中国特点。折扇采用中国文人喜欢的黑色,上面印有诗词或绘画;茶叶是用精美竹盒包装,外面再用黑色丝绸包装纸包好。在美国客人回国前,中方将礼物送给客人。但意想不到的是,美国客人拿到礼物拒绝接受,并且非常生气地离开了。

【评析】

黑色在美国人眼里是不吉利的颜色,所以在送礼物时不能选黑色的,包装礼品时也不要用黑色的纸。此公司由于忽视了美国的习俗禁忌而惹得客人不悦。

 解读

美国是一个移民国家,号称"民族大熔炉"。美国有两亿多人口,一半以上的人信奉基督教和天主教,另有一千万左右的人信奉犹太教和东正教。美国人随和友善,容易接近。在交际场合,他们喜欢主动跟别人打招呼,并且乐于主动找人攀谈。在日常生活中主张凡事讲究实效,不搞形式主义。他们不是不讲究礼仪,而是反对过分拘泥于礼仪,过分地矫揉造作。在一般情况下,美国人同外国人见面时,往往以点头、微笑为礼,或者只是向对方"嗨"上一声作罢。不是特别正式的场合,他们甚至连国际上最为通行的握手礼也略去不用了。除非亲朋好友,一般不会主动与对方亲吻、拥抱。在称呼别人时,美国人更喜欢对交往对象直呼其名,以示双方关系密切。若非官方的正式交往,他们一般不喜欢称呼官衔,或者都以"阁下"相称。他们乐于在人际交往中称呼能反映其成就与地位的学衔、职称,如"博士"、"教授"、"律师"、"法官"、"医生"等等。美国人平时喜欢笑面人生,爱开玩笑。跟他们相处时,若一味地恪守"喜怒不形于色"的中国古训,就会使对方与自己拉开距离,甚至会让对方对自己敬而远之。美国人在公共场合和他人面前,绝对不会蹲在地上,或是双腿叉开而坐。在公共场所就座时,一般都让长者和妇女坐在右边,走路要让长者和妇女走在右边。跟美国人相处时,与之保持适当的距离是必要的,他们认为个人空间不容冒犯。因此,在美国碰了别人要及时道歉,坐他人身边先要征得对方认可,谈话时距对方近也是失敬于人的。与他们交往时应保持 50~100 厘米的距离,才是比较适当的。

普通的美国人,大都比较朴实、直率。在待人接物中,他们喜欢在符合礼仪的前提下直来直去。与美国人打交道时,表现得过于委婉、含蓄,或是有话不明讲,代之以旁敲侧击、巧妙地暗示等,其效果往往不尽如人意。比如:与美国人做生意,"是"与"否"必须表示清楚,如果无法接受对方提出的条款时,要明白地告诉对方不能接受,而不能含糊其辞,使对方存有希望,遇到不清楚的问题时也要问清楚。这样不但美国人不会不高兴,反而会对你有好印象,同时也可避免纠纷。

美国人平时的穿着打扮不太讲究,崇尚自然,偏爱宽松,爱穿 T 恤装、牛仔装、运动装等休闲装。但美国人非常注意服装的整洁,习惯每天更换衣

第八章 涉外交往

服。拜访美国人时，进了门一定要脱下帽子和外套，美国人认为这是一种礼貌。美国人还十分重视着装的细节，穿着睡衣、拖鞋会客或外出，都会被认为是不礼貌的。在室内依旧戴着墨镜不摘的人，也会被美国人视做"见不得阳光的人"。

与美国人交往，有两种场合可经由礼物来自然地表达祝贺和友情，一是每年的圣诞节时期，二是相识或分别的时候。如是工作关系可送些办公用品，也可选一些具有民族特征的精巧工艺品。在美国，请客人吃顿饭、喝杯酒，或到别墅去共度周末，被视为较普遍的"赠礼"形式，你只需对此显示感激即可，不用再作其他答谢。去美国人家中作客通常不用备厚礼，带些小礼品如鲜花、琼浆和工艺品即可，假如空手赴宴，则显示你将回请。美国人送礼的特征是简约、随意、务实。礼品的价值和形式并不重要，简单实用、略表心意即可，故而一束鲜花、一本新书、一盒巧克力或一瓶葡萄酒等等，都是很受欢迎的礼品。

美国人喜好奇异之物，对礼品首要考究实用性和奇异征。假如能送一些具有民族特征的小礼品，美国人会很欢迎。例如，我国产的仿"戎马俑"，在美国人心中就是一种可贵的礼品。还要留意赠予礼品应在生意交谈终了的时分。给美国人送礼可附上置办小票！美国人送礼时会保管包装和价格标签，并附上置办小票。假如对方不喜好礼品，还能够拿着小票去兑换其他商品。有时，美国人会痛快地把自己需求的物品列出一张清单，以便想送礼的同伴们"对症下药"，如此不只省去了很多事，也避免了铺张浪费。另外，美国人喜好户外运动，给他们送礼时，能够"以玩代礼"，比如约请他们到郊外野餐或一同去打高尔夫球等，一般来讲，对方都会欣然应邀的。给美国人送礼品要送单数，且考究包装，美国人认为蜗牛和马蹄铁是不祥物。

2. 巴西礼俗

忽视礼俗，接连出错

谭力第一次随巴西同学到国外旅游。期间，巴西朋友在一家饭馆给他们接风。当服务员端上一盘伴有杂豆和熏肉的菜时，他甚是好奇，就赶紧尝了一口，感觉味道不适合，就连连摇头。当端上另外一盘菜时，他感觉味道甚是可口，一高兴就伸出手来，对着同学和朋友做了个"OK"手势。两个巴西人甚是一愣，脸色大变,谭力意识到有所失误,连连道歉,冷汗直冒。

【评析】

谭力不知,那盘伴有杂豆和熏肉的菜是巴西人最爱吃的菜肴,名叫"费加达"。"费加达"意即杂豆,它是用黑豆、红豆等杂豆,加上猪肉香肠、烟熏肉、甘蓝菜、橘子片,用砂锅烹煮而成。在巴西,"费加达"被称为国菜,是宴请时不可缺少的主角。另外,表示"OK"的手势,在巴西人看来是非常下流的动作,所以让巴西人感到一惊和不悦。

 解读

巴西是拉丁美洲人口最多的国家。在葡萄牙语里,"巴西"意即"红木"。在世界上,巴西有着"足球王国"、"咖啡王国"之称。尽管巴西民族众多,但其主体是信奉天主教、说葡萄牙语的葡萄牙人的后裔。因此,在礼仪与习俗上,巴西的主流社会深受天主教教规和葡萄牙文化的影响。巴西人在人际交往中大都活泼好动、幽默风趣、爱开玩笑。在与其交往时,心理上要有所准备,万万不可认为对方这样做是嬉皮笑脸,不够正经,存心怠慢于人。

巴西人在社交场合通常都是以拥抱或亲吻作为见面礼节,只有在十分正式的活动中,他们才相互握手。此外,在巴西民间还流行一些独特的见面礼节,如握拳礼、贴面礼、沐浴礼。巴西人的姓名通常由三个部分构成,前面是本人的名字,接下来是母亲的姓氏,最后则是父亲的姓氏。在一般情况下,巴西人喜欢彼此直呼其名。有些时候,则会采用以本名加父姓组合而成的简称。一个人的姓名全称只有在极为正式的场合,才有可能使用。

在一些正式的场合里,巴西人的穿着打扮十分考究。他们不仅讲究穿戴整齐,而且主张在不同的场合里,人们的着装应当有所区别。在重要的政务、商务活动中,巴西人主张一定要穿西装或套裙。而在一般的公共场合,男人至少要穿短衬衫、长西裤,妇女则最好穿高领带袖的长裙。

巴西人平常主要吃欧式西餐,所吃的食物之中肉类占的比重较大,尤其爱吃烤牛肉。巴西人与咖啡有着不解之缘,他们不仅天天离不开咖啡,而且喜欢以之待客。巴西人在商务活动中,很重视建立良好的私人关系,如果你

第八章 涉外交往

在他们眼里是一个值得信赖的朋友,他们将会对你以诚相待。在人际往来中,巴西人还极为重视亲笔签名,不论是写便条、发传真,还是送礼物,他们都会签下自己的姓名,否则就是不重视交往对象。到巴西人家中作客,如果双方互赠礼品,都应将对方的礼品当面打开。巴西人在交谈时,喜欢彼此间的距离近些。在巴西,人们饮酒时提倡饮而不醉,醉酒被巴西人视为粗俗至极。

四、欧洲国家礼俗

1. 法国礼俗

借花献佛,弄巧成拙

一对法国老夫妇到中国来旅游,宾馆服务员小刘偶然了解到这天恰逢这位法国夫人的生日。小刘想,认识他们是个缘分,赶上其过生日更是难得,于是想给老太太送份生日礼物。又想到法国人讲究浪漫,决定送她一束鲜花。于是这天小刘买了一束包装别致的康乃馨,为不觉单调,她还特意挑选了各种颜色的康乃馨搭配在一起。本想给法国老太太一份惊喜,但当她听到生日快乐、看到鲜花时,不但不喜,反而怒气大发,还伤心不已。

【评析】

法国人喜好花,假如送他们礼物可以送鲜花,但是切记菊花、杜鹃花及其他黄色的花朵除外。因为在法国(或其他法语区)菊花代表哀伤,只能用在葬礼上,而其他黄色的花朵意味着夫妻间的不忠贞,也不宜送。此外,花束不能捆扎、不能带土,还必须是单数,但要避开不吉利的"13"。另外,康乃馨在法语里与"扣眼"同音,被称为"魔鬼之眼",属于不祥之物,所以老太太怎能高兴。

法国是文化艺术之邦,在音乐、舞蹈、小说、诗歌、绘画、雕塑、建筑上都有杰出的成就。法国人天性浪漫、处事乐观、善于交际。即使与他人萍水相逢，他们也会主动与之交往，表现得亲切友善，一见如故。在人际交往中，法国人的形体语言极为丰富。在交谈时，他们喜欢与对方站得近一些，并喜欢以手势进行辅助。对他们而言，拇指与食指分开表示"2"，用食指指自己的胸部表示"我"，拇指朝下指表示"差"或"坏"，掌心向上表示诚恳，耸动肩膀则表示高兴或惊讶。

在人际交往中，法国人所采用的见面礼节主要有握手礼、拥抱礼和吻面礼。法国人所行的吻面礼，不但使用得最多、最广泛，而且在其做法上也有一定的特点，他们往往要同交往对象彼此在对方的双颊上交替互吻三、四次，且要连连发出声响。法国人十分推崇"骑士风度"，对女士优待有加。若在一条窄道上与女士相遇，男士一定要闪身让女士先过。男女约会，男子绝不能迟到，应走在前面为女士开门，并按女士意见选好餐桌。饭毕，要帮助女士拿东西、穿大衣，然后开门让女士先走。在法国人看来，充当"护花使者"是男人的天职与荣幸，做不到这一点，男人就不称其为男人。

法国人的姓名由两部分组成，名字在前，姓氏在后。法国妇女婚前姓父姓，婚后则改姓夫姓。正式称呼法国人的姓名时，宜只称其姓氏，或是姓与名兼称。家人及亲朋好友之间，应直呼其名。关系无比密切者，宜直呼其爱称。

法国人对于衣饰的讲究，在世界上是最为有名的。在正式场合，法国人通常穿西装、套裙或连衣裙。出席庆典仪式时，法国人一般要穿礼服。有身份的法国人在正式场合露面时，往往不会将同一套服装连穿两次，他们认为那样会有失身份。他们还很注重衣着的个性和搭配，尽量保持与众不同。妇女在参加社交活动时，一定要化妆，并且佩戴首饰，她们认为，化妆对人对己都是一种必要的尊重。男士对自己的仪表修饰也相当看重，在正式场合亮相时，剃须修面、略洒一些香水，已被法国人看成是男人所应具备的基本教养。

法国人崇尚艺术，因而，所送礼品最好带有一些艺术性，如有特征的仿古礼品，他们就很喜好。与多半欧洲人一样，法国人平日在双方关系确定之后才互赠礼品，首次见面就送礼是很不恰当的。法国人喜好花，除送鲜花之外，法国外乡出产的朴素礼品，像香槟、白兰地、香水等等，也是不错的选择。不过，男士不能随便向女士赠予香水，因为这种做法有过于亲密之嫌。送法国人礼品不要送带有仙鹤图案的礼品，不要送核桃，因为他们认为仙鹤是愚蠢的标志，而核桃是不吉利的。在法国人看来，刀剑、餐叉等有刃的器械也不

第八章 涉外交往

能送,这些"利器"会惹起同伙间的争斗,然后"割断"友情。假如你在不知情的状况下买了一把刀而且来不及更换的话,那就象征性地向对方讨取一个硬币,意味着能避免不幸的发生。

2. 德国礼俗

诚心送特产,未想也"违忌"

某德国客商来杭洽谈生意,顺便旅游观光。这天到临安一带游玩,一农家主人热情好客,临走非要送这位德国客人几袋山核桃。客人连连摆手不要,主人就硬往客人手里塞。幸亏导游及时给主人使眼色,并暗示不要送了,这才停手。但主人有些不解:诚心诚意送特产,咋还这么客气不要呢?

【评析】

德国人在饮食方面忌吃核桃和羊肉,认为核桃是不祥之物。所以送纪念品尽管心意诚恳,但触犯忌讳就不礼貌了,幸亏导游及时制止,否则又是好心办坏事,惹恼客人了。

解读

与欧洲其他主要国家的人民相比,德国人在待人接物方面所表现出来的独特风格,往往给人以极为深刻的印象。一般而言,德国人在人际交往中通常会表现出如下四个特点:第一,纪律严明,法制观念极强;第二,讲究信誉,重视时间观念;第三,极端自尊,非常尊重传统;第四,待人热情,十分注重感情。

德国人在人际交往中对礼节非常重视。在社交场合,德国人通常都采用握手礼作为见面礼节。与德国人握手时,有必要特别注意下述两点:一是握手时务必要坦然注视对方;二是握手时的时间宜稍长一些,晃动的次数宜稍多一些,握手时所用的力量宜稍大一些。德国人在人际交往中非常重视称呼。在一般情况下,切勿直接称呼德国人的名字,但可以称其全称或仅称其姓。德国人对职衔、学衔、军衔看得比较重,对于有此类头衔者,在进行称呼时一定要不忘使用其头衔,这被视为向对方致敬的一种做法。"阁下"这一称呼,在德国是不通用的。与德国人交谈时,切勿疏忽"您"与"你"这两种人称代词的使用。对于初次见面的成年人以及老年人,务必称之为"您"。对于熟人、朋友、同龄人,方可以"你"相称。

德国人对工作一丝不苟,在社交场合也举止庄重,讲究风度。德国妇女的特点是"素",这不光是体现在穿着打扮上,也体现在言谈举止上,她们爱穿单色服装,且勤俭劳苦。与德国人相处时,几乎见不到他们皱眉毛等漫不经心的动作,因为他们把这些简单的动作视为对客人的不尊重,是缺乏友情和教养的表现。讲究信誉、重视时间观念,是德国人另一个突出的特点。他们虽然在谈判时会斤斤计较,精于讨价还价,但是正式合同一旦订立,则必定会严格遵守,依约而行。与德国人约会,一定要准时赴约,失约或迟到是极不礼貌的行为。

德国人在穿着打扮上的总体风格,是庄重、朴素、整洁,他们不大容易接受过分前卫的服装。德国人在正式场合露面时,必须要穿戴得整整齐齐,衣着一般多为深色。在商务交往中,讲究男士穿三件套西装,女士穿裙式服装。

德国人的餐桌上主角是肉食,爱吃猪肉,其次才轮到牛肉。以猪肉制成的各种香肠,令德国人百吃不厌。德国人爱饮啤酒,德国也是世界上饮啤酒最多的国家之一,有"啤酒王国"之称。德国人在用餐时,有以下几条特殊的规矩:其一,吃鱼用的刀叉不得用来吃肉或奶酪;其二,若同时饮用啤酒与葡萄酒,宜先饮啤酒,后饮葡萄酒,否则被视为有损健康;其三,食盘中不宜堆积过多的食物;其四,不得用餐巾扇风;其五,忌吃核桃、羊肉。

德国人在交往中经常互送礼品,礼品的选择要适宜得当。最常见的礼品有花束、糖果、书籍、画册、围巾等,礼物包装要精致。在德国,不宜随意以玫瑰或蔷薇送人,前者表示求爱,后者则专用于悼亡。送女士一枝花,一般也不合适。男士不可送长筒袜或内衣给女士,也不宜选择刀、剑、剪等送人。

五、大洋洲国家的礼俗

1. 澳大利亚礼俗

"洋相百出"的龚先生

龚先生首次赴澳大利亚访学,尽管此前了解了一些有关这个国家的礼俗,可到

第八章　涉外交往

达之后由于疏忽还是闹出了些笑话。第一次是有朋友约他到家吃饭时,他郑重其事地修饰了一番,西装革履、仪表堂堂,结果让休闲随意的朋友奚落了一番。第二次是澳大利亚同仁约他到餐馆吃饭,他接受第一次的教训,穿着随意潇洒地前去,结果一看别人都衣冠楚楚,又让朋友给数落了一顿。第三次是国内俩好友乘机去澳大利亚旅游找到他,龚先生特意在饭馆为他们接风,三人喝酒尽兴,谈笑风生,高声说笑不止,让周围的人"刮目相看"。哎,一年下来,真是洋相百出啊。

【评析】

由于疏忽,龚先生的三次洋相源于三个失误:一是因地处南半球,阳光强烈,澳大利亚人除了极为正式的场合要穿西装、套裙外,平时一般穿着大都是T恤、短裤,或者牛仔装、夹克衫。二是在许多地方,比如达尔文市,人们外出用餐时,必须衣冠楚楚,否则将被禁止入内。三是澳大利亚人对在公共场合的噪声极其厌恶。在公共场所大声喧哗者,尤其是门外高声喊人的做法是他们最看不起的。议论种族、宗教、工会和个人私生活问题,也最令澳大利亚人不满。

澳大利亚同样是一个移民国家,居民多为英国人后裔。澳大利亚人的社交礼仪具有两大特点:一是"亦英亦美",以"英"为主;二是兼容并包,多姿多彩。由于这些特点,使澳大利亚人的相见礼仪五花八门。

澳大利亚人在社交场合主要采用拥抱礼、亲吻礼、合十礼、鞠躬礼、握手礼、拱手礼、点头礼等。当地土著居民在见面时还行勾指礼,极具民族特色。它的做法是,相见的双方各自伸出手来,令双方的中指紧紧钩住,然后再轻轻地往自己身边一拉,以示相亲、相敬。澳大利亚人大都名在前,姓在后。称呼时宜先说姓,再加上"先生"、"小姐"或"太太"之类的尊称,熟人之间可称其名。澳大利亚人性格外向,待人接物比较随和友善,人情味很浓。澳大利亚人普遍乐于同他人交往,并且表现得质朴、开朗、热情。过分地客套或做作,均会令其不快。

在澳大利亚的达尔文市,当地居民的穿着自成一体。他们在正式场合一定要穿衬衫、短裤和长袜。这种穿法,当地人叫做"达尔文装"。澳大利亚的土著居民平时习惯于赤身裸体,至多是在腰上扎一块围布遮羞而已。与着装不甚讲究所不同的是,对于打扮他们却十分介意。在身上,他们通常要佩戴额箍、鼻针、臂环、项圈等多种饰物,并且还要以石刀或贝壳刻出用以装饰的精致的疤痕。有的时候,他们还会在身上扎上一些羽毛,并且涂上各种颜色。

澳大利亚人的饮食习惯可谓多种多样,一般人们还是喜欢英式西餐,口味清淡,忌食辣味。用餐时,澳大利亚人使用刀叉。平时,澳大利亚人还很爱外出野餐,并以烧烤为主。澳大利亚人都爱吃牛羊肉,对于鸡肉、鱼肉、禽蛋也比较爱吃。他们的主食是面包,爱喝的饮料有牛奶、咖啡、啤酒与矿泉水等。一般来讲,澳大利亚人不吃狗肉、猫肉、蛇肉,不吃动物的内脏与头、爪。对于加了味精的食物,他们十分厌恶。他们认定味精好似"毒药",令人作呕。澳大利亚人最喜爱的动物除了国鸟琴鸟外,还有袋鼠。袋鼠被澳大利亚人视做澳洲大陆最早的主人。在澳大利亚人眼里,兔子是一种不吉利的动物。他们认为,碰到了兔子,可能是厄运将临的预兆。在数目方面,受基督教的影响,澳大利亚人对于"13"、"666"与"星期五"普遍反感至极。

在人际交往中,喜好娱乐的澳大利亚人往往有邀请友人一同外出游玩的习惯,他们认为这是密切双方关系的捷径之一,对此类邀请予以拒绝,会被他们理解成不给面子。澳大利亚人崇尚人道主义和博爱精神。在社会生活中,他们乐于保护弱者。除了保护老人、妇女、孩子、弱小种族之外,他们还讲究保护私生子的合法地位,甚至将保护动物看做自己的天职。议论种族、宗教、工会和个人私生活,以及等级、地位问题,最令澳大利亚人不满。

同澳大利亚人打交道时,还有下列四点事项需要特别注意。第一,澳大利亚人不喜欢将本国与英国处处联系在一起。虽然不少人私下里会对自己与英国存在某种关系而津津乐道,但在正式场合,他们却反感将两国混为一谈。第二,澳大利亚人不喜欢听"外国"或"外国人"这一称呼。他们认为,这类称呼抹杀个性。是哪一个国家、是哪个国家的人,理当具体而论,过于笼统地称呼是失敬的做法。第三,澳大利亚人对公共场合的噪声极其厌恶。在公共场所大声喧哗者,尤其是门外高声喊人的人,是他们最看不起的。第四,澳大利亚的基督徒有"周日做礼拜"的习惯。他们的这种做法"雷打不动",想在这天与他们约会,往往"难于上青天"。

第八章 涉外交往

2. 新西兰礼俗

即兴拍照，触犯习俗

焦先生随团到新西兰旅游时发生了一件令人不悦的事情。那天他们到了毛利人部落，受到了热情欢迎。在毛利人欢迎仪式上，焦先生感觉非常奇特，就顺手拿出相机拍起录像来。正当他拍得尽兴的时候，突然一个毛利人怒气冲冲地对着他大喊大叫起来。他当即被吓坏了，导游见状立刻让他收起相机，不要再拍了。焦先生这才想起来，路上导游提醒过不许拍照的话。他一兴奋便忘了，真是后悔不已。

【评析】

毛利人信奉原始宗教，相信灵魂不灭，因此对拍照、摄像十分忌讳。在一般情况下，最好不要这么做。若极想给毛利人拍照，一定要事先征求他们的同意。所以导游路上就提醒过焦先生等人，但忘记后的即兴拍照却惹恼了毛利人。

 解读

新西兰作为国家的名称，来自荷兰语的"新泽兰"，意即"新的海中陆地"。在新西兰，欧洲移民的后裔，特别是英国移民的后裔占了人口绝大多数。因此，新西兰主流社会的交际礼仪具有鲜明的欧洲特色，尤其是英国特色。

握手礼是新西兰人所用最多的见面礼节，其次是鞠躬礼和注目礼。他们行鞠躬礼的具体做法十分独特，鞠躬时是抬着头，挺着胸的。新西兰人在人际交往中讲究平等，在普通的交际场合，他们非常反对讲身份、摆架子。称呼新西兰人时，特别要注意：直呼其名常受欢迎，称呼官衔却往往令人侧目。在新西兰，随时宜穿着保守式样的西装。拜访商界或政府办公厅大多须预约。新西兰人见面和分手时都握手。和妇女相见时，要等对方先伸出手来再握。商务活动最好事先订约，客人要先到一会儿，以示礼貌，客商通常喜欢请外来主顾到自己住的饭店或旅馆吃午饭，会谈一般是在当地人的办公室里进行。如应邀到新西兰人家里吃饭，可以带一盒巧克力或一瓶威

士忌作为礼物。礼品不要太多或太贵重。

　　新西兰的土著毛利人在欢迎来访者时，往往会采用自己传统的礼节——碰鼻礼，即双方见面彼此用鼻尖碰上两三次。按照毛利人的说法，双方碰鼻子的时间越长，说明客人所受到的礼遇越高。毛利人的服装一般是他们自己用亚麻布手工编织而成。举行庆典仪式时，毛利人除了身穿色彩鲜艳的民族服装外，手里还经常会拿上长矛和剑。

　　在新西兰，欧洲移民的后裔通常习惯于吃英式西餐，口味比较清淡。受英国习俗的影响，他们也养成了喝茶的习惯，每天要喝六次茶，即早茶、早餐茶、午餐茶、下午茶、晚餐茶和晚茶。毛利人大都爱吃一种叫做"夯吉"的食物，它是利用地热蒸熟的牛羊肉和土豆一类的东西。

　　受基督教、天主教的影响，新西兰人严肃寡言，且很讲绅士风度，当众闲聊、吃东西、喝饮料、嚼口香糖、抓头皮、紧腰带，均被新西兰人视做不文明的行为。新西兰人说他们是一个不干涉主义的国家，绝不说人家的坏话。对朋友的政治立场、宗教信仰等，都不闻不问。通常在星期五晚上和朋友相约到酒店（Pub），一面喝啤酒，一面聊天，这使他们感到兴趣盎然，主要的话题是运动，私人事情大都避免触及。在男女交往方面他们也比较拘谨保守。在新西兰，男女同场活动往往遭到禁止。对其国内的种族问题进行评论，以及将新西兰视为澳大利亚的一部分，他们则更为反感。

　　几维果，即中国人所说的猕猴桃，是新西兰人最爱吃的一种水果，并且是其待客和出口的主要果品。在新西兰人眼里，它是当仁不让的"国果"。新西兰人喜爱动物，在所有动物之中，最让他们看重的，除了国鸟几维鸟外，还有狗。狗被新西兰人当成朋友，尤其是忠诚、勇敢的牧羊犬，更为以畜牧业为主的新西兰人帮了大忙，成为其不可缺少的助手。因此，在新西兰民间一向有"勤奋的牧羊犬创造了新西兰"的说法。若是对新西兰人谈论狗肉如何好吃，如何大补，定然会触怒对方。受基督教、天主教的影响，新西兰人讨厌"13"、"666"与"星期五"。若有一天既是13日，又是星期五，那么新西兰人无论干什么事都会提心吊胆。对于在这一天外出赴宴、跳舞、观剧之类的邀请，他们则能推就推。新西兰虽然大都讲英语，但是他们却不喜欢像英国人那样用"V"型手势去表示胜利。由于自然条件优越，生活富足，新西兰人大都喜爱户外运动。他们最喜爱的运动项目是赛马和橄榄球，并且常常以此作为交谈的话题。

第八章 涉外交往

思考与练习

1. 在一个秋高气爽的日子里,某宾馆迎宾员小贺身着一身剪裁得体的新制服,第一次独立地走上了迎宾员的岗位,开始他人生的第一份工作。正当他在岗位上等待迎接客人时,一辆白色的高级轿车向宾馆驶来。待车子停稳后,小贺看见后排坐着两位男士、前排副驾驶座上坐着一位身材较高的外国女宾。于是小贺立马上前,以优雅姿态和职业性动作,先为后排客人打开车门,做好护顶关好车门后,他又快速走向前门,准备以一样的礼仪迎接那位女宾下车。但那位女宾满脸不悦,使小贺茫然不知所措。一般来说,后排座为上座,一般凡有身份者皆在此就座,而优先为重要客人提供服务也是饭店服务步骤的常规做法。

【问题】请问这位女宾为什么不悦?小贺究竟错在哪儿?

2. 下岗女工兰妹通过中介公司找到一份在外国专家家里做保姆的工作。兰妹热情活泼,精明能干,第一天就给对方留下了不错的印象。她的主要工作是打扫房间,包括布朗夫人的卧室。细心的布朗夫人特意给兰妹定制了一份时间表,上面规定每天上午8点清理卧室,让兰妹按照上面的计划严格执行。开始几天,兰妹都干得相当好,很令布朗夫人满意。直到有一天,兰妹照例去清理布朗夫人的卧室,却发现布朗夫人并没有像往常一样不在家,仍在休息。兰妹心想,我还是得按照计划办事,而且我打扫并不会影响她休息。热情的兰妹认真地干起活儿来。这时,布朗夫人突然醒了发现兰妹在她的房间里,很惊讶,马上用不是很流利的汉语叫起来:"你来干什么?请出去!"兰妹仍是一片好心,"您接着休息吧,我一会就打扫完了。"布朗夫人提高了嗓门,一字一顿地说:"请—你—出—去!"并且用手指着门。兰妹不明白自己哪里惹了布朗夫人,怎么这种态度。她心想,不是你叫我按时打扫的吗?满肚子委屈地走了。

【问题】请问这位布朗夫人为什么发火?兰妹有什么失礼之处?

3. 李小姐是威胜公司新聘用的公关部经理,她上任的第一个任务是负责宴请公司的俄罗斯客人。李小姐虽然从未接手过此种事务,但她细心地考察了来客的习俗,首先了解到俄罗斯人的饮食禁忌和喜好,最后确定了在本地著名的丽歆酒店设宴款待。她选择了有名的菜肴,并且以俄罗斯的伏特加酒点缀其间,受到了客人和上司的夸奖。

【问题】请问李小姐在涉外交往中遵守了什么礼规原则?

4. 张先生是北京市的一名个体出租司机,在北京申奥成功后掀起的学英语高潮中,张先生自学英语,并成为他所在公司的学英语标兵,为此张先生感到自豪。

一天,张先生的车上来了一位外国客人,张先生觉得这正好是个锻炼自己的机会,便主动向他问好,对方发现北京的出租司机居然会流利的英语,显然很高兴,不一会儿,两人聊了起来。在交谈中,张先生开始和对方像熟人一样拉起家常来。"您今年多大了?"对方没有正面回答却说:"你猜猜看。"张先生转而又问"您有家了吧?有孩子吗?是儿子还是女儿?"这位外国客人开始不耐烦起来,面对着路边的建筑说"北京比我原来想象的要漂亮多了"而岔开了话题。后来的一路上,这位外国客人始终保持着沉默,直到抵达目的地下车。张先生很是纳闷,难道我的英语太差他听不懂吗?

【问题】请问这位外国客人为什么一路上始终保持着沉默?

参考文献

[1] 羽西. 听礼仪专家讲故事[M]. 北京:当代世界出版社,2008.
[2] 华阳. 世界名人给你上的80礼仪课[M]. 北京:金城出版社,2009.
[3] 何浩然. 中外礼仪(第二版)[M]. 大连:东北财经大学出版社,2006.
[4] 宋丽萍. 礼仪与沟通教程[M]. 上海:上海财经大学出版社,2006.
[5] 田长军. 有礼任走天下[M]. 广州:中山大学出版社,2006.
[6] [美]苏·福克斯,著. 张乐等,译. 身边的礼仪[M]. 北京:机械工业出版社,2008.
[7] 张彦. 礼仪人生[M]. 南京:凤凰出版社,2009.
[8] 张岩松. 现代交际礼仪[M]. 北京:中国社会科学出版社,2006.
[9] 金正昆. 礼仪金说[M]. 西安:陕西师范大学出版社,2006.
[10] 周理弘. 现代礼仪必备全书[M]. 北京:中国致公出版社,2007.
[11] 君尔. 国外亲吻礼仪[M]. 西宁:青海人民出版社,1998.
[12] 杨友苏,等. 品礼——中外礼仪故事评选[M]. 上海:学林出版社,2008.
[13] 张晓明,袁琳. 沟通与礼仪[M]. 北京:科技出版社,2009.
[14] 李满. 社交高手必修课[M]. 延边:延边人民出版社,2003.
[15] 陈刚平,周晓梅. 旅游社交礼仪[M]. 北京:北京旅游教育出版社,2000.
[16] [美]惠特摩尔. 最权威商务礼仪课[M]. 石家庄:河北教育出版社,2008.
[17] 舒达. 数据人口与家庭教育知识读本[M]. 北京:开明出版社,2008.
[18] 杨狄. 社交礼仪[M]. 北京:高等教育出版社,2005.
[19] 谭敏. 国际社交礼仪[M]. 北京:中信出版社,1990.
[20] 夏亚云. 中西方餐桌礼仪大全[M]. 天津:白花文艺出版社,1997.
[21] 王连义. 怎样做好导游工作[M]. 北京:中国旅游出版社,1993.
[22] 马保春. 外交礼仪浅谈[M]. 北京:中国铁道出版社,1996.
[23] 李立之. 人际交往8堂课[M]. 北京:金城出版社,2010.
[24] 卜鹤. 超级说服力[M]. 南昌:百花洲文艺出版社,2009.
[25] 林莹,毛永年. 西餐礼仪[M]. 北京:中央编译出版社,2006.
[26] 杨眉. 现代商务礼仪[M]. 大连:东北财经大学出版社,2000.

[27] 葛晨红. 交际礼仪学[M]. 北京:中国人民大学出版社,2010.

[28] 李荣建,宋和平. 社交礼仪[M]. 武汉:武汉大学出版社,2005.

[29] 熊经浴. 现代实用社交礼仪[M]. 北京:金盾出版社,2005.

[30] 赵彦锋. 社交细节全书[M]. 北京:企业管理出版社,2008.

[31] 王晓华,田素美. 现代公关礼仪[M]. 天津:天津大学出版社,2009.

[32] 谭以牧. 国际礼仪[M]. 北京:中国机械出版社,2000.

[33] [美]琼·亚玛达. June告诉你[M]. 上海:上海人民出版社,2005.

[34] 北京未来之舟礼仪培训机构. 中外有别:中国人最应了解的88个国外礼仪[M]. 北京:化学工业出版社,2009.

[35] 纪亚飞. 空姐说礼仪[M]. 北京:北京邮电大学出版社,2008.

[36] 郑月玲. 每天一堂礼仪课[M]. 北京:人民邮电出版社,2010.

[37] 刘小清. 现代营销礼仪[M]. 大连:东北财经大学出版社,2002.

[38] 国英. 公共关系与现代礼仪案例[M]. 北京:机械工业出版社,2004.

[39] 中国礼仪培训网(http://www.chinaliyi.cn)

[40] 中国礼仪网(http://www.cnliyi.net/)

[41] 广西礼仪网(http://www.guangxiliyi.com)

[42] 社交礼仪网(http://www.eexb.com/)

[43] 精英招聘网(http://www.1010job.com)

[44] 光明网(http://www.gmw.cn)

[45] 我是应届生(http://www.zd.54yjs.cn/)